Schriften zur Popkultur

Band 1

Thomas Hecken

Populäre Kultur

Mit einem Anhang ›Girl und Popkultur‹

POSTH VERLAG

Bibliografische Information der Deutschen Bibliothek

Die Deutsche Bibliothek verzeichnet diese Publikation in der Deutschen Nationalbibliografie; detaillierte bibliografische Daten sind im Internet über http://dnb.ddb.de abrufbar.

http://www.posth-verlag.de
Herstellung: http://www.posthscript.de

ISBN-10 3-9810814-1-2
ISBN-13 978-3-9810814-1-1

Inhalt

***

Vorwort

Schon lange besteht kein Zweifel mehr an der Bedeutung der populären Kultur oder, zurückhaltender ausgedrückt, an ihrer Allgegenwart. Die aktuellen Hits, die am Morgen im Radio laufen, die Werbeplakate, die man von der Straßenbahn aus sieht, Zeitungsschlagzeilen, die man im Vorübergehen liest, Produkte und Marken, die jeder kennt, die Programme großer Fernsehsender, Meinungsumfragen zur Beliebtheit allgemeiner Einstellungen oder einzelner Politiker, die Art und Weise, wie die meisten ihre Wohnung dekorieren – das alles trägt zum Leben in der westlichen Welt entscheidend bei. Zumindest als Zuschauer kann man sich dem kaum entziehen, selbst wenn man die Gegenstände und Techniken der populären Kultur strikt ablehnt.

Wenn die Frage beantwortet werden soll, was »Pop-Kultur« ist, wird man sich schnell auf einige Musterobjekte einigen können: Marilyn Monroe, McDonalds, Beatles, Ronald Reagan, Punk, Olympia, TV-Unterhaltungsshows ... Unklar bleibt bei solchen Angaben jedoch, was die Gemeinsamkeiten oder Ähnlichkeiten dieser populären Dinge sind. Die vorliegende Arbeit will diese Frage in drei Abschnitten zu beantworten versuchen. Die ersten beiden Kapitel bieten eine kleine Begriffs- und Problemgeschichte wichtiger geläufiger Bestimmungen der Populärkultur: Zuerst wird die häufig avantgardistisch geprägte Fassung von »Pop« nachgezeichnet. In einem zweiten Durchlauf geht es um die Geschichte der »Populärkultur« als Ableitung und Ausdruck solcher Konzepte wie »Volk«, »Masse«, »niedere Schicht«, »nivellierte Mittelstandsgesellschaft«, »Subkultur«. Im dritten Teil wird schließlich ein eigener Bestimmungsversuch vorgestellt: Dort wird populäre Kultur als Verfahren beschrieben, mit der Bilanzierung von Wahlakten in Ranglisten festzustellen, was beliebt ist und was nicht.

Dieser Ansatz ist keineswegs originell. Fast alle der in den ersten beiden Kapiteln angeführten Bestimmungen verlassen sich bei ihren Erläuterungen, worin Populärkultur besteht, wie selbstverständlich auf Daten aus Bestsellerlisten und empirischen Erhebungen oder Alltagskenntnissen. Es ist aber bislang noch nicht der Versuch unternommen worden, einmal konsequent diesen Ansatz zu verfolgen. Deshalb wird im dritten, essayistisch gehaltenen Kapitel mit einiger Penetranz der Frage nachgegangen, welche Bereiche,

Voraussetzungen und Grenzen innerhalb der demokratisch-kapitalistischen Länder westlichen Typs eine derart bestimmte Populärkultur ausmachen. Ob diese Beobachtungsleitlinie zu interessanten, wissenschaftlich brauchbaren Ergebnissen führt, muss sich erst noch erweisen. Um Missverständnissen vorzubeugen, sei hier bereits angemerkt, dass anderen Beschreibungsansätzen der populären Kultur damit keineswegs die Berechtigung abgesprochen werden soll.

Das kleine (manchmal größere) Problem nicht weniger Bestimmungen der Populärkultur besteht darin, dass sie immer einige (oder viele) Bereiche oder Gegenstände ausblenden, die ebenfalls beliebt sind. Orientiert man sich bei Betrachtungen der populären Kultur dagegen an Verkaufszahlen, Bekanntheitsgraden und Meinungsumfragen, ist das Bild eindeutig; dann gehört Virginia Woolf gleichermaßen zur Populärkultur wie Blondie, John Updike ebenso wie eine momentan viel beachtete Krimireihe, Günter Grass wie Stephen King. Darum ist es zu einseitig, wenn man behauptet, dass nur einfache Muster, Schlüsselreize und kindischer Humor die Produkte der populären Kultur prägen, so häufig eine solche Beschreibung (bislang) auch zutrifft.

Zumeist versucht man, maximale Eindeutigkeit dadurch zu erzielen, dass man Merkmale, die man der populären Kultur zuschreibt - z. B. Oberflächlichkeit und Standardisierung -, sogleich verurteilt und abwertet (oder auch, genau umgekehrt, avantgardistisch hochwertet). Ein großer Teil dieser geläufigen Anschauungen zur populären Kultur entstammt Urteilen über einzelne Kunstwerke und deren Rezipienten, aber auch über ganze Klassen von Werken (Trivialliteratur), Stilrichtungen (Kitsch) oder Veröffentlichungsformen (Heftchenliteratur), über neue Kunstgattungen (Comics), Genres (Western) oder Medien (Film) bzw. über deren Kombinationen (pornographische Videos, Computerspiele). Nach einer lange vorherrschenden Ansicht ist all das - und damit die populäre Kultur insgesamt als Summe solcher Produkte und ihrer Konsumenten - oberflächlich, unoriginell, effekthascherisch.

Im Anhang dieses Buches wird direkt in diese gewohnte substantielle Bestimmung der Populärkultur als oberflächlicher, reizvoller, standardisierter Kultur eingeführt, als deren Sinnbild nicht selten das moderne Girl fungiert. Am Beispiel des Girls kann man sehr gut zeigen, wie die verschiedenen Bestimmungsverfahren es je als populäre Größe entwerfen. Vor allem die traditionellen Bestimmungen sind eng mit Geschlechterbildungen verknüpft. Die wichtigste Methode, Werken, die nicht zur Kunst gerechnet

werden sollen, zu begegnen, besteht herkömmlicherweise darin, sich ihre
Wirkungen auszumalen und ihr Publikum vorzustellen, nicht, sie einge-
hend zu beschreiben oder gar zu theoretischen Betrachtungen zu nutzen.
Nach der Maßgabe wird die Populärkultur oft als weibliche, triviale und
zugleich leicht beeinflussbare Kultur modelliert. Ab den zwanziger Jahren
kommt dann aber unter dem Eindruck der neuen hochtechnologischen
»Massenkultur« ein weiteres Bild hinzu. Anti-Romantik und ›kühl‹ erotisier-
te Funktionalität treten seitdem der Auffassung von der süßlich-›femininen‹
populären Kultur zur Seite. Die Frage bleibt dann, ob das Girl (und mit
ihm die allgemeinen Einschätzungen der Populärkultur) sich auch von
dieser moderneren wesenhaften Bestimmung lösen können - ob das Girl
der blassere Oberbegriff unterschiedlichster junger Frauen werden kann und
die Populärkultur zum bloßen Verfahren, relative oder absolute Mehrheiten
auszuzeichnen.

Auch wenn man diese Wendung mitvollzieht, darf man aber genauso
wenig in den umgekehrten Fehler verfallen, aus der Tatsache, dass viele
›reizvolle‹ Werke schnell sang- und klanglos wieder vom Markt verschwinden, zu schließen, der Geschmack breiterer Publikumsschichten sei unbere-
chenbar. Eine Konkurrenz, über die in Charts entschieden wird, bringt nun
einmal zwangsläufig wenige Gewinner und viele Verlierer hervor. Nicht alle
Horror-, Sex- oder Teenagerfilme können Erfolg haben, erst recht nicht zur
gleichen Zeit. Trotzdem handelt es sich bei ihnen allen um erfolgsträchtige
Versuche. Nur wenige Themen und Erzählweisen dürfen nämlich - legt man
die Erfahrungen der Vergangenheit zugrunde - auf ein größeres Publikum
hoffen. Modernistische oder avantgardistische Werke haben nach wie vor
fast keinerlei Erfolgschancen (abgesehen von denen der bildenden Kunst,
deren Aufnahme nur einen kurzen Blick erfordert). Allein aus Gründen
der Abwechslung jedoch sind selbst beim scheinbar Immergleichen mindestens einige Neuheiten geboten. Weil zudem das Publikum, von dessen Wahl
die Charts abhängen, nie einen einheitlichen Block bildet und es sich unvermeidlich mit der Zeit ändert, müssen selbst bisherige Außenseiter nicht
alles verloren geben.

Die Schwierigkeit, Populärkultur ganz auf einen qualitativ bestimmten
Begriff zu bringen, zeigt sich auch daran, dass Innovation und Erwartungs-
bruch die Werke der modernen Bildungskultur nicht mehr entscheidend
prägen. Musterhaftigkeit ist ebenfalls bei ihnen anzutreffen, nicht allein bei
den dadurch vermeintlich trennscharf festgelegten populären Produkten.
Im Zeitalter der künstlerischen (keineswegs politischen) ›Nachgeschichte‹

sind Innovation und Schock nur noch ein Effekt, der Künstlern bei einem
Publikum außerhalb der Kunstwelt gelingen kann.

Innerhalb dieser Kunstwelt war konsequenterweise die letzte Provokati-
onsmöglichkeit, Gegenstände der Populärkultur in Galerien oder Gedichtsammlungen als hohe Kultur anzubieten; danach bleiben einzig modische
Irritationen übrig. Weil einige Teile der Populärkultur, besonders in den
Bereichen Film und Popmusik, fortlaufend technische Neuentwicklungen
nutzen, unterliegen sie sogar mittlerweile insgesamt stärkeren Änderungen
als die am Bildungskanon ausgerichteten Vertreter der klassischen Künste.

Begleitet wird die postmoderne, letzte nachhaltige Provokation durch
Hochwertungen der Populärkultur in manchem bildungsbürgerlichen Feuilleton und in subkulturell-avantgardistischen Film- und Musikzeitschriften.
Solche Hochwertungen sind natürlich nur deshalb bemerkenswert, weil sie
von Kritikern vorgenommen werden, deren Vokabular und Begründungs-
aufwand sich fundamental von dem der allermeisten Jugend- und Fanzeit-
schriften unterscheidet. Vitale Begeisterung für die neuen Künste und wir-
kungsvolle Abgrenzungsstrategie gegenüber dem alten Kanon und seinen
ranghohen Verfechtern sind bei diesen beredten Freunden der Popkultur
ununterscheidbar. Die Distanz zu den zahlreichen Anhängern der Populärkultur, die sich ihre Stars auf ganz andere Art und Weise aneignen, bleibt
so oder so erhalten.

Zum avantgardistischen Affront der bildungsbürgerlichen Kultur und
damit zur teilweisen intellektuellen Hochschätzung der populären Kultur
kommt seit beinahe vierzig Jahren etwas Neues hinzu: Die ungeheure Breite
des Angebots im einst unumstritten wichtigsten Bereich der Jugendkultur,
der Popmusik. Vernachlässigt man ihren tatsächlichen Erfolg, können dann
selbst Incredible String Band, Holy Modal Rounders, Mothers of Invention,
Sly and the Family Stone, John Cale, Lee Perry, Annette Peacock, Raincoats,
Slits, Deep Freeze Mice, Homosexuals, Tools You Can Trust, Extreme Noise
Terror zur Populärkultur geschlagen werden und dadurch erheblich zu deren akademischem Renommee beitragen. Zumindest erklärtermaßen soll
mit der vorliegenden Schrift jedoch kein Beitrag zu einer Kanondebatte
geleistet werden, wenn auch wahrscheinlich jede halbwegs neutrale Beschreibung der Populärkultur momentan immer noch unvermeidlich zu ihrer
Anerkennung beitragen wird. Ebenfalls sei aber an dieser Stelle bereits angemerkt, dass eine einigermaßen sachliche Skizze der populären Kultur als
Verfahren keineswegs auf ihre Verteidigung hinauslaufen muss.

»Pop«

Geschmack und Regel

Die alte Kritik der Bildungsbürger an der demokratischen Wahl ist verständlich: Bei gleichem Stimmrecht zählt ihr Votum genauso viel wie das eines – aus ihrer Sicht – Ungebildeten. Ihre Ansichten und Kandidaten haben deshalb keine Chance, Macht zu erlangen – vorausgesetzt, die Ungebildeten sind in der Mehrzahl und stimmen als homogene Klasse ab. Die entsprechende Kritik der Bildungsbürger und Intellektuellen an der populären Kultur ist allerdings wesentlich weniger einleuchtend. Zwar ist auch hier ihr Maßstab schlagend – an bestimmten Bildungsansprüchen gemessen, fallen viele Werke deutlich ab –, im Unterschied zu Wahlen jedoch geben Charts und Bestsellerlisten bislang nicht die Grundlage zur Einrichtung wichtiger Institutionen ab. Der Wahlsieger kommt ins Parlament, wird Präsident usf., der Autor jedoch, der am häufigsten gelesen wird, rückt nicht zum Vorsitzenden einer Art Reichsschrifttumskammer auf. Die populärste Partei erlangt die legislative Gewalt, gewiss – der populärste Autor aber kann niemandem seine Gesetze aufdrücken.

Der Eindruck der Bedrohung kann auch nicht in Reinform daher stammen, dass die ›Massen‹ – falls sie überhaupt lesen – andere Bücher schätzen als die Bildungsbürger; nur auf diesem Umstand beruht ja das bildungsbürgerliche erhobene Bewusstsein. Ins Extreme gesteigert, kann man das sogar an der intellektuellen Verzweiflung angesichts einer angeblich totalen Manipulation und Nivellierung durch Massengüter erkennen: Wer solche Botschaft ausspricht, hat sich ja auf geheimnisvolle Weise der Gleichschaltung entzogen. Und noch rätselhafter: Als Massenkritiker lebt man keineswegs im Abseits, sondern formuliert seine Urteile als Professor, Rektor, Chefredakteur, Bildungsminister usf.

An empirischer Forschung ausgerichtete Wissenschaftler wie Lazarsfeld und Merton konstatieren darum 1948 kühl: Zweifelsfrei sei der »populäre Geschmack« durch einen »abstoßenden Mangel ästhetischer Urteilskraft« gekennzeichnet, von einem Geschmacksverfall könne man jedoch nicht reden. Sei früher das Publikum kultureller Güter auf wenige Gebildete beschränkt

gewesen, habe es sich jetzt im Zuge von Alphabetisierung, allgemeiner
Schulpflicht, steigendem Wohlstand, verkürzter Arbeitszeit und dem Aufkommen massenmedialer Technologien stark ausgeweitet. Die Hoffnung
vieler egalitär ausgerichteter Aufklärer, die mit dem Kampf für »Freiheit«,
»Freizeit«, »popular education« und »soziale Sicherheit« verbunden gewesen sei, habe sich jedoch nicht erfüllt. Obwohl sie nun die Möglichkeit hätten, wendeten sich die Leute nicht Beethoven oder gar Kant zu,
sondern Faith Baldwin oder Johnny Mercer. Trotzdem hätten die neuen
Massenmedien die alten Bildungsideale keineswegs hinweggefegt. Deshalb
muss für Lazarsfeld / Merton die Schlussfolgerung lauten, dass lediglich das
»durchschnittliche« Geschmacksniveau gesunken ist, »although the tastes of
some sorts of the population have undoubtedly been raised«.[1]

In absoluten Zahlen ausgedrückt, nimmt das gebildete Publikum demnach zu, nicht ab. Um dieses Ergebnis zu akzeptieren, muss man allerdings
die Grundlage der Berechnung teilen: Man muss von festen Bestimmungen des guten und schlechten Geschmacks ausgehen. Hier könnte denn
auch ein Grund für das Bedrohungsgefühl der Bildungsbürger liegen, das
sich in ungezählten Attacken gegen den miserablen populären Geschmack
heftigen Ausdruck verschafft hat: Die Einhelligkeit des guten Geschmacks
ist selbst unter Gebildeten nicht unbedingt gegeben. Zu unterschiedlichen
Zeiten befürchtet, sieht oder ahnt man, dass sich in den eigenen Reihen
Gruppen bilden, die einen abweichenden Geschmack kultivieren, ohne zugleich alle Standards gebildeter Begründung zu verletzen. Die Sorgen sind
berechtigt: Schließlich stammen alle Konzepte der Populärkultur – auch
die wenigen positiven Bestimmungen – von Intellektuellen oder zumindest
Akademikern.[2]

Interessant an solchen Sorgen oder Ahnungen ist, dass das Verhältnis
des liberalen Bürgers zur Kunst die Befürchtungen und Abneigungen zu
einem nicht kleinen Teil selbst verursacht. Die bürgerliche Wendung gegen
die ständische Welt beinhaltet auch eine Freisetzung der Kunst; eine Freisetzung, deren Wirkungen sich einmal gegen ihre Urheber richten könnten,
wenn das Schöne tatsächlich unabhängig vom Wahren und Gebildeten gedacht werden sollte. Ende des 18. Jahrhunderts jedoch sind Ziel und Zweck

---

1   Paul F. Lazarsfeld, Robert K. Merton, Mass Communication, Popular Taste and Organized
    Social Action [1948], in: Mass Culture. The Popular Arts in America, herausgegeben von
    Bernard Rosenberg und David Manning White, Glencoe (Illinois) 1957, 457–473, hier 466 f.
    und 460.
2   Siehe Jim McGuigan, Cultural Populism, London und New York 1992, 9 ff.

der Bestimmung noch eindeutig nach außen gerichtet und dienen unterschwellig der eigenen, allgemein gesetzten Sache: Kunst soll weder Beförde-
rin theologischer ›Wahrheiten‹ sein noch Zierrat höfischer Auftraggeber.

In der philosophischen Ästhetik werden diese Absetzbewegungen radikal ausgesprochen und begründet. Da ist vor allem Kants Auffassung zu
nennen, nach der das Genie sich selbst seine Regel gibt und keineswegs
von vorgegebenen Anweisungen abhängen darf. Selbst in den abstrakten
Höhenflügen Kants kommen die Anforderungen bürgerlicher Ordnungs-
vorstellungen jedoch nicht zu kurz. Für Kant müssen die »Produkte« des
Genies »Muster« abgeben, um anderen zum »Richtmaße«, zur »Regel der
Beurteilung« zu dienen. »Originaler Unsinn« ist damit ausgeschlossen;[3] originaler Unsinn, »originale Tollheit« können sich offenbar nicht zu Mustern
verdichten, sie bleiben »regellos«.[4]

Über weitreichende Freiheiten verfügt nicht allein das künstlerische Genie, sondern auch der Kunstbetrachter. Er ist in seinem Urteil weder an
die Vorgaben des Wahren noch des Guten gebunden. Unabhängig von Er-
kenntnissen der Wissenschaften und Anforderungen der Moral kann er
etwas ›schön‹ oder ›hässlich‹ nennen. Was ›schön‹ oder ›hässlich‹ genannt
wird, liegt ganz bei ihm. Die Aussage, etwas sei schön, kommt dem rein
ästhetischen Geschmacksurteil zu, einem durchaus subjektiven Urteil, das
keineswegs vom Objekt erzwungen wird. Es gibt nach Kant keine Ordnung
des Schönen, die man als Geschmacksrichter lediglich nachvollziehen dürfte. Zum Teil scheint Kant bei seiner Argumentation sogar das alte Bild des
»Geschmacks«-Urteils wörtlich zu nehmen, wenn es darum geht, das Recht
der alten Regelpoetik zu bestreiten: Ich »versuche das Gericht an meiner
Zunge und meinem Gaumen: und danach (nicht nach allgemeinen Prinzipien) fälle ich mein Urteil.«[5]

Doch dabei bleibt es nicht. Geschmack ist bei Kant nur eine Metapher.
Sie zielt auf die Regellosigkeit, nicht auf den tatsächlichen Sinnengenuss.
Sinnlicher Genuss, Vergnügen verhindern wiederum ein ästhetisches Urteil, das von allen Interessen gereinigt ist; Interessen nämlich machen das
freie Spiel der Einbildungskräfte unmöglich. Kant muss von einem solchen
»freien Spiel« ausgehen, um den »Gemeinsinn« des Geschmacksurteils so-

---

3   Immanuel Kant, Kritik der Urteilskraft [1790], herausgegeben von Wilhelm Weischedel,
    Frankfurt am Main 1974 (= Werkausgabe, Band X), § 46, 242.
4   Immanuel Kant, Anthropologie in pragmatischer Hinsicht [1798], herausgegeben von Karl
    Vorländer, Hamburg 1980, 146.
5   Immanuel Kant, Kritik der Urteilskraft, § 33, 214 f.

wohl vor der unbedingten Notwendigkeit eines »objektiven Prinzips« als
auch vor dem Privatgefühl des Sinnengeschmacks zu retten.[6]

Um der »unbestimmten Norm des Gemeinsinns« Rechnung zu tragen,[7]
baut Kant eine bedeutsame Klausel ein. Er traut dem Urteilenden nicht
zu, sich in jedem Fall von seinen Neigungen distanzieren zu können. In-
teresselos kann folglich nur das Wohlgefallen urteilen, welches nicht zu
sehr Reizen und Rührungen ausgesetzt ist. Äußerst Reizvolles kann nach
Kant nicht als schön beurteilt werden. Darum gehören bestimmte Sujets
und Präsentationsweisen aus dem Reich des Ästhetischen kategorisch ausgeschlossen. Schon bei Wiesen und Gärten, die »von Natur gar zu viel
Reiz haben«, hat Kant Bedenken (mit der heute einleuchtenderen Klimax
»Wiesen, Gärten, Wollust selbst«). Wenn man aber über solche Gegenstände
»noch mehr Reiz« verbreiten will,[8] bleibt für Kant endgültig ein unästhe-
tischer Eindruck zurück. Sie werden dann wie Schlüsselreize angesehen, die
einen ausweglos fesseln und binden.

Gegen Reize

Verlässt man Kants zumindest teilweise harmlos klingende Beispiele wirk-
samer Reize - die »Wiesen« und »Gärten« -, wird mit einer langen idealistischen Tradition daraus das Verbot oder zumindest die Abneigung, ta-
gesaktuelle, politische, sexuelle oder vulgäre Gegenstände und Meinungen
darzustellen. All das ist nicht ästhetisch wahrnehmbar - schon gar nicht,
wenn es deutlich oder verwirrend eindringlich gezeigt wird - und bleibt so
dem Kunstgenuss verschlossen. Engagement gilt darum beim Übersprung
vom Bezirk der Ästhetik in den der Kunst als unkünstlerisch, Irritationen der unreinen Art ebenfalls. Irritationen der reinen Art hingegen -
sprich: Betonungen der Form-Seite, welche die kommunikative Funktion
und die Referentialität der Zeichen unterlaufen oder überspielen - werden in den modernistisch-formalistischen, häufig objektivistischen Kant-
Variationen zum Wesen der Kunst erklärt.

Es gibt allerdings eine Möglichkeit, selbst prekäre Sujets zu verwen-
den. Kant spricht davon, Reizendes »noch reizender zu machen«, im Um-

---

6   Ebd., § 20, 157.
7   Ebd., § 22, 159.
8   Immanuel Kant, Aus einer Logikvorlesung [1772], in: Materialien zu Kants »Kritik der
    Urteilskraft«, herausgegeben von Jens Kulenkampff, Frankfurt am Main 1974, 101–112,
    hier 112.

kehrschluss darf man wahrscheinlich eine gegenteilige Methode, eigentlich
Reizendes reizloser zu gestalten, annehmen. Aus der Annahme wird Gewiss-
heit, wenn man sich dem Kantianer Friedrich Schiller zuwendet. In Schillers Worten besteht diese Operation darin, den »Stoff« durch die »Form« zu
vertilgen. Die Kunst der Bearbeitung drängt die Wirkung, die der eindrucks-
volle Stoff bei einem geneigten Betrachter zweifelsohne ausgelöst hätte, zurück.[9] In seiner Rezension zu Bürgers Gedichten erteilt Schiller den drin-
genden Rat, sich als »aufgeklärter, verfeinerter Wortführer der Volksgefühle«
zum »Herrn dieser Affekte« zu machen und »ihren rohen, gestaltlosen, oft
tierischen Ausbruch noch auf den Lippen des Volks [zu] veredeln.«[10] Schleiermacher spricht demgemäß von der Aufgabe der Poesie, weder absichtlich
noch aus Ungeschick im Leser ein anderes Verlangen als das »ruhiger Betrachtung und freier Anschauung« zu erregen.[11] Die idealistische Grund-
haltung lautet: Ist die Kunst zu sehr auf Wirkung bedacht, macht sie sich
tendenziell gemein mit denen, deren Interesse an ihr sich gerade nicht ästhetischem Wohlgefallen verdankt. Wie diese kaum ästhetisch urteilen, ist
jene im schlechtesten Falle keine Kunst.

Das geforderte wie teilweise als möglich vorausgesetzte »interesselose
Wohlgefallen« konnte darum dazu dienen, moralische Verdikte, die beispielsweise gegen die künstlerische Darstellung des Sexuellen standen, zugleich zu distanzieren und über einen Umweg erneut zu bekräftigen. Dabei geht es nicht um Angelegenheiten, die nur in philosophischen Debatten eine Rolle gespielt hätten. Die professorale Ästhetik bleibt bis in die
sechziger Jahre des 20. Jahrhunderts zugleich eine juristische Ästhetik.[12]
Das grundlegende Reichgerichts-Urteil in Sachen Kunst versus Unzucht gesteht 1893 den vorbildlichen Künsten die Fähigkeit zu, dank ihrer Form-
gebung sogar Darstellungen von »Vorgängen geschlechtlichen Charakters«
so »durchgeistigen« und »verklären« zu können, »daß beim Betrachter die
sinnliche Empfindung durch die interesselose Freude am Schönen zurückge-

---

9 Friedrich Schiller, Ueber die ästhetische Erziehung des Menschen in einer Reihe von
Briefen [1795], in: Schillers Werke, 20. Band, Weimar 1962 (= Nationalausgabe), 309–412,
hier 382.
10 Friedrich Schiller, Über Bürgers Gedichte [1791], in: Schillers Werke, 22. Band, Weimar
1958 (= Nationalausgabe), 245–264, hier 249.
11 Friedrich Schleiermacher, Vertraute Briefe über Schlegels Lucinde, in: Kritische Gesamtausgabe, Erste Abteilung, Band 3, herausgegeben von Günter Meckenstock, Berlin und New
York 1988, 139–216, hier 178.
12 Vgl. Vf., Gestalten des Eros. Die schöne Literatur und der sexuelle Akt, Opladen 1997.

drängt wird.«[13] Umgekehrt stehen Schlüsselreize, die nicht »durchgeistigt« wurden, schnell unter Verdacht, schlimmste Wirkungen auszulösen; eine ganze Reihe trivialer Werke und Gattungen sowie ihre jeweils neuesten Medien - Schmutz- und Schundroman, Hard-Boiled-Krimi, Comics, Horrorfilme, Rock 'n' Roll, Video, Computerspiele - sind entsprechenden Anschuldigungen ausgesetzt (gewesen).

Auf schönste Weise kommen so ästhetische Freiheit, künstlerische Klasse und moralische Ordnung zusammen, ohne dass eines vorab zur Maßregel des anderen ernannt worden wäre. Obwohl die Kunst frei ist, darf vieles nicht passieren, sonst ist sie keine Kunst, nicht einmal schlechte. Die Kunst unterliegt keiner direkten Schöpfungsregel, Wirkungen dagegen gehören stark reglementiert. Wirkung und Ursache liegen ziemlich nahe beieinander: Ein wenig »durchgeistigter« Akt weist eben auf sinnliche Reaktionen. Bei Kant findet man bereits viele solcher Reize und ihre entsprechenden Bedingtheiten aufgezählt, vom Angenehmen bis zum Ekelerregenden. Damit ist der Ansatzpunkt gefunden, von dem aus die teilweise unterschiedlichen Bestimmungen des Trivialen,[14] Kitschigen[15] und des Schunds in eine strikt negative Bewertung starker Reize münden, die lange sogar die Wissenschaften beherrschte.[16]

Entsprechend diskriminierten Werken begegnet man konsequent, indem man in erster Linie ihre Wirkungen heraufbeschwört und ihr (gefährdetes)

13 Reichsgericht, Urteil vom 6. November 1893, 367 (RGSt 24, 367).
14 Vgl. Peter Nusser, Trivialliteratur, Stuttgart 1991; Vf., Der Reiz des Trivialen. Idealistische Ästhetik, Geschmackssoziologie und die Aufnahme populärer Kultur, in: ders. (Hrsg.), Der Reiz des Trivialen. Künstler, Intellektuelle und die Popkultur, Opladen 1997, 13-48. - Dort auch jeweils Nachweise zu Primär- und Sekundärliteratur.
15 Walther Killy, Deutscher Kitsch. Ein Versuch mit Beispielen, 2. Auflage, Göttingen 1962, 14: »Gemeinsam ist den kompilierten Texten also die Unterordnung unter den Reizeffekt.« - Alle notwendigen Hinweise zu historischen Bestimmungen des Kitsches und auf weitere Literatur bei: Jochen Schulte-Sasse, Die Kritik an der Trivialliteratur seit der Aufklärung. Studien zur Geschichte des modernen Kitschbegriffs, München 1971; Otto F. Best, Das verbotene Glück. Kitsch und Freiheit in der deutschen Literatur, München und Zürich 1978; Wolfgang Braungart, Kitsch: Faszination und Herausforderung des Banalen und Trivialen. Einige verstreute Anmerkungen zur Einführung, in: ders. (Hrsg.), Kitsch. Faszination und Herausforderung des Banalen und Trivialen, Tübingen 2002, 1-24.
16 Für eine Abkehr von dieser Praxis stehen in der Germanistik etwa ein: Helmut Kreuzer, Trivialliteratur als Forschungsproblem. Zur Kritik des deutschen Trivialromans seit der Aufklärung, in: Deutsche Vierteljahrsschrift für Literaturwissenschaft und Geistesgeschichte 41 (1967), 173-191; Günter Waldmann, Theorie und Didaktik der Trivialliteratur, München 1973; Günther Fetzer, Wertungsprobleme in der Trivialliteraturforschung, München 1980.

Publikum vorstellt, nicht, indem man sie ausführlich analysiert oder gar zu theoretischen Betrachtungen nutzt.[17] Ein Beispiel: Alfred Kerr schaut sich 1895 eine »Tingeltangelei« im Berliner Wintergarten an. Die »Menschheit« strömt dorthin; in diesem Fall besteht sie aus »Frauen« unterschiedlichster Schichten. Die »Fünfmarkplätze auf der Estrade«, merkt Kerr an, »sind von westlichen Damen begehrt, die genauso sorgfältig erzogen und so begütert sind, als es die armen geschminkten Fräuleins auf den Plätzen tiefer unten nicht sind.« Sie alle seien begeistert von blonden »Tingeltangelmädchen« in »rosafarbenen Kleidchen«, die, »immer singend«, »Scherze« mit Kätzchen machen, ohne dabei »dem Publikum die zierliche Beschaffenheit ihrer Unterkleider zu verbergen«. In diesem »raffinierten, halb kindlichen Verfahren« entdeckt Kerr prompt einen prickelnden »Reiz«, der in seiner Sicht »auf gewisse Kreise« seine »Wirkung« nicht verfehlen wird.[18]

Kerr selber betont ausdrücklich »Ich bin kein Moralist«, um gleich anzufügen, dass der Auftritt der »jungen Damen« etwas »unsäglich Abstoßendes« habe. Der Reiz kann natürlich auch ohne das ›Prickelnde‹ abstoßen. Ein Übermaß an Süßlichkeit wird solchen Kritikern die oftmals viel moralischere »Trivialliteratur« des 19. Jahrhunderts (und ihre Nachfahren im 20. Jahrhundert) ebenfalls vergällen.[19] Robert Prutz sieht bereits in den vierziger Jahren des 19. Jahrhunderts den »einfachen Reiz des Schönen« von den Lesern missachtet; favorisiert werde das »Pikante, das Leichtfertige und Blendende einer Literatur, die keinen anderen Zweck hat als Unterhaltung«.[20] Ein harsches Lob der Nüchternheit bleibt bei den nachfolgenden Debatten in der zweiten Hälfte des 19. Jahrhunderts dennoch meist aus; die ›Veredelungs‹-Maxime lässt es nicht zu. Photographie und Naturalismus benötigen eine lange Zeit, um als ›zufällige, nicht idealisierte Produkte der Empirie‹ über avantgardistische Kreise hinaus künstlerische Anerkennung zu finden.

17 Zu solcher Konstruktion der »niederen Kunst« vgl. Ludgera Vogt, Kunst oder Kitsch: ein »feiner Unterschied«? Soziologische Aspekte ästhetischer Wertung, in: Soziale Welt 45 (1994), 363–384.

18 Alfred Kerr, Wo liegt Berlin. Briefe aus der Reichshauptstadt 1895–1900, herausgegeben von Günther Rühle, 4. Auflage, Berlin 1997, 24 f.

19 Vgl. wiederum Walter Killy, Deutscher Kitsch. – Siehe dazu Umberto Eco, Die Struktur des schlechten Geschmacks, in: Apokalyptiker und Integrierte. Zur kritischen Kritik der Massenkultur [1964], Frankfurt am Main 1984, 59–115.

20 Robert Prutz, Über die Unterhaltungsliteratur, insbesondere der Deutschen [in: Kleine Schriften, Band 2, Merseburg 1847], in: Schriften zur Literatur und Politik, Tübingen 1973, 10–33, hier 13.

Prutz spricht sich im Rahmen der idealistischen Tradition für ein
»poetisch verklärtes«, »künstlerisch gereinigtes« »Spiegelbild des Lebens«
aus, nicht für die ›nackte‹ Wirklichkeitswiedergabe.[21] Solch ›veredelt‹ rea-
listische Literatur hat er über zehn Jahre zuvor in Deutschland noch vergeblich gesucht. »Unsre Dichter«, heißt es da bedauernd, schöpfen »aus den
Kompendien der Ästhetik« und aus »Philosophemen« statt aus der »Fülle
des Lebens«. Richtig verstandene »Unterhaltungsliteratur«, die die »Masse«
nicht preisgibt und so zur »Bildung unsers Volkes« beiträgt, bestünde aber
genau aus derartigen »Stoffen« – aus der »Wirklichkeit unsrer Zeit«.[22] Im
Namen der bedeutenden Realität, der neuen Gattung Roman kommt selbst
die »Masse« zu ihrem Recht – vorausgesetzt, bei allen dreien sind in genü-
gendem Maße Reize und Triebe gedämpft.

Für Reize

Der »New Journalist« Tom Wolfe – von anderen gern als »Pop-Journalist«
bezeichnet[23] – wird über hundert Jahre später ein Bild der literarischen
Lage entwerfen, das dem von Prutz sehr ähnlich sieht. Vorherrschende Ro-
manformen sind nach seiner Darlegung um 1960 herum: »novel of ideas«,
»Kafkaesque novels«, »the catatonic novel or novel of immobility«. Das rea-
listische Porträt, das große Sittengemälde der Gesellschaft, die detaillierte
Zeitgeistdiagnose gilt nichts mehr. Wolfe erblickt darin die große Chance
des Journalismus. Wie um 1800 nehmen sich einige Autoren, stellt Wolfe
erfreut fest, eines nicht-kanonisierten Genres an – damals war es der Roman, nun ist es der »slick-magazine journalism«. Der neue Journalismus
kann sich wie früher der Roman konkurrenzlos darauf konzentrieren, die
Lebensstile der Gegenwart zu dokumentieren.[24]
   Von Idealisierung ist bei Wolfe keine Rede mehr. Er empfiehlt den Journalisten statt dessen, Techniken des Romanautors zu übernehmen – etwa
Ereignisse aus der Sicht eines Handelnden zu schildern –, um den Leser

---

21 Robert Prutz, Die deutsche Belletristik und das Publikum [in: Die deutsche Literatur der
    Gegenwart, Band 2, Leipzig 1859], in: Schriften zur Literatur und Politik, Tübingen 1973,
    89-103, hier 99.
22 Robert Prutz, Über die Unterhaltungsliteratur, insbesondere der Deutschen, 22, 30, 28 und
    31.
23 Siehe Conversations with Tom Wolfe, herausgegeben von Dorothy M. Scura, Jackson und
    London 1990.
24 Tom Wolfe, The New Journalism, in: The New Journalism. With an Anthology edited by
    Tom Wolfe and E. W. Johnson [1973], London 1975, 15-68, hier 42 f.

zu größerer Anteilnahme zu bewegen. Naturalistische Techniken wie der Sekundenstil, die von ihren Verfechtern unabhängig von bevorzugten Gegenständen oder erhofften Wirkungen propagiert worden waren, müssten insofern einer neuen Prüfung unterzogen werden – im Hinblick auf ihre Funktionalität, im Hinblick auf ihre Wirkung beim Leser.

Funktionstauglichkeit ist auch das Stichwort gewesen, mit dem die Avantgardisten ab 1900 die hochkulturelle Welt herausfordern wollten. Das klingt widersinnig, ist man doch gewohnt, die Moderne unter dem Zeichen des *l'art pour l'art* als eine Bewegung aufzufassen, die sich allem bürgerlichen Nützlichkeitsdenken kategorisch verschließt. Die Futuristen und ihre Nachfahren jedoch haben klare, große Ziele für die Kunst.[25] Ihnen geht es aber natürlich nicht – wie etwa Wolfe – um die mitreißende Darstellung gegenwärtigen gesellschaftlichen Lebens, sondern um die Aufhebung der Differenz von Kunst und Leben. Sie wollen sich starker Reize bedienen, um interesselose Kontemplation unmöglich zu machen. Anstatt zu ruhiger Betrachtung zu führen, soll die erregende Kunst zu einem intensiven Lebensvollzug abseits ökonomischer oder moralischer Kalküls beitragen.[26] Am Rand der bürgerlichen Kultur finden sich ihre artikuliertesten Verächter. Sie sprechen die gleiche Sprache wie ihre ›Väter‹ (natürlich unter umgedrehtem Vorzeichen: statt reizvoller Verklärung Schock), deshalb werden sie einigermaßen ernst-, zumindest aber wahrgenommen.

In einem Manifest von Marinetti aus dem Jahr 1912 steht bereits das ganze Programm, an dem sich große Teile der Dadaisten, Surrealisten, Situationisten, Pop-Artisten und Postmodernisten im gesamten 20. Jahrhundert abarbeiten werden. Das futuristische Varieté, wie es sich Marinetti vorstellt, lebt von »Aktualität«; es soll »rein praktischen Zwecken« dienen, »denn es sieht seine Aufgabe darin, das Publikum durch Komik, erotischen Reiz oder geistreiches Schockieren zu zerstreuen und zu unterhalten«; dazu bietet man unterschiedlichste »Rekorde« auf (etwa den »größten Kräftevergleich der verschiedenen Rassen [Ringen, Boxen], die größte anatomische Monstrosität und die höchste Schönheit der Frau«) und bedient sich des Films, um Darstellungen zu zeigen, die sich der Bühne entziehen (»Schlachten, Aufruhr, Rennen, Autorennen und Wettfliegen«); die klassische Kunst kann daran

---

25 Zur Abgrenzung von autonomieästhetischer Moderne und Avantgarde vgl. Peter Bürger, Theorie der Avantgarde, Frankfurt am Main 1974.

26 Vgl. Vf., Kunst und/oder Leben. Futuristisches, dadaistisches Varieté, situationistische Aktion, in: Der Reiz des Trivialen. Künstler, Intellektuelle und die Popkultur, herausgegeben von dems., Opladen 1997, 109–140.

allein Anteil haben, falls sie »prostituiert« wird: die »Werke von Beethoven, Wagner, Bach, Bellini und Chopin werden durch Einfügen neapoli-
tanischer Lieder belebt«, Symphonien »rückwärts gespielt«, »ehrwürdigste«
Dramen auf einen einzigen Akt reduziert; die Zuschauer dürfen sich aber
nicht nur überraschen und schockieren lassen, sie müssen »lärmend« an der
Handlung teilnehmen, mitsingen und polemisieren.[27]
    Die Abneigung gegen teilweise sehr moderne bildungsbürgerliche Vorlie-
ben der Jahre um 1900 ist damit deutlich erklärt – gegen das »verinnerlichte
Leben, die schulmeisterliche Meditation, die Bibliothek, das Museum, die
monotonen Gewissenskämpfe, die dummen Analysen der Gefühle«. Durch
Vermischungen von Hoch- und Volkskultur, von gerade aufkommenden
Medien und Traditionen des Jahrmarkts kann die Abneigung ganz neue
Formen gebären. Aber es bleibt nicht nur bei dieser Vorwegnahme postmo-
derner Prinzipien. Ein Höchstmaß an Eigenständigkeit erlangen die Futuristen zuletzt durch ein Lob der Kälte (das sie zugleich wieder in maximale
Distanz zur alten Volkskultur rückt – und zu den populären gefühlsinnig-
moralischen Genres der bürgerlichen Welt des 19. Jahrhunderts): Ein wichtiges futuristisches Ziel ist es, die »ideale Liebe und ihre Romantik« zu
zerstören, indem ihre »sehnsüchtigen Schwärmereien der Leidenschaft« bis
zum »Überdruß« wiederholt werden; die »Zwangsvorstellung des fleischi-
gen Besitzes« wird der Verachtung preisgegeben, die »Wollust zur natürlichen Funktion des Koitus« erniedrigt, »jeden Geheimnisses, jeder depri-
mierenden Angst und jedes anti-hygienischen Idealismus« beraubt; die erotische Szenerie wird deshalb im futuristischen Varieté nicht vom weichen
Mondschein illuminiert, sondern ausgeleuchtet von »energiegeladenem elek-
trischen Licht«, welches »heftig auf dem falschen Schmuck« und dem
»falschen Rot der Lippen zurückprallt«.[28]
    Solche Wertungen machen schnell Schule. Ernst Jünger etwa bekennt
1929, eine »gute moderne Automobilreklame« mit »weit größerem Genusse«
zu lesen als Werke, die »Fragestellungen des deutschen Idealismus oder des
Naturalismus wieder aufzuwärmen« versuchen.[29] »Der Masse ist Kunst oder
Geist wurscht. Uns auch«, lautet ein allgemeiner Schlachtruf der Dadaisten

---

27 F. T. Marinetti, Das Varieté [Il Teatro di varietà, 1913], in: Umbro Apollonio, Der Futuris-
    mus. Manifeste und Dokumente einer künstlerischen Revolution 1909-1918, Köln 1972,
    170-177.
28 Ebd.
29 Ernst Jünger, O. S., in: Der Scheinwerfer 3 (1929), Heft 3, 29-30, hier 29.

um 1918.[30] Künstlerische Abweichler versuchen sich theoretisch mit der »Masse« gemein zu machen; mit ihren Lautgedichten, Montagen und ausgestellten Alltagsgegenständen gelingt das den Dadaisten freilich überhaupt nicht. So bleibt es beim Geschmacksurteil. Die Feindschaft gegenüber traditionellen wie modernen Formen der bürgerlichen Kultur führt zu einer mitunter enthusiastischen Anerkennung der Populärkultur, solange deren Reize deutlich ausgestellt sind, avantgardistisch isoliert werden können und sich nicht im Dienste einer sentimentalen Moral oder einer sinnhaft geschlossenen Erzählung erschöpfen.[31] »Der Haß gegen die Presse, der Haß gegen die Reklame, der Haß gegen die Sensation« ist folgerichtig keine Eigenschaft der Avantgardisten, sondern der Menschen, »denen ihr Sessel wichtiger ist als der Lärm der Straße«.[32]

Wenn man Milton Klonskys Betrachtungen zu New Yorker Bohemiens der vierziger Jahre folgt, sind die Dadaisten u. a. auch dafür verantwortlich zu machen, dass Formen der amerikanischen Kultur über einen europäischen Umweg in ihrem Heimatland avantgardistische Wertschätzung erfahren. Die Stimmung der Greenwich Village-Hipster sei »nihilistisch«; ihr Gesetz: »anti-art and anti-morality«; alle Autoritäten hätten sie hinter sich gelassen – »anything goes: Ovid is Freud is Karl Marx is Joe Gould is I AM«. Auch die Wertschätzung der »popular culture« habe man von Künstlern des alten Kontinents übernommen; ausgezeichnet erst durch den europäischen Versuch »to re-barbarize their own culture through American jazz, movies, comic strips etc.« konnten die von den amerikanischen Bohemiens vormals verachteten Spielarten Hollywoods und der Radio-Soap Operas ästhetische Aufmerksamkeit gewinnen.[33]

30 Raoul Hausmann, Aliterell Deliterell Subliterell [1919], in: Dada Berlin. Texte, Manifeste, Aktionen, in Zusammenarbeit mit Hanne Bergius herausgegeben von Karl Riha, Stuttgart 1982, 54–56, hier 54.

31 Selbst bei Kulturkritikern: Siegfried Kracauer, Kult der Zerstreuung. Über die Berliner Lichtspielhäuser [1926], in: Das Ornament der Masse, Frankfurt am Main 1977, 311–317, hier 314 f. Max Horkheimer, Theodor W. Adorno, Dialektik der Aufklärung [1944], Frankfurt am Main 1988, 151: »Das reine Amusement in seiner Konsequenz, das entspannte sich Überlassen an bunte Assoziation und glücklichen Unsinn«.

32 Tristan Tzara, Franz Jung, Georg Grosz, Marcel Janco, Richard Huelsenbeck, Gerhard Preiß, Raoul Hausmann u. a., Dadaistisches Manifest [1918, abgedruckt 1920], in: Dada. Eine literarische Dokumentation, herausgegeben von Richard Huelsenbeck, Reinbek bei Hamburg 1984, 31–33, hier 31.

33 Milton Klonsky, Greenwich Village: Decline and Fall [in: Commentary, 1948], in: The Scene Before You. A New Approach to American Culture, herausgegeben von Chandler Brossard, New York und Toronto 1955, 16–28, hier 26 und 23.

Zu den ›Barbaren‹ der zwanziger Jahre zählen auch die Anhänger der
deutschen Neuen Sachlichkeit. Sie teilen die Richtung gegen das Bildungs-
bürgertum, setzen allerdings im Unterschied zum Dadaismus an die Stelle
des Nihilismus ihre Auffassung von technischer Funktionalität. Unbelas-
tet von »künstlerischer Begriffsverwirrung« und »klassischen Allüren« sehen sie auf die »Zeugen einer neuen Zeit«: »Muster-Messe, Getreide-Silo,
Music-Hall, Flug-Platz, Büro-Stuhl, Standard-Ware.«[34] »Restlos« bejahen sie
das »Zeitalter der Radio, Kino, Phono, Elektro, Aero, Auto«. Von den
Künstlern, die im Banne dieser Zeit stehen, wird eine »modernistische
Ehe zwischen Konsum und Kultur« angestrebt. Aus »Gründen leichterer
Faßlichkeit«, um eine Brücke »von alt zu jung, von reich zu arm, von
Schicht zu Schicht, von Volk zu Volk« zu schlagen, wollen sie den An-
teil der »Sprache« zurückdrängen.[35] Konservativ gewendet: Der Expres-
sionismus habe »Tiefe und Hintersinn« gesucht, in der Neuen Sachlichkeit dagegen werde das »Leben zur peripherischen Intensität« gesteigert:
»Aufpeitschung durch starke äußere Spannungsreize«. »Der Geschmack der
Unterschichten und die groben Reizungen simplerer Kulturen« seien dabei zum »wertbestimmenden Maß« aufgestiegen: »jeder liest die Hinter-
treppenromane von Wallace«, viele begeisterten sich für »Negermusik und
Negertanz«. Immerhin bekomme das »Aufsteigende« von »oben her einen
feineren Schliff«, deshalb ist »für die Breite des Stils doch eine Hebung,
wenn auch Nivellierung« zu konstatieren.[36]

---

34 Hannes Meyer, Die neue Welt [1926], in: Bauen und Gesellschaft. Schriften, Briefe, Projekte, herausgegeben von Lena Meyer-Bergner, Dresden 1980, 27–32, hier 29. Vgl. Helmut
   Lethen, Der Habitus der Sachlichkeit in der Weimarer Republik, in: Literatur der Weimarer
   Republik 1918-1933, herausgegeben von Bernhard Weyergraf, München und Wien 1995,
   371–445 (= Hansers Sozialgeschichte der deutschen Literatur, Band 8). – In den Romanen
   der Neuen Sachlichkeit ist die Begeisterung für Funktionalität und Zerstreuung bereits
   gebrochen.
35 Hannes Meyer, Jean Bard, Das Theater Co-op [1924], in: Hannes Meyer, Bauen und Gesellschaft. Schriften, Briefe, Projekte, herausgegeben von Lena Meyer-Bergner, Dresden 1980,
   24–26, hier 26.
36 Broder Christiansen, Das Gesicht unserer Zeit, Buchenbach 1929, 50–52.

Pop Art

Einige Vertreter der Pop Art werden erneut in das Lob der oberflächlichen Künstlichkeit und ihrer klaren Signale einstimmen; von einer
»Nivellierung« kann aber insgesamt keine Rede sein. Zuerst bei den Künstlern und Kunstkritikern der englischen Independent Group trifft man Anfang der fünfziger Jahre wieder auf hochkulturelle Anhänger amerikanischer
Comics, Autos und »Pulp Fiction«-Magazine, deren Design und deren Motive sie dann auch für ihre Bilder und Collagen nutzen. Die künstlerische
Bearbeitung und Verfremdung lässt jedoch keinen Zweifel zu, was ›Pulp‹
und was ›Art Fiction‹ ist.

Mit dem Begriff »Pop Art« und dem bedeutungsgleich gebrauchten Begriff »Pop Culture« bezeichnet die Independent Group in der Mitte der
fünfziger Jahre allerdings nicht ihre eigenen Kunstwerke. »Pop Art« dient
ihnen vielmehr zur Bezeichnung der »Produkte der Massenmedien«[37] sowie
der »mass produced arts«.[38] In Richard Hamiltons berühmter Aufreihung
der Eigenschaften, die »Pop Art« ausmachen, stehen »popular (designed for
mass audiences)«, »mass produced« und »sexy / gimmicky / glamorous« ne-
beneinander.[39]

Bei der amerikanischen »Pop Art« zu Beginn der sechziger Jahre bezeichnet »Kunst« umgekehrt das malerische oder skulpturale Zitat, nicht dessen
»Material«. Allerdings braucht es etwas Zeit, bis sich »Pop Art« von der
»Popular Culture« lösen kann und damit zur »Kunst« aufsteigt. Ganz zu
Beginn werden die ausgestellten Alltagsdinge und Gebrauchsgüter manchmal unter dem Namen »Neo-Dada (auch unter »commonism« oder »sign
paintings«) gehandelt; die Verengung des Blicks auf massenmediale Objekte
und Techniken führt dann zu »Pop«. Alltagsgegenstände - und seien sie
massenhaft hergestellt worden - wie Regenschirme, Suppendosen oder Stra-
ßenschilder sind nun einmal keineswegs populär. Anders verhält es sich
mit Pin-up-Bildern, Elvis Presley, Filmstars, Motiven aus der Werbung, Co-
michelden - und mit dem Layout der »popular press« und der Reklame,

37 Lawrence Alloway, The Development of British Pop, in: Lucy R. Lippard, Pop Art, with
    contributions by Lawrence Alloway, Nancy Marmer, Nicholas Calas, New York und Wa-
    shington 1967, 27-67, hier 27.
38 Lawrence Alloway, The Arts and the Mass Media, in: Architectural Design, February 1958,
    84-85, hier 85.
39 Richard Hamilton, Letter to Peter and Alison Smith, 16th January 1957, in: The Inde-
    pendent Group: Postwar Britain and the Aesthetics of Plenty, herausgegeben von David
    Robbins, Cambridge (Massachusetts) und London 1990, 182.

mit Comicfarben und -rastern, mit dem Close-up-Verfahren des Films, mit
»black and white, technicolor and wide screen, the billboard extravaganzas,
and finally the introduction, through television, of this blatant appeal to
our eye into the home«.[40]

»Pop art is officially there«, verkündet die *New York Times* 1962. Die Einschätzung ist richtig, der nächste Satz jedoch höchst zweifelhaft. »It is, of
course, founded on the premise that mass culture is bad, an expression
of spiritual poverty.«[41] Die Mehrheit der Kritiker wird in der Folge genau das Gegenteil behaupten, um Pop Art von Dada zu trennen: Pop sei
nicht subversiv oder kritisch (gemeint), sondern »affirmativ«,[42] »passiv«,[43]
»cool«.[44] Auch die Produkte der »mass culture« bekommen dadurch eine
Art neutralen künstlerischen Segen.

Einige Künstler geben mit ihren Äußerungen genug Anlass zu dieser
letzten Einschätzung. Roy Lichtenstein sieht »Pop Art« als eine Kunst, die
ihre Umgebung (»environment«) akzeptiert.[45] Andy Warhol definiert »Pop
Art« in ähnlicher Weise als »liking things«. Diese Wertschätzung ist aber
keine Auszeichnung. Die totale Indifferenz des »liking« bringt Warhol mit
dem berühmten Anspruch »I think everybody should be a machine. I think
everybody should like everybody« unmissverständlich zum Ausdruck.[46] Unklar bleibt danach nur, weshalb er für die bildkünstlerischen Werke jene
»Dinge« vorzugsweise aus dem Arsenal der Populärkultur auswählt, wo doch
alle Objekte gleichermaßen viel wert sind.

Eine Urteilsweise, die zugleich eine Sehanweisung ist, kann jedoch auf
einfache Weise künstlerische Indifferenz und die ungewöhnlich häufig be-
nutzten populären Reizobjekte zusammenbringen. Kant hatte bestimmt,
dass in der Malerei der »Grund aller Anlage für den Geschmack« die
»Zeichnung« sei, nicht die »Farben«; die Farben gehören für ihn »zum

---

40 Henry Geldzahler, [Redebeitrag], zu: Peter Selz, Henry Geldzahler, Hilton Kramer, Dore
    Ashton, Leo Steinberg, Stanley Kunitz, A Symposium on Pop Art, in: Arts, April 1963,
    35-45.
41 Brian O'Doherty, Art: Avant-Garde Revolt [New York Times, October 31, 1962], in: Pop
    Art. A Critical History, herausgegeben von Steven Henry Madoff, Berkeley u. a. 1997, 41-
    42, hier 42.
42 Alan R. Solomon, The New Art, in: Art International, September 1963, 37-41, hier 37.
43 Barbara Rose, Dada Then and Now, in: Art International, January 1963, 23-28, hier 28.
44 Peter Selz, The Flaccid Art, in: Partisan Review 30 (1963), 313-316, hier 315.
45 What Is Pop Art? Answers from 8 Painters, Part I: Jim Dine, Robert Indiana, Roy Lich-
    tenstein, Andy Warhol, Interviews by G. R. Swenson, in: Art News, November 1963, 24-27
    und 60-64, hier 26.
46 Ebd., 25.

Reiz«, deshalb dürfen sie nicht den »eigentlichen Gegenstand« des inter-
esselosen Geschmacksurteils bilden.[47] Schiller zog daraus den Schluss, dass
der »Stoff« durch die »Form« vertilgt werden muss.[48] Folgerichtig verweisen
Pop-Artisten und Kunstkritiker in zirkulärer Manier darauf, dass schlichtweg alles in der Kunst verwandt werden darf, falls es nur künstlerisch bearbeitet ist (und sei es, dass die Bearbeitung allein darin besteht, etwas aus
seinem gewohnten Kontext - z.B. Suppendosen aus einem Supermarkt -
herauszulösen).

Dem Betrachter kann dann immer vorgeworfen werden, er sehe das
Falsche. Tom Wesselmann etwa beschwert sich heftig über die Bewunderer
der Pop Art: »[T]hey really worship Marilyn Monroe or Coca-Cola.« Aber:
»The importance people attach to things the artist uses is irrelevant.«[49]
Wenn Hans Blumenberg professoral ausführt, »die ›Pop-Art‹« sei »gleichsam
das experimentum crucis auf den geschichtlichen Wandel der ästhetischen
Einstellung«, dann haben Wesselmanns Bewunderer den Nageltest natürlich
längst verloren. »Der Gegenstand«, ist sich Blumenberg trotzdem sicher,
kann nun »ohne Vermittlung brutal hingestellt und ausgestellt werden, weil
eine mutierte Sichtweise vorausgesetzt werden darf, die nicht mehr in der
Gefahr steht, das faktisch hingestellte ›Objekt‹ als Träger der ästhetisch zu
erfahrenden Qualität gelten und wirken zu lassen.«[50]

Die »Gefahr« besteht jedoch durchaus, wenn auch nicht in allen Teilen
der Kunstwelt, so doch beim allgemeineren Publikum. Dessen Auffassung
ist durch die vorgängige abstrakte Malerei nicht ausreichend »mutiert« worden, um bei einem Bild Marilyn Monroes - selbst wenn es sich um einen
Siebdruck handelt - von ihren ›Qualitäten‹ abzusehen. Deshalb kann die
Pop Art das Gehäuse der Galeriekunst schnell verlassen. In der Mitte der
sechziger Jahre dient »Pop« als »corollary in the visual arts to the British beat and fashion booms«[51] (Quants Straßenmode, die Schockfarben

47 Immanuel Kant, Kritik der Urteilskraft, § 14, 141.
48 Friedrich Schiller, Ueber die ästhetische Erziehung des Menschen, 382.
49 What Is Pop Art? Part II: Stephen Durkee, Jasper Johns, James Rosenquist, Tom Wessel-
    mann, Interviews by G.R. Swenson, in: Art News, February 1964, 40-43 und 62-67, hier
    64.
50 Hans Blumenberg, [Redebeitrag], zu: ›Op‹, ›Pop‹ oder die immer zu Ende gehende Ge-
    schichte der Kunst, in: Die nicht mehr schönen Künste, herausgegeben von Hans Robert
    Jauß, München 1968, 691-705, hier 691 (= Poetik und Hermeneutik 3).
51 Dick Hebdige, In Poor Taste [1983], in: Post-Pop Art, herausgegeben von Paul Taylor,
    Cambridge (Massachusetts) 1989, 79-109, hier 86. - Weitere Nachweise bei Cécile Whiting,
    A Taste for Pop. Pop Art, Gender, and Consumer Culture, Cambridge 1997, 178 ff.; Andreas

der ersten Boutiquenkette *Biba*). Die Schwesterworte zu »Pop« sind darum
»›mod‹, ›beat‹, and ›permissive‹«, verbunden mit dem »›lifestyle‹ von Swinging London«.[52]

Gelöst von interesseloser Indifferenz, können »Pop Art« und »Pop
Culture« unter dem Namen »Pop« vereinigt werden. Der neue »Trend«,
der neue »Lebensstil« übergreift bestimmte spektakuläre Phänomene der
TV-Unterhaltung, der Werbung, der Pop Art, der Mode, der Musik und
avantgardistischer Präsentationsformen. »POP« ist nach einer *Newsweek*-
Titelgeschichte aus dem Jahr 1966 »a $5,000 Roy Lichtenstein painting of
an underwater kiss hanging in a businessman's living room.« »POP« ist aber
auch: »30 million viewers dialing *Batman* on ABC every week. [...] It's a
Pow! Bam! commercial for Life Savers on TV [...] It's lion-maned Baby Jane
Holzer in a short-skirted wedding dress. It's the no-bra bra and the no-back
dress. It's Andy Warhol's new nightclub, The Plastic Inevitable, where three
movies flicker simultaneously and a man lifts barbells to a rock beat.«[53]

Pop-»Reiz-Material«

In Deutschland verzeichnet das »diarium« H. C. Artmanns bereits 1964
u. a.: »spielzeug gebastelt, rockärmel verpfuscht, Mickey Spillane gelesen,
Goethe verworfen«. Ein Weg aus der »gegenwärtigen literaturmisere« muss
für ihn hin zur »Pop-literatur« laufen.[54] Der Affekt gegen das Bildungs-
bürgertum (»Goethe«) wird aber erst in den Jahren 1966-69 seinen Höhepunkt erreichen, indem revolutionäre Agitation alle Bereiche einer anarchistischen Prüfung unterzieht, inwieweit sie zu einem Leben ohne privaten Egoismus und hierarchische Ordnungen beitragen. Falls sie nicht
von vornherein als »bürgerlich« verworfen wird, hat die Kunst hier einen
wichtigen Beitrag zu leisten. So nennt Ralf-Rainer Rygulla 1967 in seinem
Nachwort zu einer Sammlung amerikanischer »Underground«-Gedichte als
bevorzugte Themen »Perverses und Obszönes, oft in der Koppelung mit gesellschaftlichen Sachverhalten«; er stellt den Slogancharakter entscheidender

Huyssen, The Cultural Politics of Pop [1975], in: After the Great Divide. Modernism, Mass
Culture, Postmodernism, Houndmills und London 1988, 141-159, hier 141 f.

52 Dick Hebdige, In Poor Taste, 86 und 85.

53 Peter Benchley, The Story of POP: What It Is and How It Came to Be, in: Newsweek, April
25, 1966, 56-61, hier 56.

54 Hans Carl Artmann, Das suchen nach dem gestrigen tag oder schnee auf einem heißen
brotwecken, Olten und Freiburg 1964, 7 und 42.

Kritikbotschaften positiv heraus (»grobe Bilder, Motive, die undifferenzier-
ten Statements«) und betont die Nähe der Poesie zu »Beat-Gruppen« wie
The Fugs, Velvet Underground, Mothers of Invention, Grateful Dead oder
Jefferson Airplane und bestimmten Filmen wie Warhols *Chelsea Girls.*
Von »Pop« ist dabei direkt keine Rede mehr, seine Geschöpfe scheinen
auf der falschen Seite zu stehen[55]: »Batman hat Gotham City verlassen
und kämpft in Vietnam in seinem Super-Super-Tank gegen das Böse.« Der
»Super-Kommerzialismus« erfordere als Antwort eine »extrem individualisti-
sche Haltung, die anti-Konsum und antizivilisatorisch« sei. Rygulla stimmt
in Ed Sanders' Forderung nach einem »totale[n] Angriff auf die Kultur« ein;
der Angriff könne nur durch »Kritik von außen, d. h. Kriminellen, Süch-
tigen und Farbigen«, erfolgen. »Ihre Slogans heißen: FICKT FÜR DEN
FRIEDEN – KASTRIERT LBJ – NIMM LSD – VERLASS DIE SCHULE –
RONALD REAGAN IST LESBISCH.«[56]
Rygullas Freund Rolf Dieter Brinkmann wird diese Grundsätze in weiteren Vor- oder Nachworten zu Gedichtsammlungen und Anthologien
amerikanischer Schriftsteller entfalten. Der gegenkulturelle, kulturrevolu-
tionäre Zug bleibt dabei erhalten, die Vorliebe für eine Art literarische
Pop Art tritt aber wieder stärker heraus: Alle »Momente« sind für Brinkmann »gleichwertig«,[57] also kann man (auch) »populäres Material« ins Gedicht aufnehmen,[58] »Reiz-Material« wie »Filme, Reklame, eine Dose Bier«,[59]
»Schlager, Schlagzeilen und Kinoplakate«, »Autounfälle und persönliche Disaster, Mittagessen und Sonderangebote an Armbanduhren«, »Röcke, die

55 Die Situationisten hatten das zuvor der Pop Art nachgesagt und dagegen andere Werte
    gesetzt: »If their [der Gruppe The Who] insistence on Pop Art [...] is reactionary – for of
    all art, pop art most completely accepts the values of consumer society – there is still their
    insistence on destruction, the final ridicule of the Spectacular commodity society.« Ben
    Covington, Crime Against the Bourgeoisie [in: Rebel Worker, No. 6, May 1966], in: King
    Mob Echo. English Section of the Situationist International, London 2000, 14–15, hier 15.
56 Ralf-Rainer Rygulla: Nachwort, zu: Fuck you (!). Underground-Gedichte [1968], heraus-
    gegeben von dems., Frankfurt am Main 1980, 115–120. Eine erste, kürzere Fassung der
    Anthologie erschien unter dem Titel »Underground Poems«, Berlin 1967.
57 Rolf Dieter Brinkmann, Die Lyrik Frank O'Haras, in: Frank O'Hara, Lunch Poems und
    andere Gedichte, Köln 1969, 62–75, hier 64.
58 Rolf Dieter Brinkmann: Der Film in Worten, in: Acid. Neue amerikanische Szene [1968],
    herausgegeben von Rolf Dieter Brinkmann und Ralf-Rainer Rygulla, Reinbek bei Hamburg
    1983, 381–399, hier 391.
59 Rolf Dieter Brinkmann, Notizen 1969 zu amerikanischen Gedichten und zu dieser An-
    thologie, in: Silverscreen. Neue amerikanische Lyrik, herausgegeben von dems., Köln 1969,
    7–32, hier 16.

über Luftschächte hochgeblasen werden«.[60] Ins gegenkulturelle Spektrum
lassen sich die teils populären Konsum- und Medienobjekte aufnehmen,
weil man mit ihnen glaubt – wie seit den Futuristen avantgardistisch vorgemacht –, gegen die hohe, unsinnliche, distanzierte Kunst Front machen
zu können (alles ist offensichtlich doch nicht gleichwertig!). Als Ziel gelten Gedanken, die die »Attraktivität von Titten einer 19jährigen haben«.[61]
Dem »Intellektuellen«, der auf unsinnlicher Abstraktion und Idealisierung
beharrt, kann dann vorgehalten werden, dass er »Angst« habe, »am Konsum
teilzuhaben« oder sich auf »Reizmuster« einzulassen.[62]

Die favorisierten Reize müssen keineswegs immer dem Reich der Biolo-
gie entstammen. Gegen konformistische »Literaturprodukte« setzt Brinkmann u. a. gerne die Sensationen der modernen populären Musik: In
den fünfziger Jahren »die Stirnlocke Bill Haleys, das wunderbare, wir-
re aufregend schöne Geschrei Little Richards«, um 1968 aber natürlich
auch die ganz anders geartete »Rock-Musik! (Durch Handhabung hoch-
technischer Geräte provoziertes sinnliches Erleben: die Erschließung neuer Gefühlsqualitäten im Menschen.)«[63] Mit der Bejahung starker Stimu-
li können zumindest auf der Beschreibungsebene momentan »Pop« und
›progressive Rockmusik‹ in Einklang gebracht werden: Für Nik Cohn, der
vom Rock ’n’ Roll herkommt, ist »Pop« »schnell, bombastisch, sexy, laut,
vulgär, monströs oder gewalttätig« (all das, was für ihn *Sergeant Pepper* nicht
ist);[64] für Chester Anderson, der im San Franciscoer Hippie-Organ *Oracle*
schreibt, zeichnet sich psychedelische Rockmusik durch »involvement of
the whole sensorium« aus.[65]

Ganz entsprechend plädiert Brinkmann dafür, sich der »billigen gedank-
lichen Alternative« Natur/Kunst bzw. Natur/Gesellschaft zu entziehen und
den »jetzt erreichten Stand technisierter Umwelt« als »›natürliche‹ Umwelt«
anzunehmen.[66] Er verwendet diese Definition von »Pop« in seinem zu-

60 Rolf Dieter Brinkmann, Die Lyrik Frank O'Haras, 65.
61 Rolf Dieter Brinkmann, Der Film in Worten, 384.
62 Rolf Dieter Brinkmann, Die Lyrik Frank O'Haras, 67.
63 Rolf Dieter Brinkmann, Der Film in Worten, 386 und 393.
64 Nik Cohn, AWopBobalooBop AlopBamBoom. Pop History [Pop from the Beginning,
    1969], Reinbek bei Hamburg 1971, 118.
65 Chester Anderson, Notes for the New Geology [in: Oracle, January, 1967], in: Notes from
    the New Underground. An Anthology, herausgegeben von Jesse Kornbluth, New York
    1968, 61–65, hier 63. – Anderson steht vollständig unter dem Einfluss McLuhans.
66 Rolf Dieter Brinkmann, Angriff auf das Monopol. Ich hasse alte Dichter [1968], in: Roman
    oder Leben. Postmoderne in der deutschen Literatur, herausgegeben von Uwe Wittstock,
    Leipzig 1994, 65–77, hier 71.

stimmenden Beitrag zum polemischen Angriff Leslie Fiedlers auf die moderne, ›akademische‹ Literatur. Fiedlers Projekt einer postmodernen Literatur, die massenmediale Genres von »Pop«-»Mythen« und -Erzählformen wie »Western, Science-Fiction und Pornographie« »spielerisch und ernst in einem« aufgreifen soll,[67] muss jedoch – wie bei den meisten ›Pop-Literaten‹ jener Zeit – auch bei Brinkmann ohne populäre narrative Muster auskommen.[68] Man schätzt – in mittlerweile guter avantgardistischer Tradition – nur die Einzelreize, nicht den Sinn einer geschlossenen Erzählung oder musterhafter Abläufe. Das gilt für die artifizielle Literatur, aber auch für den Lebensstil, wie ein Reporter bei einem Abend in der Kommune 1 beobachtet: »Two TV sets tuned to different channels occupy another end of the ›plaza‹. They provide a continuous source of light and amusement. Of course, their sound is turned off, so the movements of the characters were even funnier than intented. Anyway the images were all overstuffed German types, the programmes, quiz or audience participation variety stuff. [...] From time to time Kunzelman would stop fucking the chick with whom he was sharing a mattress, look up, gesture madly at the screen«.[69]

Wiederum ist hier Andy Warhol das Vorbild, das gleichermaßen für Pop Art, Mode, Drogen, Perversionen, jeunesse dorée, Velvet Underground, Startum und Experimentalfilm steht. Allerdings vermisst man bei Warhol eine ausgesprochen politische Dimension. Doch während Rolf Dieter Brinkmann in Deutschland versucht, einen Zusammenhang von »Total Assault on Culture« und ›erinnerungslosen‹ »Vogue-Beauties« im Modus »flickernder«, plötzlicher Bilder zu begründen,[70] machen es sich die meisten Bohemiens und die subkulturell orientierten Fraktionen der antiautoritären Studenten einfacher: Sie lassen sich von sinnlichen Sensationen beeindrucken, vor allem von Sexbildern, auch von Rocksongs oder -images, und hoffen zugleich auf deren weitreichende politisch-vitale Wirkung.

Der Begriff »Pop« saugt in der Aufbruchsstimmung dieses historischen Moments alles auf, was anti-akademisch ist und sich gegen eine normierte

---

67 Leslie A. Fiedler, Überquert die Grenze, schließt den Graben! Über die Postmoderne [Cross the Border, Close the Gap, in: Playboy, December 1969], in: Roman oder Leben. Postmoderne in der deutschen Literatur, herausgegeben von Uwe Wittstock, Leipzig 1994, 14-39, hier 21 f. und 26.
68 Vgl. Vf., Pop-Literatur um 1968, in: Text und Kritik, Sonderband X/2003, herausgegeben von Heinz Ludwig Arnold und Jörgen Schäfer, 41-54.
69 Joseph Berke, Kommune 1 Visited, in: Counter Culture, herausgegeben von dems., London 1969, 138-142, hier 139.
70 Rolf Dieter Brinkmann, Der Film in Worten, 388 und 381.

Welt richtet. »Die Wohnung verwandelten wir in Pop. Käse an die Wand
genagelt, angebissene Schallplatten rumgeschmissen.«[71] Anders gesagt: Eine
Reihe radikal avantgardistischer Prinzipien und Verfahrensweisen des Futurismus, Dadaismus und Surrealismus kehrt nach langer Abwesenheit unter
den Titeln »Pop« und »Underground« ins (deutsche) Leben zurück.[72]

Allgemein läuft die Identifizierung von Pop und Underground aber
nur solange auf breiter jugendlich-kulturrevolutionärer Front ungestört, wie
man auf seriös-akademischen Abscheu angesichts ›oberflächlicher‹ Sujets
und auf bürgerliche Empörung angesichts offen gezeigter Intimität stößt.
Bereits im Laufe der Jahre 1968/69 setzt sich innerhalb der politökono-
misch argumentierenden Linken die Ansicht durch, dass Pop-Avantgarde
und sexuelle Darstellungen allzu rasch liberal akzeptiert und als erotisch
aufgeladene kapitalistische Konsumanreize genutzt werden können.[73] Im
Zuge der Politisierung gewinnt das »Populäre« wieder stärker zu seiner alten Bedeutung zurück: »mit dem Volke zu sprechen und nicht über das
Volk«, diesem Ziel hätten sich erfolgreich »die Reden von Malcolm X, die
Schriften Fanons, die Songs der Rolling Stones und von Aretha Franklin«
verschrieben, zitiert etwa Rudi Dutschke zustimmend einen amerikanischen
Gewährsmann.[74]

Angesichts solcher Wertmaßstäbe – und auch denen der »Bewußtseins-
erweiterung« – können Pop und Rock nicht zusammenbleiben. Kurz nachdem der Begriff »Pop« überhaupt für »Beat«-Musik verwandt wird, ist seine Karriere im Reich der Rockmusik bereits wieder zu Ende;[75] auf ihn
konzentrieren sich nun die negativen Attribute kommerzieller Nichtigkeit
und Verblendung. »Pop« wird in den siebziger Jahren so bestimmt, wie

---

71 Hubert Fichte, Die Palette [1968], Frankfurt am Main 1978, 256.
72 Vgl. Karl Heinz Bohrer, Die drei Kulturen, in: Stichworte zur »Geistigen Situation der
    Zeit«, Band 2, herausgegeben von Jürgen Habermas, Frankfurt am Main 1979, 636–669,
    hier 643 ff.
73 Siehe etwa Jürgen Habermas, Protestbewegung und Hochschulreform, Frankfurt am Main
    1969, 25 f.; Jost Hermand, Pop International. Eine kritische Analyse, Frankfurt am Main
    1971.
74 A. Kopkind, Von der Gewaltlosigkeit zum Guerillakampf, zit. n. Rudi Dutschke, Die Wi-
    dersprüche des Spätkapitalismus, die antiautoritären Studenten und ihr Verhältnis zur
    Dritten Welt, in: Rebellion der Studenten oder Die neue Opposition, eine Analyse von
    Uwe Bergmann, Rudi Dutschke, Wolfgang Lefèvre, Bernd Rabehl, Reinbek bei Hamburg
    1968, 33–92, hier 92.
75 Vgl. Norbert J. Schneider, Popmusik. Eine Bestimmung anhand bundesdeutscher Pres-
    seberichte von 1960 bis 1968, München und Salzburg 1978 (= Freiburger Schriften zur
    Musikwissenschaft, Band 11).

in den zwanziger Jahren massenkritische Intellektuelle den amerikanischen
flapper und das »Girl« der Neuen Sachlichkeit beschrieben haben: Auf
den »Augenblicksgenuß« ausgerichtet, »normierte Schönheit, mit Puppenlächeln, mit Puder und Lippenstift, unpersönlich, und glatt vertauschbar
wie Maschinenprodukte«.[76] Rock soll dagegen männlicher, erdverbundener,
ehrlicher, intensiver und tiefer sein.[77]

Zwar gibt es bereits in den siebziger Jahren selbst mehr als genug musikalische Absetzbewegungen von diesem Ideal – Glam Rock, Slits, Blondie,
Ramones ... –, doch erst in der Auslaufzeit von New Wave Anfang der
achtziger Jahre kehrt mit dem Lob der (poststrukturalistischen) Künstlichkeit auch die »Pop«-Affirmation wieder zurück.[78] Brinkmanns warholeske
Begeisterung für »Vogue-Beauties« wird dieses Mal jedoch nicht von einem
martialischen Schrei – »Assault on Culture« – begleitet. Statt dessen wird
angesichts einer vorherrschenden liberal-alternativen Kultur eine geheim-
nisvollere Zombie-Haltung zur Maxime erhoben. Weil das »Unangepaßte«
wie »fast alle Hippie-Ideologeme« längst ein »erzbürgerlicher« Wert geworden sei, liefere die Glätte des Pop eine »vom Gegner nicht lokalisierbare
Bastion ästhetischer Kriegsführung.«[79]

Neben solch theorie-avantgardistischen Winkelzügen trägt eine Art zeit-
gemäßer Salonbolschewismus zur wesentlichen Ausprägung des »Pop«-
Begriffs bei. Marxistischer Materialismus wird als Konsumismus reformu-
liert: Der kapitalistische Reichtum und Luxus soll vergesellschaftet werden.
Die gängigen Spielarten marxistischer Kulturkritik und Bildungsbeflissen-

---

76 Broder Christiansen, Das Gesicht unserer Zeit, 81 und 14.
77 Vgl. Richard Middleton, Musikalische Dimensionen. Genres, Stile, Aufführungspraktiken,
    in: Rock- und Popmusik, herausgegeben von Peter Wicke, Laaber 2001, 61–106, hier 87 ff.
78 Nachweise und kritische Würdigung bei Ralf Hinz, Cultural Studies und Pop. Zur Kritik
    der Urteilskraft wissenschaftlicher und journalistischer Rede über populäre Kultur, Opla-
    den 1998; Simon Reynolds, New Pop and Its Aftermath [1985], in: On Record. Rock, Pop,
    and the Written Word, herausgegeben von Simon Frith und Andrew Goodwin, London
    1990, 466–471.
79 Diedrich Diederichsen, Nette Aussichten in den Schützengräben der Nebenkriegsschau-
    plätze, in: Staccato. Musik und Leben, herausgegeben von dems., Heidelberg 1982, 85–
    101, hier 96. – Viele der damals vorgetragenen Argumente leiden darunter, dass sie die
    Alternativbewegung (ab Mitte der siebziger Jahre) zu bruchlos mit den Hippies oder den
    68ern identifizieren und darüber deren teilweise Pop-/Underground-Ausrichtung vergessen.
    Selbst Diederichsens eigentümlicher Vorschlag findet sich schon 1967 beim Happening-
    und Pop-Artisten und -Theoretiker Bazon Brock, Widerstand gegen Widerstandsideologi-
    en [1967], in: Ästhetik als Vermittlung. Arbeitsbiographie eines Generalisten, herausgegeben
    von Karla Fohrbeck, Köln 1977, 828–840 (besonders Kapitel »Affirmation als Strategie des
    Widerstands«, 838–840).

heit dienen diesen hedonistischen Linken nur noch als Negativfolie. Gerade
in manchem Hollywoodfilm und in vielen Disco-Stücken meint man dagegen funktionale Modelle eines Lebens abseits von materiellem Druck und
psychischem Selbstzwang zu erkennen.[80]

Wie bei den Anhängern ästhetischer Interesselosigkeit und ihren avantgardistischen Widersachern wird populäre Kultur hier mit bestimmten, problemlos isolierbaren Reizen identifiziert – von den einen äußerst kritisch
betrachtet, von den anderen begeistert erwünscht. »Pop« ist in dieser Form
geradewegs das Kürzel für mal glatte und oberflächliche, mal durchschlagende und intensive Reize. Die Schnittmenge zwischen Populärkultur und
Avantgarde bilden all jene plakativen Farben, schnell wiedererkennbaren,
repetitiven Muster, einschmeichelnd-leichten oder schockierenden Stimu-
li, die sich aus narrativen Zusammenhängen oder anderen übergeordneten
Sinnstiftungen herauslösen oder diese ›Veredelungen‹ zum Vorwand degra-
dieren.

Damit unterscheidet sich »Pop« deutlich von der Populärkultur – wenn
man unter »Populärkultur« die Kultur der »Masse« oder die hegemoniale
Kultur versteht. »Pop« kann dann sogar auch das Erfolglose oder Kritische,
Subversive sein. Dieser Begriffsgebrauch ist seit dem Moment angelegt, als
»popular music« immer stärker mit der Musik der »teenager« identifiziert
wird, um ab Mitte der sechziger Jahre unter dem Oberbegriff »Popmusik«
allmählich verschiedenste Stilrichtungen unter sich zu begreifen.[81] David
Riesman hält bereits 1950 »zwei gegensätzliche Einstellungen der populären
Musik gegenüber« fest: Die Majorität bilde das Publikum der großen Radiosender, der Stars, der Hitparade, eine Minorität jedoch distanziere sich

---

80 Vgl. Ralf Hinz, Cultural Studies und Pop; ders., Pop-Theorie und Pop-Kritik. Denk-
    und Schreibweisen im avancierten Musikjournalismus, in: Text und Kritik, Sonderband
    X/2003, herausgegeben von Heinz Ludwig Arnold und Jörgen Schäfer, 297-310. – Solch
    esoterische Pop-Theorien begleiten den auf breiter Welle anlaufenden Stilwandel von der
    Alternativ- zur »Zeitgeist«- und Lifestyle-Kultur der achtziger Jahre, teilweise initiieren sie
    ihn sogar (in Deutschland in den Zeitschriften *Sounds* und *Elaste*), in jedem Fall versuchen
    sie ihn (theorie-)politisch zu grundieren. In den neunziger Jahren (als der alternative Geg-
    ner längst keine Meinungsführerschaft mehr besitzt) kommt es innerhalb jener Zeit
    noch weitgehend anachronistischen Feuilleton- und Literaturszenerie zu einer Wiederauf-
    nahme einiger (entpolitisierter) Motive dieses Stilwandels, exklusiv in Deutschland sogar
    unter dem Titel »Popliteratur«.

81 Nachweise zu weiteren Definitionen von populärer Musik bei Helmut Rösing, »Populäre
    Musik« – was meint das?, in: Das Populäre in der Musik des 20. Jahrhunderts. Wesenszüge
    und Erscheinungsformen, herausgegeben von Claudia Bullerjahn und Hans-Joachim Erwe,
    Hildesheim u. a. 2001, 39-60.

mit Hilfe anderer Sorten der »popular music« (1950: Hot Jazz) »from the majority group, and thereby from American popular culture generally«.[82] Populäre Musik ist also keineswegs immer ein Teil der Populärkultur, folgt man dieser Bestimmung.

Man muss allerdings vermuten, dass ohne eine spektakulär abweichende optische Stilisierung der Bands die Musik etwa aus dem Beat-, Progressive Rock-, New Wave- und Independent-Bereich wesentlich schwerer solchen Status erlangen könnte. Der (avantgardistische, lebenskünstlerische) Reiz »Pop« hilft der Popmusik, sich teilweise von der Populärkultur zu lösen. Die harte Differenz zum alltäglichen oder erwachsenen Aussehen, das Spiel mit Sex und Gender gehört hier ebenso dazu wie die Abwandlung vorgegebenen Materials. »We stand for pop-art clothes, pop-art music and pop-art behaviour«, lautet die Selbstbeschreibung von The Who 1965. »Union Jacks are supposed to be flown. We have a jacket made of one.« Die Theorie zur Flaggen-Jacke lautet: Pop Art »is re-presenting something the public is familiar with, in a different form.«[83] Anders gesagt: Selbst in seiner ›minoritären‹ Form, als besonders heftiger, unverträglicher Reiz oder als verfremdendes Zitat der Populärkultur, braucht »Pop« das breitere Publikum – als Abgrenzungsfläche.

---

82 David Riesman, Listening to Popular Music [1950], in: Mass Culture. The Popular Arts in America, herausgegeben von Bernard Rosenberg und David Manning White, Glencoe (Illinois) 1957, 408–417, hier 411 und 412.

83 Der frühere Art School-Student und Gitarrist der Who Pete Townshend zum »Melody Maker«, 3 July 1965. Wieder abgedruckt in: The Faber Book of Pop, herausgegeben von Hanif Kureishi und Jon Savage, London 1995, 239–240, hier 239. – Ganz ähnlich zum Punkstil: Dick Hebdige, Subculture: The Meaning of Style, London 1979; Simon Frith, Howard Horne, Art into Pop, London und New York 1987, 123 ff. – Zu »Camp«, als weniger »fader und trockener, ernster und gleichgültiger« Variante der Pop Art siehe Susan Sontag, Anmerkungen zu ›Camp‹ [Notes on »Camp«, 1964], in: dies., Kunst und Antikunst. 24 literarische Essays, Frankfurt am Main 1982, 322–341, hier 340.

»Volk«, »Masse« und »Populärkultur«

Volk und Masse

Wäre das Populäre bloß ein Attribut des ungeschiedenen Volks, gäbe es kein Problem: Alle dächten das gleiche. Friedrich Theodor Vischer etwa sieht in seiner Ästhetik das Volk als gesamte Nation an. Ursprünglich erscheint Vischer dieser Zustand, weil er noch unberührt von »Bildung« besteht. Die Zeit ist aber längst dahin, die Scheidung vollzogen. Wegen der Wirkungen der Bildung haben die Stände sich nicht nur »nach Besitz, Macht, Recht, Geschäft, Würde, sondern nach der ganzen Form des Bewußtseins« voneinander getrennt, stellt Vischer fest. Auch die »poetischen Urteile« unterliegen darum der Trennung: Dasselbe Lied entzückt nicht mehr gleichermaßen »Bauern, Handwerker, Adel, Geistliche, Fürsten«.[1] Mit dem ›Sündenfall‹ der Bildung, wegen der ganz unterschiedlichen Folgen, die die ›verbotenen‹ Früchte der Erkenntnis‹ auslösen, tritt das Volk aus dem Gesamtkreis heraus – und mit ihm sein Lied (einst war dieses Lied sicher ein Stück von Grimms autorloser »Naturpoesie«[2]). »Volk« heißt nach dem Auszug aus dem natürlichen Paradies nun allein der »Teil der Nation, der von den geistigen Mitteln ausgeschlossen ist«.

Vischer ist Romantiker genug, diesen ausgeschlossenen Teil konsequent als das, »was einst Alle waren«, zu betrachten, als »die Substanz und der mütterliche Boden, worüber die gebildeten Stände hinausgewachsen sind, aus dem sie aber kommen.«[3] Dies liegt auf der Linie seiner höchst merkwürdigen Argumentation, die zwar »ursprünglich« keine »Bildung« kennt, aber bereits eine »Nation«. So kann das Volk – zwar ungebildet, aber Schoß der Nation – weiter eine wichtige, wenn auch keineswegs die alleinige Rolle spielen.

1 Friedrich Theodor Vischer, Ästhetik oder Wissenschaft des Schönen, V/VI, Nachdruck der 2. Auflage München 1923, Hildesheim und New York 1975, § 892, 239.

2 Vgl. Hermann Bausinger, Formen der »Volkspoesie«, 2., verbesserte und vermehrte Auflage, Berlin 1980 [1968] (= Grundlagen der Germanistik; 6); Peter Burke, Helden, Schurken und Narren. Europäische Volkskultur in der frühen Neuzeit [Popular Culture in Early Modern Europe, 1978], Stuttgart 1981.

3 Friedrich Theodor Vischer, Ästhetik oder Wissenschaft des Schönen, V/VI, § 892, 239.

Ohne jene Trennung konnte man auch im 18. Jahrhundert kaum auskommen. Selbst Herder, von dem doch die historisch entscheidende Gleichsetzung von Volk und (Kultur-)Nation stammt, sieht das Feld der einheits-
stiftenden, nationalbindenden Poesie nicht grenzenlos: »Volk heißt nicht,
der Pöbel auf den Gassen, der singt und dichtet niemals, sondern schreyt
und verstümmelt.«[4] In frühen Demokratietheorien wird das Volk in ähnlicher Weise zuerst in niederen Pöbel und wahlberechtigte Bürger geschieden;
anschließend werden die Wahlberechtigten sogar ein weiteres Mal geteilt.
Die »Masse« des »Volks« (dieses Wahlvolks) ist nach Montesquieus *De l'esprit
des lois* (1748) zwar nicht geschickt genug, kluge politische Entschlüsse zu
fassen, sie ist aber fähig, die richtigen Repräsentanten zu wählen. Keineswegs jedoch darf die Masse das gleiche Stimmrecht besitzen wie »Leute, die
durch Geburt, Reichtum oder Ehrenstellungen ausgezeichnet sind«. Hätten
die noblen Herren nämlich »nur eine Stimme wie alle übrigen, so würde die
gemeine Freiheit ihnen Sklaverei bedeuten.« Denn eines steht offensichtlich
fest, bevor je eine Wahl stattgefunden hat: Das Volk (also die Menge, ausgenommen der große Haufen des Pöbels) wird die Vorschläge der kleinen Zahl
der Hohen fast immer nahezu geschlossen ablehnen und niederstimmen. In
einer egalitären Demokratie würden sich die »meisten Entschließungen« gegen die Leute von Rang richten, weiß Montesquieu (XI. 6).

Mit einer Verlagerung von der Aristokratie des Bodens und Blutes zu der
des Kapitals und des Geistes muss sich daran natürlich nichts ändern. Die
Geschicke des ›Ganzen‹ dürfen einfach nicht in die Hände der Minderbe-
mittelten gelegt werden. Die Bildungsbürger lassen es sich nicht nehmen, in
unzähligen Wiederholungen die Geistferne des abhängigen Volks herauszustellen; die Besitzbürger weisen auf seine Unselbständigkeit und Unverant-
wortlichkeit hin. Verfechter revolutionär-demokratischer Prinzipien befreien
sich zwar mit Hilfe der Idee unveräußerlicher allgemeiner Menschenrechte
von solchen Spaltungen,[5] doch trotz ihrer weiteren Überzeugung, dass jeder Mensch zu vernünftiger Überlegung fähig ist, setzen sie nicht zuletzt
auf die breite erzieherische, bessernde Wirkung einer liberalen Öffentlich-

---

4   Johann Gottfried Herder, Volkslieder. Nebst untermischten andern Stücken, Zweiter Teil
    [1779], in: Werke, Band 3, herausgegeben von Ulrich Gaier, Frankfurt am Main 1990,
    229-430, hier 239. Vgl. Pierre Bourdieu, Sagten Sie »populär«?, in: Praxis und Ästhetik.
    Neue Perspektiven im Denken Pierre Bourdieus, herausgegeben von Gunter Gebauer und
    Christian Wulf, Frankfurt am Main 1993, 72-92.

5   Siehe etwa Maximilien Robespierre, Über die Notwendigkeit, das Dekret über die Mark
    Silber zu widerrufen [1791], in: Ausgewählte Texte, Hamburg 1971, 37-54.

keit; einer Öffentlichkeit, die schnell jene Bildung und Mündigkeit hervorbringen soll, die zu ihrer Begründung bereits potentiell vorausgesetzt wird.
Zuvor schließt man in theoretischen Abhandlungen häufig diejenigen von
der demokratischen Wahrheitsfindung – der »öffentlichen Meinung« – aus,
die aufgrund ihrer miserablen Lebensbedingungen ohnehin nicht an ihr
teilnehmen können.[6]

Die egalitären Ideale der Aufklärung sowie die romantische Identifizierung von Volk und Nation bewirken zumindest eine begriffliche Verschie-
bung. Die Angriffe ihrer Gegner richten sich ab der Mitte des 19. Jahrhunderts weniger gegen das (niedere) Volk als gegen die »Massen«. Wegen
der Allmacht der »Mehrheit« – Burkes »Volkstyrannei«[7] – sieht beispielsweise Tocqueville in Amerika ein Land, in dem nur ein Mindestmaß »geistiger
Unabhängigkeit« und »wahrer Freiheit« herrscht.[8] Die Absicht, wissenschaftliche Ergebnisse materiell auszunutzen, ersetze bei den Amerikanern den
»reinen Wunsch nach Erkenntnis«, an die Stelle großer Kunstwerke rückten
gefällige und hübsche.[9]

In Europa, wo Liberal-Konservative sich vor solchen Mehrheiten vorerst
nur fürchten, verurteilt man die eigenen Massen zumeist weniger subtil[10]:
Sie sind eben dumm, moralisch primitiv und hängen am Sinnlichen.[11] In
einer zukunftsweisenden Variante sieht man solche Massen nicht nur in
der großen Stadt räumlich zusammengebracht, sondern ebenfalls auf ganz
andere – gefährlichere, da stabilere, kontinuierlichere – Art und Weise durch

6 Vgl. Jürgen Habermas, Strukturwandel der Öffentlichkeit. Untersuchungen zu einer Kategorie der bürgerlichen Gesellschaft [1962], 12. Auflage, Darmstadt und Neuwied 1981.
7 Edmund Burke, Betrachtungen über die französische Revolution [Reflections on the Revolution in France, 1790], Zürich 1986, 243.
8 Alexis de Tocqueville, Über die Demokratie in Amerika [De la Démocratie en Amérique,
   1835/1840], München 1976, 294.
9 Ebd., 528 und 536.
10 Liberalismus bezeichnet im 19. Jahrhundert eine Haltung, für die »›the democracy‹ was
   virtually synonymous with tyranny and the rule of the mob«. Geoff Eley, Liberalism,
   Europe, and the Bourgeoisie 1860-1914, in: The German Bourgeoisie. Essays on the Social
   History of the German Middle Class from the Late Eighteenth to the Early Twentieth
   Century, herausgegeben von David Blackbourn und Richard J. Evans, London und New
   York 1991, 293-317, hier 300.
11 Zu Taine, Tocqueville, Le Bon, Sighele u. a. vgl. Salvador Giner, Mass Society, London 1976,
   und vor allem Helmut König, Zivilisation und Leidenschaften. Die Masse im bürgerlichen
   Zeitalter, Reinbek bei Hamburg 1992. Zu den deutschen professoralen Bildungsbürgern
   vgl. Fritz K. Ringer, Die Gelehrten. Der Niedergang der deutschen Mandarine 1890-1933
   [The Decline of the German Mandarines, 1969], Stuttgart 1983.

Medien (hier: durch auflagenstarke Tageszeitungen) ›versammelt‹.[12] Manchmal wird in der Sicht der Gefährdeten aus der akuten Bedrohung bereits eine brutale Tatsache; interessant ist das, wenn die Massen nicht rein als negatives Extrem abgebucht werden, sondern man ihre verwerflichen Haltungen als Durchschnittswert bilanziert: Die Massen bilden dann die Mitte, in der man – etwa mit Nietzsche – die zivilisierte Langeweile, Berechnung und Herdenmoral weiß und nicht die wilden Leidenschaften der großen Einzelnen.

Es stellt sich die Frage, inwieweit diese Ängste berechtigt waren. Die Besitzbürger sahen sich immerhin sozialistischen Parteien ausgesetzt, die eine Änderung der Eigentumsverhältnisse herbeiführen wollten. Marx hatte zwar die »Masse« verlassen, um der »Klasse« diese weltgeschichtliche Aufgabe aufzuerlegen, sozialistische Agitatoren beriefen sich aber gerne auf die ihrer Meinung nach überwältigend große, durchschlagende Masse der Abhängigen. Den Bildungsbürgern hingegen drohte keine vergleichbare direkte Gefahr, trotzdem artikulieren sie ihre Ängste, ihren Abscheu umso beredter. Dies war insofern angemessen, als mit der Staatsmacht auch ihre Vorrangstellung in Verwaltung und Regierung hätte fallen können. Geist und Bildung – in den Begriffen des 19. Jahrhunderts – standen aber nicht kategorisch in Frage, hatte sich doch auch die Arbeiterbewegung einen Bildungsauftrag gegeben. Im Rückblick erweist sich zumindest aus der Sicht der alten »Geistes«-Wissenschaften die Befürchtung vor den hoch spezialisierten, positivistischen, am technischen Nutzen ausgerichteten Wissenschaften als berechtigt;[13] es fällt allerdings schwer, in solcher Fachdisziplin einen Massenartikel zu erkennen.

Weil der befürchtete und unterstellte Bildungs- und Werteverfall schwerer auszumachen ist als eine für jeden sichtbare gewaltsame Änderung der Eigentumsordnung, hat die Abneigung gegenüber der Masse den Vorteil, aus sich selbst heraus leben zu können. Dagegen lassen parlamentarische

---

12 Gabriel Tarde, L'Opinion et la foule, Paris 1901.
13 Gehlen Mitte der fünfziger Jahre des 20. Jahrhunderts zur letzten Blüte solcher »Kulturkritik«: »[E]s handelt sich da sehr weitgehend um Abwehrhandlungen einer Schicht von Gebildeten, die in der technischen Gesellschaft in Gefahr gerät, sozial funktionslos zu werden [...]. Denn die moderne industriell-bürokratische Gesellschaft zitiert von sich aus sehr wohl gewisse Wissenschaften und Künste, wie die Naturwissenschaften, die Medizin, die Jurisprudenz, die Architektur«, nicht aber »die Geisteswissenschaften, die Philosophie, die Geschichtswissenschaften, also die eigentlichen Bildungswissenschaften«. Arnold Gehlen, Das Ende der Persönlichkeit? [1956], in: Studien zur Anthropologie und Soziologie, Neuwied und Berlin 1963, 329–340, hier 330 f.

Wahlen ebenfalls kaum Interpretationsspielraum offen. 1910 schlug die preußische Regierung noch vor, den »Kulturträgern« beim Drei-Klassen-Wahlrecht eine gesonderte Stellung einzuräumen: Wer nach dreijährigem Universitätsstudium ein Staatsexamen erworben hatte, sollte eine Klasse höher, als durch seinen versteuerten Reichtum festgesetzt, eingestuft werden. Die Besitz- und vor allem die Bildungsbürger sollten dadurch vor der befürchteten Angleichung an die Massen bewahrt werden. Spätestens nach 1918 mussten alle Parteien, vor allem die sozialdemokratischen, jedoch feststellen, dass bei allgemeinen gleichen Wahlen keineswegs die große Mehrheit der Besitzlosen und Lohnabhängigen einheitlich abstimmte. Montesquieus Annahme, dass das Volk stets die ›Hohen‹ überstimmt, ist damit hinfällig, ebenso die marxistische Hoffnung, dass die Massen unter dem Druck der materiellen Verhältnisse ein entschiedenes, durchgehendes Klassenbewusstsein entwickeln würden.

Auf konservativer Seite gab es frühzeitig eine Gedankenfigur, die in diese Richtung wies. Zuerst diente sie noch der Unterstreichung der Gefahr. Die »große Masse« lasse sich »nur zu oft willenlos leiten« oder folge »launenhaft Tag um Tag dem einen oder andern Führer«, sagt etwa Georg Waitz von der Casino-Fraktion in der Debatte um eine deutsche Verfassung in der Frankfurter Nationalversammlung 1849. Die Behauptung dient ihm dazu, allein für die »Besitzenden« und »selbständig Wirkenden« das Wahlrecht vorzubehalten. Die »Besitzlosen« und »Diener« bleiben - wie bereits von Kant und vielen anderen gefordert - ausgeschlossen.[14]

Man kann aber auch das Argument umdrehen und aus der Gefahr eine Chance machen. Um dies zu tun, muss man allerdings - wie besonders Nietzsche und Le Bon - aus dem Reich aufklärerischer ›Selbständigkeit‹ heraustreten und in die Welt der alten Rhetorik zurückkehren. Dort war man schließlich schon immer überzeugt, mit der großen Rede Massen dirigieren zu können. Im Lager der neuen konservativen Rhetorik akzeptiert man deshalb nun mitunter das demokratische Wahlrecht des einzelnen ›Massenmenschen‹, um ihn sofort in die unterschiedslose Masse der ›Folgsamen‹ zurückzustoßen. Wenn die liberal-konservativen Aufklärer das Wahlrecht nur unter der Bedingung individueller Selbständigkeit (und individuellen Besitzes) gewähren, können die reaktionären Geistesaristokraten oder politischen Nationalisten die Demokratie der Besitzlosen nur darum

---

14 Stenographischer Bericht über die Verhandlungen der deutschen constituirenden Nationalversammlung zu Frankfurt am Main, Band 7, Frankfurt 1849, 5222.

hinnehmen, weil sie meinen, die unselbständige Masse führen zu können.
(Folgerichtig wird die linke Kritik darauf antworten, indem sie bei Wahlentscheidungen gegen den von ihr behaupteten Klassenstandpunkt regelmäßig
eine unterstellte erfolgreiche massenhafte Manipulation anprangert.)
     Unterschiedliche politische Lager eint demnach die Auffassung, dass es
so etwas wie ein besitzloses Individuum im strengen Sinne gar nicht gibt.
Zum einen ist es nicht gebildet genug, um die richtigen Entscheidungen zu
treffen (in dieser Kritikvariante ist es immerhin noch Souverän der falschen
Entscheidung). Zum anderen tragen die falschen Entscheidungen sogar
stets massenhaften Charakter, selbst wenn sie alleine in der Wahlkabine
oder nach persönlicher Lektüre getroffen werden. Die Aufsehen erregenden
räumlichen Zusammenballungen vieler Menschen auf städtischen Plätzen,
ihre kollektive Erregung, der sich selbst Außenstehende nur mühsam entziehen können, bestimmen in der Sicht der Massentheoretiker noch das Bild
je separat getroffener und dann zusammenaddierter Entscheidungen. Die
bedrohlichen Bewegungen und Aufläufe auf den Strassen, die Wählermassen sowie die Leserschaften großer Zeitungen werden zusammengedacht, als
handele es sich um das gleiche Phänomen.

Massen und Klassen

Das demokratisch-revolutionäre Pathos natürlich gegebener gleicher Rechte für alle (Männer) wird oft von der Überzeugung begleitet, dass die
ermöglichte »Selbst-Regierung« (*self-government*) auch schnell das Niveau
der unteren Klassen heben wird. Beteilige man hingegen die bislang
»unrepräsentierten Massen« nicht an Wahlen, setze man sich der Gefahr
plötzlicher Aufstände aus. Niemand werde für eine gegebene Ordnung eintreten, wenn man ihn wie eine Null behandle - »to make them love order
and revere law is not to refuse them the benefits of order, and turn law into an engine for their oppression.« Gibt man dem Einzelnen jedoch seine
Rechte, bleiben die Wirkungen nicht allein formaler Art. »Raise the tone
of his self-respect by raising his position, and you awaken in his bosom an
honourable ambition to act his part with becoming dignity.« Die »Armen«
werden selbst nach Bildung verlangen. »Education will not need then to

be forced upon the poor.« Mit dem Aufschwung der »popular intelligence« verlören die »Demagogen« rasch an Einfluss.[15]

Gleiche Rechte ziehen ähnliche Einstellungen nach sich, so die Idee. Bildung überwindet die ideelle Klassenspaltung, ohne dass die ungleiche Verteilung materieller Mittel angetastet werden müsste. »Bildung« kann jedoch auch in Stellung gebracht werden, um ökonomische Unterschiede mit den Mitteln des Wahlrechts politisch bedeutungslos zu machen. Dann steht gegen das Zensuswahlrecht der Besitzenden eine Einteilung nach intellektuellen Fähigkeiten. Die politisch so bedeutsame Bildungshoffnung treibt den wichtigsten Vordenker des Liberalismus im 19. Jahrhundert John Stuart Mill zu einem sorgsam abgestuften Reformvorschlag; danach soll ein ungelernter Arbeiter über eine Stimme verfügen, ein gelernter Arbeiter über zwei, ein Vorarbeiter über drei, Bauern, Händler, Handwerker über drei oder vier, Rechtsanwälte, Ärzte, Priester, Schriftsteller, Beamte über fünf oder sechs – und alle, die einen Universitätsabschluss erworben haben, über mindestens genauso viele. Zusätzlich schlägt Mill vor, dass jeder bei freiwilligen Prüfungen versuchen kann, diese Höchstzahl an Wahlstimmen zu erringen.[16]

In seiner berühmten Schrift *On Liberty* (1859) wird allerdings deutlich, dass Mill nicht nur Schulnoten in Wahlchancen ummünzen möchte. Besonders großen Wert legt er auf abweichende Meinungen. In der Demokratie – vielleicht sogar auch nach seinem Bildungswahlrecht – sieht er exzentrische Meinungen aber nicht an der Macht. Für ihn regiert die Meinung der »Masse«, die »öffentliche Meinung«. »In politics it is almost a triviality to say that public opinion now rules the world.« Ihre Kraft ist durchschlagend, sie durchdringt die Machtorgane. »The only power deserving the name is that of masses, and of governments while they make themselves the organ of the tendencies and instincts of masses.« Die massenhafte Meinung beherrscht sogar weit mehr als nur die öffentliche Sphäre: »This is as true in the moral and social relations of private life as in public transactions.« Anpassung ist überall der dominierende Gedanke: »even in what people do for pleasure, conformity is the first thing thought of; they like in crowds;

---

15 Edward Miall, Reconciliation Between the Middle and Labouring Classes, Birmingham 1842 (zit. n. Robert Eccleshall, British Liberalism. Liberal thought from the 1640s to 1980s, London und New York 1986, 119 f.).

16 John Stuart Mill, Thoughts on Parliamentary Reform [1859], in: Dissertations and Discussions Political, Philosophical, and Historical Reprinted Chiefly from the Edinburgh and Westminster Reviews, vol. 3, London 1868 (zit. n. Robert Eccleshall, British Liberalism. Liberal thought from the 1640s to 1980s, London und New York 1986, 165).

they exercise choice only among things commonly done«. Egal, woraus die Öffentlichkeit (*public*) sich zusammensetzt - in Amerika aus allen Weißen, in England hauptsächlich aus der »middle class« -, es handelt sich immer um eine »Masse«, also um eine »collective mediocrity«, definiert Mill. Individuen gehen in dieser Menge unter (»individuals are lost in the crowd«).[17]

Individualität erscheint Mill im Gegenschritt um so größer, je entschiedener sie mit den »Traditionen oder Gewohnheiten anderer Leute« bricht und je stärker sie von der Masse abweicht. Mill zieht aus der Diagnose aber nicht den Schluss - wie etwa Nietzsche es tun wird[18] -, dass überdurchschnittliche Einzelne die Macht haben müssen. Mill fordert lediglich die Freiheit für den »starken Mann«, den Weg zu weisen, und vertraut auf »the honour and glory of the average man«, solcher Führung offenen Auges zu folgen. Die Macht, jene mittelmäßige Masse zu Handlungen zu zwingen, würde nicht allein die Freiheit und Entwicklung aller anderen beschneiden, sondern den »starken Mann« selbst korrumpieren. Mill setzt darum einzig auf die Möglichkeit, dass ausgeprägte, gebildete Individuen sich der dominierenden Mehrheitsmeinung entgegenstellen (»when the opinions of masses of merely average men are everywhere become or becoming the dominant power, the counterpoise and corrective to that tendency would be the more and more pronounced individuality of those who stand on the higher eminence of thought«). Deshalb muss die Freiheit konstitutionell so groß sein, dass jeder (nicht nur »geistig überlegene Personen«) sein Leben auf die ihm gemäße Art führen darf.[19]

Wenn man sich an die euphorisch kalten Zeilen aus dem *Kommunistischen Manifest* erinnert, versteht man zuerst ganz und gar nicht, wo die Bedenken eines Erzliberalen wie Mill liegen. Ganz im Sinne des von Mill erhofften Bruchs mit den Gewohnheiten stellen Marx und Engels ausdrücklich heraus, dass die Zunftordnung aufgelöst ist, feudale Abhängigkeit beseitigt: »Alles Ständische und Stehende verdampft«. Dieser Prozess hat sich noch lange nicht erschöpft. Die »unveränderte Beibehaltung der alten Produktionsweise« war die »erste Existenzbedingung aller früheren indu-

---

17 John Stuart Mill, On Liberty [1859], in: Utilitarianism. Liberty [...], herausgegeben von H.B. Acton, London 1972, 63-170, hier 123 f. und 119.

18 Alle einschlägigen Nachweise aufgeführt bei Renate Reschke, »Pöbel-Mischmasch« oder vom notwendigen Niedergang aller Kultur. Friedrich Nietzsches Ansätze zu einer Kulturkritik der Masse, in: Zwischen Angstmetapher und Terminus. Theorien der Massenkultur seit Nietzsche, herausgegeben von Norbert Krenzlin, Berlin 1992, 14-42.

19 John Stuart Mill, On Liberty, 124 f.

striellen Klassen«. Die »Bourgeoisie« dagegen kann »nicht existieren, ohne
die Produktionsinstrumente, also die Produktionsverhältnisse, also sämtliche gesellschaftlichen Verhältnisse fortwährend zu revolutionieren.« Das
Prinzip der Profitmaximierung lässt sogar die Staatsgrenzen schnell hinter
sich. Die traditionsreichen nationalen Industrien sind unter dem Druck
internationaler Konkurrenz »vernichtet worden und werden noch täglich
vernichtet.« Durch die kapitalistische »Exploitation des Weltmarkts« werden »Produktion und Konsumtion aller Länder kosmopolitisch gestaltet«.
»Das Bedürfnis nach einem stets ausgedehnteren Absatz für ihre Produkte
jagt die Bourgeoisie über die ganze Erdkugel. Überall muß sie sich einni-
sten, überall anbauen, überall Verbindungen herstellen.«[20]

Viele Punkte dieser Diagnose dürfte natürlich auch Mill teilen, erhofft
er sich doch als Liberaler gerade von der unablässigen Initiative der kapitalistischen Privateigentümer Freiheit und allgemeinen Wohlstand (den
Sozialisten hält er etwa vor, dass man auf Wettbewerb keinesfalls verzichten
könne, er sei unbedingt notwendig, um die Entstehung von Monopolen
zu verhindern). Die alte Ständeordnung ist im Zuge des freien Wettbewerbs längst weitgehend beseitigt – Mills Sorge, Individualität werde wegen
drückender Gewohnheiten erstickt, kann sich eigentlich nicht aus dieser
Quelle speisen. Tatsächlich sieht Mill vielmehr eine heraufziehende Gefahr
in der neuen ständischen Formierung der niederen Massen. Lorenz von
Stein hatte bereits 1842 geschrieben, dass das »Proletariat«, wenn es zum
»Bewußtsein seiner Kraft« gelange, sich aus dem »Chaos« einer »eigentums-
und bildungslosen Masse« zum »Ganzen« eines »eignen Stand[es]« erhebe.[21]
Marx wird das ähnlich sehen, den Begriff des »Stands« jedoch vermeiden.
Aus der »Masse der Bevölkerung«, meint Marx, haben die ökonomischen,
kapitalistischen Verhältnisse die »Arbeiter« gemacht. Diese neue Arbeiter-
»Masse« stelle »gegenüber dem Kapital« »bereits eine Klasse« dar, sie könne
sich jedoch erst im »Kampf« gegen das Kapital als »Klasse für sich selbst«
herausbilden. Nach dem Sieg in diesem letzten Klassenkampf wird die ar-
beitende Klasse an die »Stelle der alten bürgerlichen Gesellschaft eine Assoziation setzen, welche die Klassen und ihren Gegensatz ausschließt«. Mit
dem Sturz der alten Herrschaft endet alle »Klassenherrschaft«, denn die
»Bedingung der Befreiung der arbeitenden Klasse ist die Abschaffung jeder

20 Karl Marx, Friedrich Engels, Manifest der Kommunistischen Partei [1848], in: MEW, Band
    4, Berlin 1974, 459-493, hier 463-466.
21 Lorenz von Stein, Der Socialismus und Communismus des heutigen Frankreichs. Ein
    Beitrag zur Zeitgeschichte, Leipzig 1842, 8 f.

Klasse, wie die Bedingung der Befreiung des dritten Standes, der bürgerlichen Ordnung, die Abschaffung aller Stände war«, so Marx' Ausblick und zugleich Bilanz.[22]

John Stuart Mill dagegen lässt seinen Blick nicht in die Zukunft schweifen und hält sich an das für ihn Gegebene. Trotzdem erkennt er in ähnlicher Weise wie Marx in den Proletariern eine präzis zu beschreibende Klasse. Für ihn bildet sich diese Klasse nicht im Kampf heraus; er stellt einfach die »Identität« von »Stellung« bzw. »Beschäftigung« heraus (Marx' Klasse ›an sich‹) und sieht durch sie eine »Identität« von »Neigungen, Leidenschaften und Vorurteilen« gegeben.[23] An dem Punkt ist er ebenso historisch-materialistischer Determinist wie Marx: Das soziale ›Sein‹ bedingt das ›Bewusstsein‹. Im Sinne eines Individualismus, der fernab von Gewohnheiten besteht, muss Mill jedoch dieser Befund missfallen. Er missfällt ihm um so mehr, als die Proletarier im historischen Moment die Mehrzahl stellen. Eine zahlenmäßige Mehrheit, geformt und bedingt durch eine gemeinsame Berufsstellung, bestimmt somit die Mehrheitsmeinung. Konsequenterweise fügt Mill noch an, dass er dies ebenfalls verurteilen würde, wenn die »numerische Majorität« aus Gutsbesitzern bestünde.[24] (Er liegt damit auf der Linie Rousseaus, der die »Privatmeinung« einer großen mehrheitlichen »Partei« fürchtet; im Gegensatz zu Rousseau unterstellt Mill allerdings keineswegs, dass die »Summe« vieler »kleiner Differenzen« – wenn es »so viele Stimmen gibt wie Menschen« und nicht »nur so viele wie Parteien« – den »Gemeinwillen« anzeigt.[25])

Die Voraussetzung, um eine Wahl im Mill'schen Sinne treffen zu können, bildet die Gewähr, dass es Alternativen gibt. Es muss eine Alternative zu den traditionellen Meinungen und denen des Standes (oder denen der Hautfarbe) geben. Solange alles nach gewohnheitsmäßigen Klassen sortiert ist, bleibt es in Mills Sicht beim Mittelmaß der Alternativlosigkeit. Zu

22 Karl Marx, Das Elend der Philosophie. Antwort auf Proudhons »Philosophie des Elends« [1847], in: MEW, Band 4, Berlin 1974, 63–182, hier 180–182.

23 John Stuart Mill, Bentham [1838], in: Collected Works of John Stuart Mill, vol. X, London 1969, 75–115, hier 107. – In »On Liberty« spricht Mill davon, dass die Mitglieder aller Klassen sich jeweils nach dem richten, was ihrer Stellung angemessen sei »or (worse still) what is usually done by persons of a station and circumstance superior to mine«. (119) Diese Anpassung nach oben kann Mill offensichtlich nicht als Modus würdigen, mit dem man die Gewohnheiten seiner Klasse ändert.

24 John Stuart Mill, Bentham, 107.

25 Jean-Jacques Rousseau, Vom Gesellschaftsvertrag oder Grundsätze des Staatsrechts [Contrat Social, 1762], in: Sozialphilosophische und Politische Schriften, München 1981, 267–391, hier II. 3, 291.

den rechtlichen Garantien der Meinungs- und Wahlfreiheit müssen darum die auflösenden, individualisierenden Kräfte ökonomischer und geistiger Konkurrenz hinzutreten (von Mill sympathisch als »freundliche Rivalität« erhofft).

Wenn Marx feststellt, dass die Großindustrie »eine Menge einander unbekannter Leute an einem Ort« zusammenbringt, dürfte Mill diese kapitalistisch-technische Befreiung aus den alten Ständen gefallen. Marx' weitere Worte, dass die »Konkurrenz« die Arbeitermenge »in ihren Interessen« spalte, müssten Mill im Sinne eines Bruchs mit den Gewohnheiten ebenfalls positiv erscheinen; Marx' Pointe, dass die »Aufrechterhaltung des Lohnes, dieses gemeinsame Interesse gegenüber ihrem Meister«, die Arbeiter »in einem gemeinsamen Gedanken des Widerstandes« vereinige,[26] weist dagegen bereits wieder in die umgekehrte Richtung. Egal aber, ob im Namen des freien Wettbewerbs oder im Namen der nicht-determinierten Wahl - angestrebt wird von dem liberalen Vordenker Mill jedenfalls eine Individualisierung, die über die Äußerung beliebiger Meinungen oder das Ankreuzen von Stimmzetteln hinausgeht. Eine »numerische Majorität«, die aus konformistischen Ansichten besteht, ist eine schlechte Mehrheit.

Majorität und Mittelmaß

Egal, woraus ein festgefügter Stand, eine homogene Klasse sich zusammensetzt, müssen sie Mill erschrecken. Sie bilden eine »Gewohnheit«, die den Einzelnen daran hindert, Individuum zu werden. Setzen sie sich zudem aus vielen einzelnen ›Klassifizierten‹ zusammen, diktieren sie sogar die öffentliche Meinung und - spätestens bei gleichem Wahlrecht - das Regierungsgeschäft. Wir kennen die sorgenvolle Diagnose bereits aus der Schrift *Über die Freiheit*, allerdings sprach Mill dort nicht von der »numerischen Majorität«, sondern von den »Massen«. »Masse« wiederum definierte er als »collective mediocrity«, und »Massen« bestimmte er als Vereinigung lediglich durchschnittlicher Menschen (»masses of merely average men«).[27]

Mill selbst scheint nicht aufzufallen, dass er damit zwei unterschiedliche Bestimmungen liefert. Die »numerische Majorität« ist nicht zwangsläufig gleichbedeutend mit der »kollektiven Mittelmäßigkeit« »durchschnittlicher Menschen«. Die eine Konzeption beruht auf Klassen von Einzelnen, deren

---

26 Karl Marx, Das Elend der Philosophie, 180.
27 John Stuart Mill, On Liberty, 124.

Ausprägung jeweils von ihrer Stellung determiniert ist. Darin sind sie gleich, daher rühren ihre determinierten Meinungen und Wahlakte. Das kann man jedoch allenfalls metaphorisch als »Durchschnitt« bezeichnen. »Proletarier« oder »Gutsbesitzer« bilden als Klasse eben keinen Durchschnitt, sondern sind alle auf gleiche Weise bestimmt. Ihre Ansichten sind jeweils identisch, weil sie auf der gleichen Grundlage beruhen. Zählt zu einer Klasse die Mehrheit der Einzelnen, stellen ihre - identisch determinierten - Ansichten folgerichtig die »numerische Majorität«.

Vollkommen anders stellt Mill die Lage dar, wenn er die Demokratie nicht unter der Gefahr der »class legislation« zeichnet,[28] sondern unter der Bedrohung der »Angleichung« (*assimilation*). Jetzt spielen die Standesunterschiede plötzlich nicht mehr die alles bestimmende Rolle. Im Gegenteil, die Angleichung löscht die Unterschiede der Stellung immer stärker aus, stellt Mill in dieser zweiten Zeitdiagnose fest. Alle leben nun in der »gleichen Welt«, nicht länger in »verschiedenen Welten«: »[T]hey now read the same things, listen to the same things, see the same things, go to the same places, have their hopes and fears directed to the same objects, have the same rights and liberties, and the same means of asserting them.« Vorangetrieben wird die Entwicklung hin zu »allgemeiner Ähnlichkeit« durch »every extension of education«, »improvement in the means of communication«, »increase of commerce and manufactures« und vor allem durch die zunehmende Bedeutung der »public opinion«. Mit knappen Strichen entsteht so bei Mill das Bild einer Welt, das bis heute nichts an Modernität eingebüßt hat.[29]

Mit geringerer Entschiedenheit muss man dieses Konzept ›einer Welt‹ wiederum von einem Modell der Mittelmäßigkeit trennen, das Mill ebenfalls verwendet, spricht er doch manchmal von ›exzentrischen‹ Meinungen, die Gehör finden sollen,[30] und nennt als eine wichtige Antriebskraft der Angleichung den Zug zur Mitte: »All the political changes of the age promote it [sc. assimilation], since they all tend to raise the low and to lower the high.«[31] Solange die Mitte aber nicht alles umschließt, unterscheidet sich der Prozess des Hebens und Senkens noch deutlich vom Zustand der großen Ähnlichkeit.

28 John Stuart Mill, Representative Government [1861], in: Utilitarianism. Liberty [...], herausgegeben von H. B. Acton, London 1972, 171–393, hier 254.
29 John Stuart Mill, On Liberty, 130 f.
30 »[I]t is desirable, in order to break through that tyranny [of opinion], that people should be eccentric.« (Ebd., 124 f.)
31 Ebd., 130.

Mittelmäßigkeit liegt nach dieser zweiten Modellierung in der Mitte eines gegebenen Feldes zwischen zwei Extremen (Extremen, die folglich Teil dieses homogenisierten Feldes sind). Die im 19. Jahrhundert aufkommenden Reden über eine Normalverteilung, die weit über die mathematische Fachsprache hinausweisen, erkennen denn auch - gemäß der Gauß'schen Kurve - im mittleren Bereich die größte Menge.[32] »Numerische Majorität« und ›massenhafte Mittelmäßigkeit‹ kommen so zusammen. Mills »Massen durchschnittlicher Menschen« setzten sich nach diesem Modell nicht aus je abgeschlossenen Massen gleicher Menschen zusammen, sondern aus vielen Einzelnen, die sich mehr oder minder relativ nahe am Durchschnittspunkt befinden.

Das aristotelische klassische Vorbild wird in dieser zweiten Modellierung übernommen und zugleich in einen ganz anderen Zusammenhang gebracht. Bei Aristoteles liegt die »sittliche Tüchtigkeit« stets in der Mitte. Zwei Grundhaltungen sind fehlerhaft: Übermaß und Unzulänglichkeit; sie bilden jeweils ein Extrem, das im Gegensatz zum richtigen mittleren Maß steht. Die wertvolle Mitte in dem Feld zu finden, das von den Extremen begrenzt wird, ist nicht leicht, nur der Wissende kann dieses Ziel erreichen. Es ist keine einfache Sache, ein »wertvoller Mensch« zu sein, schreibt Aristoteles in der *Nikomachischen Ethik* (1108b-1109a). In den statistischen Modellen eines Quételet aus den dreißiger Jahren des 19. Jahrhunderts dagegen wird die Mitte nicht normativ behauptet, sondern empirisch konstituiert. Zudem kommt sie keineswegs einzelnen »Wissenden« zu, sondern ist einfach der Ort, an dem sich per Normalverteilung die größte Ballung ergibt. Vordergründig einig ist sich Quételet mit Aristoteles allerdings in einem Punkt: Die Mitte (bei Quételet: der mittlere Mensch) ist das ›Gute‹.[33]

Bei vielen Kritikern der Massenkultur - wie Nietzsche - bildet die Mitte ganz im Gegenteil dazu den Ausgangspunkt des Schlechten, wenigstens des Mäßigen. Sie versammelt die Masse der Durchschnittlichen, die von aristokratischen, höheren Niveaus aus niedergehalten werden muss. Immerhin ist durch diese Modellierung die Massenkultur nicht am äußersten (untersten) Extrem angesiedelt, wie nach dem aristotelischen Konzept denkbar.

Nicht allein ideengeschichtlich ist die ›Neubesetzung der Mitte‹ von eminenter Bedeutung. Im großen Rückblick kann man sogar umrissweise erken-

---

32 Vgl. dazu die ausgezeichnete Studie von Jürgen Link, Versuch über den Normalismus. Wie Normalität produziert wird, 2. erweiterte Auflage, Opladen 1999 [1997], 185 ff.
33 Adolphe Quételet, Soziale Physik oder Abhandlung über die Entwicklung der Fähigkeiten des Menschen [Physique sociale, 1835], 2. Band, Jena 1921, 402 ff.

nen, dass die »Theorie des Durchschnittsmenschen« den modernen Modus
darstellt, die »Individuen einer Bevölkerung« zu individualisieren. Durch
die Theorien der Mitte und ihrer Vermessung wird nämlich ein »Modus
der Individualisierung von Individuen« angeregt, »der nicht mehr von ihnen selbst ausgeht, von dem, was ihre Natur ist oder ihr Ideal zu sein hätte,
sondern von der Gruppe, der sie angehören.«[34]

Anfügen muss man, dass mit der Gruppe keine räumlich zu fassende
Einheit gemeint ist, sondern eine »statistische Gemeinschaft«. Daniel Boorstin hat diesen Begriff in seiner Geschichte der amerikanischen Demokratie
geprägt. Vom Ende des 19. Jahrhunderts an werden in seiner Sicht die amerikanischen Menschen nicht mehr ausschließlich als Mitglieder nachbar-
schaftlicher oder kirchlicher Gemeinschaften, sondern auf der Grundlage
von Einkommen, Intelligenz, Größe, Unfallrisiko aufgerufen und eingeord-
net. Steuerklassen, Versicherungseinheiten, IQ-Tests in Schulen und militärischen Einrichtungen formen neue »statistical communities«. »Sharp leaps
between classes« gehören durch diese ›Versammlung‹ der Vergangenheit an,
Zahlen hingegen bieten »a continuous series«.[35]

Einen Liberalen wie John Stuart Mill dürften diese Maßnahmen und
Überlegungen nicht befriedigen, obwohl sie den Einzelnen aus seinen
gewohnten Milieus heraustrennen. Wenn es darum geht, Normalvertei-
lungen zu messen, muss er zum Teil grundsätzlich bestreiten, dass ein
homogenes Feld von Individuen vorausgesetzt werden darf. Mills Rede
von »Durchschnitten« bezieht sich häufig auf uniforme, gleichmäßig de-
terminierte Ansichten und Haltungen. Bei entsprechenden ›Messungen‹
kann man deshalb nur herausbekommen, dass eine Determinations-Klasse
»numerisch« größer ist als eine andere. Die ganz anders gelagerte Diagnose der ›einen Welt‹ lässt ebenfalls nur in einer Übergangzeit Messungen
zu; danach schwinden ja in der Sicht Mills die extremen Abweichungen
dramatisch, und es gibt nur noch mittlere Ähnlichkeiten.

Das ist aber einstweilen eher eine drohende Vision. So konkret Mill
die Angleichung an einer Stelle seines Werks auch heraufbeschwört, setzt
er doch fortwährend auf exzentrische Meinungen und Lebensweisen. Mills
»Modus der Individualisierung von Individuen« verlässt sich zwar ebenfalls

---

34 Francois Ewald, Der Vorsorgestaat [L'État-providence, 1986], Frankfurt am Main 1993, 191
und 192.
35 Daniel J. Boorstin, The Americans. The Democratic Experience, New York 1973, 165 ff.
– Diese Studie scheinen Foucault und seine Nachfolger, etwa Ewald und Link, nicht zu
kennen.

nicht auf eine »vorgebliche Natur« oder ein »Ideal«; der »Modus«, den er
vorschlägt, besteht jedoch in der Abweichung von den Gewohnheiten. Der
»Durchschnittsmensch« trifft in diesem strengen Sinne darum gar keine
Wahl. »He who does anything because it is the custom makes no choice.«[36]
Erst unter der Voraussetzung individueller Wahl dürfte deshalb auch
Mill mit einer nachträglichen Berechnung von Durchschnitten und massenhaften Übereinstimmungen leben können. Diese Massen und Durch-
schnitte unterschieden sich nachhaltig von seinen gleichförmig vorherbe-
stimmten Mengen oder seiner ›einen gleichen Welt‹. Nun könnte auch Mill
in der mittleren Masse etwas Positives entdecken: Nicht weil sie der Ort
des guten Maßes ist, sondern weil sie sich aus selbstbestimmten Einzelnen
zusammensetzt, die weitgehend unabhängig voneinander und von etwaigen
Gewohnheiten ihres Standes zu ähnlichen Entscheidungen gekommen sind.

Bei Mill müssen die Individuen Halt in sich selbst finden. Die einzelnen freien Menschen sind nicht durch vorgegebene Gewohnheiten bestimmt, also werden sie auch nicht länger durch sie beschützt und aufgehoben. Sozialisten setzen angesichts dieser Lage auf ein neues Standes- als
Klassenbewusstsein, reaktionäre Demagogen auf übergreifende, nach dem
Führerprinzip organisierte Mengen.

Von traditionell konservativer Warte aus erblickt man in dem liberal-
demokratischen Wunschbild deshalb konsequenterweise einen Albtraum,
weil man die Kräfte der vielen Einzelnen weitaus geringer einschätzt. Ihre
Freisetzung aus ständischen Gewohnheiten ist in konservativer Sicht ganz
im Gegenteil genau die Bedingung, sie zu einer Masse zu formen, die wechselnden, fremdbestimmten Bewegungen unterliegt.[37] 1790 zieht Edmund
Burke angesichts der französischen Revolution gegen die »falsche Idee« der
»Gleichheit« zu Felde und hält ihr in klassisch konservativer Manier die
geordnete »Glückseligkeit« entgegen, welche »als der Lohn der Tugend in
jedem Stande zu finden ist«; der eine ist eben zur »Niedrigkeit« bestimmt,
der andere »zu einem höheren, aber darum nicht glücklicheren Stande«
berufen.[38] 1835 kann sich Friedrich Christoph Dahlmann das Volk nur
in einer Hinsicht undifferenziert vorstellen: »als gleichartige Masse zeigt
sich das Volk bloß im berufslosen Pöbel«, sonst ist es in Berufs-Ständen

---

36 John Stuart Mill, On Liberty, 16
37 Vgl. Robert Spaemann, Der Ursprung der Soziologie aus dem Geist der Restauration.
    Studien über L. G. A. de Bonald, München 1959; Theodor Geiger, Die Masse und ihre
    Aktion, Ein Beitrag zur Soziologie der Revolutionen, Stuttgart 1926, 140.
38 Edmund Burke, Betrachtungen über die Französische Revolution, 91 f.

aufgehoben, die jeweils eine entschiedene »Lebensrichtung« vorgeben.[39] Ende des 19. Jahrhunderts setzt sich jedoch nachhaltig - allen gegenläufigen konservativen Idealen zum Trotz - die Beobachtung durch, dass die wesenhaft vereinigten Gemeinschaften immer stärker zerfallen und sich in der atomisierten Gesellschaft auflösen: die »Blüten und Früchte des natürlichen Willens« verkümmern; der »Wesenwille« wird ersetzt durch den »Kürwillen«; »Gesellschaft« macht den »rücksichtslosen Gebrauch« des Kürwillens im »Wettkampf« zu einer »Bedingung der Erhaltung des Individuums«.[40] Die konservative Pointe wird dann über weite Strecken des 20. Jahrhunderts darin bestehen, den freien Willen dieser freigesetzten Individuen zu bestreiten und sie als Material willkürlich geformter Massen abzustempeln.

Massenkultur und Mittelschicht

Mit etwas Mut zur Typisierung lassen sich vier Arten herausstellen, wie man sich im 19. Jahrhundert zu den neuen Massen ins Verhältnis setzte (zu den Massen, die nicht nur eine räumlich gegebene Menschenmenge darstellen[41]): a) man konzipiert die Masse als Klasse (hoffnungsvoll bei Sozialisten, abgewertet durch Liberale); b) man macht die Masse in der Mitte zwischen zwei Extremen aus (positiv gesehen durch Quételet, negativ durch Nietzsche); c) man stellt die unselbständige, ungebildete Masse den Leuten von Besitz und Bildung gegenüber, wobei fast immer letztere als Ideal fungieren; d) man lässt die Masse durch egalitäre Bestimmungen im Wahlvolk untergehen.

Bis in die sechziger Jahre des 20. Jahrhunderts ändert sich unter Intellektuellen an der Vorherrschaft der ersten drei Betrachtungsweisen (in ihrer negativen Version) kaum etwas. Der Unterschied zum Vorhergehenden liegt darin, dass die Verachtung der Masse nun häufiger auf das engere Gebiet der Kultur beschränkt bleibt und nicht immer mit einer Polemik gegen das demokratische Wahlrecht einhergeht (nach der teilweisen Durchsetzung

---

39 Friedrich Christoph Dahlmann, Die Politik auf den Grund und das Maß der gegebenen Zustände zurückgeführt [1835], herausgegeben von Manfred Riedel, Frankfurt am Main 1968, 133.
40 Ferdinand Tönnies, Gemeinschaft und Gesellschaft. Grundbegriffe der reinen Soziologie [1. Auflage 1887], fotomechanischer Nachdruck der 8., verbesserten Auflage Leipzig 1935, Darmstadt 1963, 168.
41 Siehe René König, Gestaltungsprobleme der Massengesellschaft, in: Soziologische Orientierungen. Vorträge und Aufsätze, Köln und Berlin 1965, 461-478, hier 471.

des allgemeinen und gleichen Stimmrechts, nach der allmählichen Öffnung
der höheren Schulen für die ›niederen Schichten‹ sind nun vor allem natio-
nalistische und rassistische Versuche hervorzuheben, das ganze »Volk« als
ungeschiedene Einheit zu formieren;[42] zur Abgrenzung des derart einigen
Volks müssen dann andere Rassen, Völker und Nationen herhalten). Davon
abgesehen, richten sich die Angriffe jedoch unverändert gegen die verführ-
bare Menge,[43] den mäßigen Durchschnitt[44] und gegen das ungebildete Volk,
welches sich anmaßt mitzureden.[45]

Erst ein neues Konzept der »Mittelschicht« kann im Zuge der »Neuen
Sachlichkeit« der zwanziger Jahre und vor allem ab der Zeit des »Wirt-
schaftswunders« nach dem Zweiten Weltkrieg daran ein wenig etwas ändern.[46] Diese mittlere Schicht bietet auf den ersten Blick in liberaler Sicht
gleich mehrere Vorteile: Sie ist u. a. das Ergebnis von Auf- und Abstiegspro-
zessen, also von möglicherweise traditionslösenden Vorgängen;[47] die Angestellten, als größte Gruppe dieser Schicht, sind zwar ebenfalls Lohnabhängi-
ge, entwickeln aber keineswegs sozialistisches Klassenbewusstsein, sondern
halten – ungeachtet ihrer »Proletarisierung« – auf sichtbaren Abstand zu den
›Proleten‹, indem sie unbeirrt auf die eigene (Bildungs-)Leistung vertrauen;[48]
die Individualisierung der Angehörigen der Mittelschicht ist an diese Auf-

---

42 »Volk ist für uns nicht Summe der Menschen. Es ist auch nicht der augenblicklich lebende Volkskörper, selbst wenn er nicht atomistisch gesehen ist.« Volk ›ist in gar keiner
Beziehung irgendeine nachträgliche Abstraktion, sondern eine wirklich existierende biologische Energieganzheit«. Nicht die Menschen »bilden den Organismus, dieser Organismus
Volk ist da und bildet sie«. E. Anrich, Die nationalsozialistische Revolution [1935], zit. n.
Nori Möding, Die Angst des Bürgers vor der Masse. Zur politischen Verführbarkeit des
deutschen Geistes im Ausgang seiner bürgerlichen Epoche, Berlin 1984, 103.
43 Siehe etwa Emil Lederer, State of the Masses. The Threat of The Classless Society [1940],
New York 1967.
44 Siehe etwa George Sorel, Über die Gewalt [Réflexions sur la violence, 1908], Frankfurt am
Main 1969; Martin Heidegger, Sein und Zeit [1927], 15. Auflage, Tübingen 1979, 127; José
Ortega y Gasset, Der Aufstand der Massen [La rebelión de las masas (1930)], in: Gesammelte
Werke, Band III, Stuttgart 1978, 7-155, hier 9 f.
45 Vgl. etwa Nori Möding, Die Angst des Bürgers vor der Masse, 53 ff.; Fritz K. Ringer, Die
Gelehrten. Einige wenige englische Nachweise bei John Carey, The Intellectuals and the
Masses. Pride and Prejudice Among the Literary Intelligensia, 1880-1939, Chicago 1992.
46 Vgl. Paul Nolte, Die Ordnung der deutschen Gesellschaft. Selbstentwurf und Selbstbeschreibung im 20. Jahrhundert, München 2000.
47 Helmut Schelsky, Wandlungen der deutschen Familie in der Gegenwart, Dortmund 1953,
219 ff.
48 Siehe Siegfried Kracauer, Die Angestellten. Aus dem neuesten Deutschland [1929], Frankfurt am Main 1971; C. Wright Mills, Menschen im Büro. Ein Beitrag zur Soziologie der
Angestellten [White Collar, 1951], Köln-Deutz 1955. Vgl. Birgit Mahnkopf, Verbürgerli-

stiegsmöglichkeit und -hoffnung gebunden und wird durch Bildungstitel
und Zertifikate staatlich dokumentiert; dank der ganz unterschiedlichen
Positionen, die die Angestellten in der Firmenhierarchie bekleiden, liegt
der Gedanke nahe, dass man Gesellschaft nicht mehr in erster Linie »als
ein System von sozialen Über- und Unterordnungsrelationen begreiflich«
machen könne, sondern statt dessen als ein »Kooperationssystem verschiedener Funktionsgebiete« verstehen müsse;[49] die relativ »starke Angleichung
der Realeinkommen« und die anlaufende »industrielle Massenproduktion
von Konsum-, Komfort- und Unterhaltungsgütern« vereinheitlichen zudem
die vormaligen Unterschiede der Konsumchancen, so dass am Ende die
Mittelschicht ihren Schichtencharakter abzustreifen scheint, um nun den
ganzen Raum einzunehmen. Die »demokratische Struktur unserer modernen Gesellschaft« bringe die »Tendenz zur Nivellierung des Klassengegen-
satzes in ein gesteigertes gleichförmiges Sozialbewußtsein« hervor, schreibt
Helmut Schelsky 1953[50] (»to raise the low and lower the high« hatte es
Mill als politisches Gesetz der »Angleichung« bereits hundert Jahre zuvor
benannt).

Das klingt nicht unbedingt schlecht und scheint auf eine Verteidigung
der neuen demokratisch-kapitalistischen Verhältnisse hinauszulaufen. Allerdings lässt der Begriff »gleichförmig« aufhorchen. Schelsky fügt tatsächlich
an, dass das »nationalsozialistische Regime« diese Tendenz bereits »auf seine Weise glänzend zu nutzen wußte«.[51] Damit liegt Schelsky ganz auf der
Linie der gewohnten Kritik der Massenkultur (auch wenn er sich mit dem
Vergleich von Faschismus und Nachkriegszeit weit vorwagt bzw. ins Abseits

chung. Die Legende vom Ende des Proletariats, Frankfurt am Main und New York 1985,
97 ff.

49 Fritz Croner, Soziologie der Angestellten, Köln und Berlin 1962, 75 f. (geht auf eine Mo-
nographie Croners aus dem Jahr 1951 zurück).

50 Helmut Schelsky, Wandlungen der deutschen Familie in der Gegenwart, 225 und 224. (Der
Vorbegriff zu Schelskys »Nivellierung« ist Schelers »Vermassung«.) – In England befürchtet
etwa Hoggart die »uniformierende« Wirkung des »mass-entertainment«. Richard Hoggart,
The Uses of Literacy [1957], London 1992, 340.

51 Helmut Schelsky, Wandlungen der deutschen Familie in der Gegenwart, 224. (In einem zur
gleichen Zeit erschienenen Aufsatz zur »nivellierten Mittelstandsgesellschaft« lässt Schelsky
den Faschismus-Vergleich weg. Helmut Schelsky, Die Bedeutung des Schichtungsbegriffs
für die Analyse der gegenwärtigen deutschen Gesellschaft [1953], in: Auf der Suche nach
Wirklichkeit. Gesammelte Aufsätze, Düsseldorf und Köln 1965, 331–336, hier 332 f.) –
Bezeichnenderweise wird das von ultralinken Kritikern vierzig Jahre später noch schär-
fer pointiert: Die »nivellierte Mittelstandsgesellschaft« sei »rundum« ein »NS-Projekt« der
»Volksgemeinschaft«. Franz Dröge, Michael Müller, Die Macht der Schönheit. Avantgarde
und Faschismus oder die Geburt der Massenkultur, Hamburg 1995, 371 f.

stellt). Wie viele andere auch, wiederholt etwa Hannah Arendt die bekannte Gedankenfigur;[52] sie bezieht sie Anfang der fünfziger Jahre ausschließlich auf Stalinismus und Nationalsozialismus: Gelöst aus den traditionellen organischen Bindungen des Standes und der Familie, werde das »isolierte«, ›atomisierte‹, »auf sich selbst und nichts sonst zurückgeworfene« Individuum Teil einer »unzusammenhängenden Gesellschaftsmasse«, welche widerstandslos die Steuerungsmasse totalitärer Herrschaft abgibt.[53] Interessanterweise konnten Antisemiten eine ähnliche Sprache sprechen: »der Jude« sei ein »Gleichheitsfanatiker«, nichts verabscheue er mehr als die »organische Gliederung des Volks«.[54]

Die Lösung aus ständischen Gewohnheiten – von Liberalen wie Mill erhofft – führt in der konservativen Sicht der Dinge sofort in neue Abhängigkeiten, die den Einzelnen stärker und wahlloser binden als zuvor all

52 Zu ihrer Rückführung vor allem auf Tönnies siehe Alphons Silbermann, Udo Michael Krüger, Soziologie der Massenkommunikation, Stuttgart u. a. 1973, 32 f. – Der prägnante Titel für die Gedankenfigur Anfang der fünfziger Jahre ist »Die einsame Masse«. David Riesman (in collaboration with Reuel Denney and Nathan Glazer), The Lonely Crowd. A Study of the Changing American Character, New Haven 1950. Riesman wehrt sich jedoch zu Recht gegen die einseitig pessimistische Aufnahme seiner Diagnose des modernen »außengeleiteten Charakters«. David Riesman, Preface, zu: ders. (with Reuel Denney and Nathan Glazer), The Lonely Crowd. A Study of the Changing American Character, abridged edition with a new foreword, New Haven und London 1961, XI-L, hier XX. – Die aktuellste konservative Ausprägung des Theorems: Panajotis Kondylis, Der Niedergang der bürgerlichen Denk- und Lebensform. Die liberale Moderne und die massendemokratische Postmoderne, Weinheim 1991.

53 Hannah Arendt, Elemente und Ursprünge totaler Herrschaft. Antisemitismus, Imperialismus, Totalitarismus [1951], 7. Auflage, München und Zürich 2000, 695. Frühe Fassung des Arguments bei Karl Mannheim, Mensch und Gesellschaft im Zeitalter des Umbaus [1935/1940], Darmstadt 1958, 71 ff. Viele weitere Nachweise dieser Gedankenfigur in der liberalen und konservativen Kulturkritik der vierziger und fünfziger Jahre bei Helmut König, Zivilisation und Leidenschaft, 141 f. und 248 ff.; Ernesto Laclau, Fascism and Ideology, in: Politics and Ideology in Marxist Theory. Capitalism – Fascism – Populism, London 1979 [1977], 81–142, hier 84–87. Bei Laclau auch die nötige Kritik an dieser formalistisch-mythologischen Geschichtsdeutung. Wie um den Beweis anzutreten, dass bestimmte Gedanken immer zusammengehören, müssen selbst Droge/Müller Mitte der neunziger Jahre noch anmerken, dass die »Volksgemeinschaft« als »nivellierte Mittelstandsgesellschaft« keine »Gemeinschaft i. S. Tönnies ist oder war, sondern ein durch Verkehrs-, Produktions- und Marktlinien zusammengehaltenes Konglomerat isolierter und privategoistischer Monaden«. Franz Dröge, Michael Müller, Die Macht der Schönheit, 372.

54 Ernst Niekisch, Ein Kracauer auf Entdeckungsreisen, in: Deutsche Handelswacht 37 (1930), Nr. 2, 27-28, hier 27, zit. n. Henri Band, Mittelschichten und Massenkultur. Siegfried Kracauers publizistische Auseinandersetzung mit der populären Kultur und der Kultur der Mittelschichten in der Weimarer Republik, Berlin 1999, 205.

jene, die in eine überkommene Gemeinschaft eingegliedert waren. Die Ge-
dankenfigur steht lange fest, es ändern sich allerdings die Gefahren und ihre
Agenten auf dramatische Weise: Verlockungen der Großstadt, sozialistische
Ideologen, Führerimperative, totalitäre Bewegungen ...

Die neue Abhängigkeit, welche zuerst von Tocqueville und James Stuart Mill als Bedrohung herausgestellt worden war, trug abstraktere Züge.
Tocqueville spricht 1835 von der Mehrheit, Mill 1859 von der öffentlichen
Meinung. Beide heben bereits besonders den massenhaften Charakter standardisierter, gleicher Meinungen, Medien und Waren hervor. Diese passen
natürlich sehr gut mit der Mehrheit ähnlicher, durchschnittlicher, konformistischer Menschen zusammen. Im Namen sowohl des Kunsthandwerks
als auch der autonomen Kunst, im Zeichen liberaler wie konservativer Mas-
senfurcht und -verachtung getreulich fortgeführt, erlebt die Kritik an der industriell betriebenen Standardisierung ihre Zuspitzung in den Zeiten Fords
und Taylors. Das Fließband und die Norm bestimmen in dieser negativen Sicht der modernen Welt natürlich nicht nur die Arbeit, sondern auch
die Freizeit. Wenn man sich 1926 als Kulturkritiker die Zukunft von 1956
vorstellt, dann bietet sie lediglich das technisch leicht perfektionierte Bild
der Gegenwart der zwanziger Jahre: Nach der Arbeit kehrt die »working
population« in ihre Millionen »standardized cubicles« zurück. Dort erwartet sie ein festes Programm: »from seven to nine, a standardized radio plays
standardized jazz and furnishes to what is left of the cubicle-dweller's mind
an assortment of standardized misinformation. After which machinery re-
moves his standardized clothing and casts him into his standardized bed.«[55]

Tatsächlich wird man das zwanzig, dreißig Jahre später unter Professoren
und Leitartiklern ganz ähnlich sehen, auch wenn die Leute immer noch
ohne maschinelle Hilfe zu Bett gehen. Insgesamt haben aber in Amerika Wirtschaftswachstum und Freizeitindustrie bereits einen Stand und eine Ausformung erreicht, die eine scharfe Kritik ermöglicht. 1948 besitzen
148 000 amerikanische Familien einen Fernseher, 1950 bereits 4,4 Millionen,
1960 stehen 50 Millionen Geräte in den Haushalten. Verglichen damit, stei-

55 Charles Edward Russell, Take Them or Leave Them. Standardization of Hats and Houses
     and Minds, in: The Century 112, June 1926, 168–177, hier 174, zit. n. Janice Radway, On
     the Gender of the Middlebrow Consumer and the Threat of the Culturally Fraudulent
     Female, in: South Atlantic Quarterly 93 (1994), 871–893, hier 876 f.

gen die Werbeetats weniger stark, aber immer noch eindrucksvoll: Von acht
Milliarden Dollar (1955) auf 12 Milliarden (1959).[56]

Beeindruckt von der schieren Masse der überall sichtbaren Autos und
Fernseher, der *billboards* und *swimming pools*, rückt die systematisch ungleiche Verteilung des Reichtums in den Hintergrund der kritischen Betrachtung. Der Ökonom John Kenneth Galbraith weist 1958 in seinem Klassiker
über die Wohlstandsgesellschaft immerhin noch auf die Kluft zwischen dem
privaten Luxus und dem schlechten Zustand des öffentlichen Raums hin:
Die amerikanische Familie fahre in ihrem kraftstrotzenden, bonbonfarbe-
nen Straßenkreuzer (*mauve and cerise*) durch verdreckte und verschandelte
Städte. Aus der Stadt herausgekommen, trifft die Familie dann wieder auf
perfekte Bilder: »They pass on into a countryside that has been rendered
largely invisible by commercial art.« Das Naturschöne verschwindet hinter dem kommerziellen, künstlichen Schein; man ahnt, dass solche Sorgen
nicht allein ästhetischen Bedenken entspringen.[57]

Die neue Kulturkritik – besser gesagt: die Kritik an den neuen Produkten
und Szenerien der populären Kultur – verschwistert sich manchmal gerne
mit der ganz alten Moral. Galbraith ist allerdings nicht pessimistisch genug,
um von einer Kritik an Äußerlichkeiten – dreckige Straßen, allgegenwärtige
Reklamewände – zum grundlegenden Unbehagen am damit verbundenen
Leben selbst überzugehen. Vorbilder dafür gab es aber bereits mehr als genug. Anatole Broyard schildert, wie er direkt nach dem Krieg Erich Fromm
in New York hört: »I'll never forget the night he described a typical American family going for a pointless drive on a Sunday afternoon, joylessly
eating ice cream at a roadhouse on the highway and then driving heavily
home.«[58] Da würden auch saubere Innenstädte oder werbefreie Parks nicht
mehr helfen.

Zwischen Fromm und Galbraith stehen Paul F. Lazarsfeld und Robert
K. Merton. Sie konstatieren als Forscher – mit kritischem Unterton, im
Einklang mit dem demokratisch-bürgerlichen Ideal öffentlicher Gestaltung
und Mitwirkung – die »narkotisierende« Wirkung der Massenmedien. Die
Fülle an Inhalten führe nicht zu einem gesteigerten Interesse an ebenje-
nen Inhalten. Politische Gleichgültigkeit stelle sich ein, obwohl die Ame-

---

56 Douglas T. Miller, Marion Nowak, The Fifties. The Way We Really Were, New York 1977,
344 und 118.
57 John Kenneth Galbraith, The Affluent Society [1958], third edition, revised, Boston 1976,
192.
58 Anatole Broyard, Kafka was the Rage. A Greenwich Village Memoir, New York 1993, 16.

rikaner immer mehr Zeit darauf verwendeten, sich durch die »Produkte
der Massenmedien« auf dem Laufenden zu halten. Man kann mitreden,
eine Meinung formulieren, bleibt aber trotzdem bloßer Beobachter. Was
beim modernen Künstler des *l'art pour l'art* der Ekel vor der betriebsa-
men, am Nutzen ausgerichteten Welt bewirkt, schafft beim Zeitgenossen der
Massenkommunikation die detailreiche Berichterstattung über genau diese
Welt: Desengagement. »Der interessierte und informierte Bürger« fasst seine
»sekundäre Berührung mit der Welt der politischen Realität« als »Ersatz für
eine Handlung auf. Es kommt so weit, daß er das Wissen über Tagespro-
bleme mit dem Etwas-dafür-Tun verwechselt. Sein soziales Gewissen bleibt
fleckenlos. Man ist ja interessiert, man ist ja informiert.« Lazarsfeld und
Merton malen sogar eine kleine Genreszene aus: »Aber wenn man mit dem
Abendessen fertig ist, wenn man Rundfunk gehört, seine Lieblingssendun-
gen verfolgt und die zweite Zeitung am Tag gelesen hat, wird es wirklich
Zeit, ins Bett zu gehen.«[59]

Solche gemütliche, ironische Rollenprosa sucht man bei Horkheimer / Adorno vergeblich. Im kalifornischen Exil färbt der faschistisch-
totalitäre Schrecken auf die Zwänge der Kulturindustrie Hollywoods und
Tin Pan Alleys ab. Der alte Vorwurf, dass Unterhaltungswerke die Zuschauer zerstreuen und ruhigstellen, wird von ihnen mehr als nur quantitativ
gesteigert. Der neue Vorwurf lautet nicht, dass Hollywoodfilme und Schlager noch stärker die Funktion ausfüllen, von der entfremdeten Arbeit wie
von gesellschaftlichen Widersprüchen abzulenken, sondern dass ihre Tiefen-
struktur sogar der Ordnung der zerstückelten, taylorisierten Arbeit gleicht
und sie einzuschärfen dient. In einem Satz: »Amusement ist die Verlänge-
rung der Arbeit unterm Spätkapitalismus.« Und weiter, jetzt wieder scheinbar traditionell zur Ablenkungsfunktion des Amusements: »Es wird von
dem gesucht, der dem mechanisierten Arbeitsprozeß ausweichen will, um
ihm von neuem gewachsen zu sein.« Aber: »Der vorgebliche Inhalt ist bloß
verblaßter Vordergrund; was sich einprägt, ist die automatisierte Abfolge
genormter Verrichtungen. Dem Arbeitsvorgang in Fabrik und Büro ist aus-
zuweichen nur in der Angleichung an ihn in der Muße.«[60]

Ungeachtet ihrer dramatischen Zuspitzung, ist Horkheimer / Adornos
Diagnose von der bestimmten, negativen Wirkung moderner Massenme-

59 Paul F. Lazarsfeld, Robert K. Merton, Mass Communication, Popular Taste and Organized
    Social Action.
60 Max Horkheimer, Theodor W. Adorno, Dialektik der Aufklärung. Philosophische Frag-
    mente [1944], Frankfurt am Main 1988, 158 f.

dien natürlich keineswegs ungewöhnlich. Paul F. Lazarsfeld und Robert K. Merton merken lapidar an, dass die (amerikanischen) Zeitungen voller Klagen seien über die Verflachung der ästhetischen und intellektuellen Bildung durch eine »Flut trivialer Produkte«. Dieser Tatbestand bedürfe keiner weiteren Erörterung: zweifellos führe die Rezeption von *soap operas*, »Schundblättern und eintönigen Filmen«, in denen sich die Helden in einer »raffiniert ausgeklügelten Atmosphäre von Sex, Sünde und Erfolg bewegen«, zu einem »erschreckenden Mangel an ästhetischer Beurteilungsfähigkeit«. Deshalb setzen Lazarsfeld / Merton verwaltungstechnisch und akademisch nüchtern auf weitere »Forschung« über mögliche »Methoden« zur »Verbesserung ästhetischer Anspruchniveaus«,[61] ein sozialtechnologischer Auftrag, den Horkheimer / Adorno zu genau der falschen Kultur geschlagen hätten, die er zu optimieren vorgibt.

Die Zurückhaltung von Horkheimer / Adorno rührt vor allem daher, dass sozialwissenschaftliche Methoden bereits seit zwanzig Jahren von Marketingstrategen genutzt werden. So kann dank großer Umfragen und Testverfahren herausgefunden werden, dass Leute mit höherem Einkommen und höherer Bildung gedämpfte, zarte Farben bevorzugen, die Mitglieder der unteren Klassen dagegen leuchtende, gern rote Töne;[62] oder auch dass »die Verbreitung von Pizzagerichten jetzt Orte im Mittelwesten erreicht hat, die nie einen Italiener gesehen haben«;[63] dass die Leute Autos kaufen, wenn sie glauben, das nächste Jahr werde so gut oder besser als das laufende Jahr;[64] und sogar dass es statistisch gesehen normal ist, seinen sexuellen »Ausstoß« auf hetero- oder homosexuelle Art und Weise zu produzieren.[65]

Zum heute wahrscheinlich keineswegs beunruhigenden Bild, welches solche besonderen inhaltlichen Befunde vermitteln, passt allgemein die

---

61 Paul F. Lazarsfeld, Robert K. Merton, Mass Communication, Popular Taste and Organized Social Action.

62 Quelle: Color Research Institute, Chicago; mitgeteilt von Vance Packard, Die unsichtbaren Schranken. Theorie und Praxis des Aufstiegs in der »klassenlosen« Gesellschaft [The Status Seekers. An Exploration of Class Behaviour in America and the Hidden Barriers that Affect You, Your Community, Your Future, 1959], Düsseldorf 1959, 87.

63 Quelle: Eric Larrabee; mitgeteilt von David Riesman, Howard Roxborough, Laufbahnen und Konsumverhalten [1955], in: David Riesman, Wohlstand wofür? Essays, Frankfurt am Main 1966, 18–47, hier 27.

64 Quelle: Survey-Forschungszentrum, Universität Michigan; mitgeteilt von Eric Larrabee, David Riesman, Autos in Amerika [1956], in: David Riesman, Wohlstand wofür? Essays, Frankfurt am Main 1966, 202–231, hier 213.

65 Alfred C. Kinsey, Wardell B. Pomeroy, Clyde E. Martin, Sexual Behaviour in the Human Male [1948], 15. Auflage, Philadelphia und London 1968.

zeitgenössische Ansicht von Lazarsfeld / Merton, nach der Werbung lediglich Entscheidungen innerhalb »grober Verhaltensmuster« und »genereller Einstellungen« kanalisiere, die bereits im »Sozialisationsprozess« erlernt wurden. Politische Massenpropaganda hingegen habe es »normalerweise mit einer komplexeren Situation zu tun«. Sie möchte »tief verwurzelte Überzeugungen«, »bestehende Wertsysteme« umformen – und scheitere zumeist daran. Deshalb »können die Erfolge der Werbung nur ein Schlaglicht auf das Versagen der Propaganda werfen.« Erfolgreich könne Propaganda nur im Verbund mit Organisationen ausgeübt werden, die auf lokaler Ebene, in persönlichen Beziehungen ihre Botschaften dem Einzelnen nahe bringen.[66]

Nicht alle teilen die Meinung der Sozialwissenschaftler Lazarsfeld / Merton. Für den kulturkritischen Essayisten Marshall McLuhan nimmt die Marktforschung 1951 »immer mehr den Charakter sozialer Steuerung und Erziehung an«, weil sie unauffällig in den Besitz wichtiger Daten gelangt.[67] Geschlossenheit bekommt das Szenario der Manipulation, das schnell von der Erhebung empirischer Daten zur Steuerung derjenigen springt, die solche Daten liefern, durch die Behauptung leicht errungenen manipulativen Erfolgs. Die Meinungsforschung sei dem »Projekt der Angleichung des Produkts an den Konsumenten und des Konsumenten an das Produkt verpflichtet, egal ob es um Cornflakes oder Gesetzgebung geht.«[68] Dem entspricht auf dem Feld der Massenmedien, dass Radio und Kino darauf aus sind, bei einem »größtmöglichen Publikum« einen engen »Geisteszustand« zu »erzeugen«, der es dazu bewegt, »ein bestimmtes Produkt zu kaufen.« Offensichtlich erfolgreich: der Horizont des Publikums verenge sich; die »Phantasie erlischt«, stellt McLuhan kategorisch fest.[69]

Die publizierten Ergebnisse der Meinungs- und Verhaltensforschung selbst trügen mit ihren »Normalitätstabellen« bereits erheblich dazu bei, bestimmte isolierte Handlungsweisen herauszupräparieren und positiv hervorzuheben.[70] Lionel Trilling ordnet 1950 Kinseys Untersuchungen in eine

66 Paul F. Lazarsfeld, Robert K. Merton, Mass Communication, Popular Taste and Organized Social Action.
67 Marshall McLuhan, Die mechanische Braut. Volkskultur des industriellen Menschen [The Mechanical Bride. Folklore of Industrial Man, 1951], Amsterdam 1996, 73. Vgl. hierzu und zu den folgenden fünf Absätzen Vf., Gegenkultur und Avantgarde 1950-1970. Situationisten, Beatniks, 68er, Tübingen 2006, 49-55.
68 Marshall McLuhan, Die mechanische Braut, 69.
69 Ebd., 37.
70 Ebd., 69.

allgemeinere Tendenz ein, moralische Normen als unwissenschaftlich zu
verwerfen; freilich werde die »Idee des Normalen« nur im Sinne des moralisch Richtigen ausdrücklich zurückgewiesen; ihre Stelle nehme jedoch (un-
ausgesprochen) das ein, was tatsächlich vorkomme: man schließe von der
physischen auf die moralische Normalität.[71] McLuhan seinerseits bestimmt
die Machart der neuen Normalisierung präziser unter Berücksichtigung der
Methoden, die sie hervorbringen: Der Kinsey-Report funktioniere wie eine
Quizmaschine, welche auf die durch ihre Fragen produzierten Antworten
eine schematisierte Charakteranalyse ausspuckt; als »normal« gelte dann,
»wer auf solche Schlitze gemünzt ist.« Der Leser zusammenfassender Nor-
malitätscharts werde durch die »tägliche Einladung, ›zu sehen, wie er im
Vergleich mit seinen Mitmenschen in folgenden Punkten abschneidet‹, in
Dauerpanik versetzt.«

Am anderen Ende der »Angst, ein Außenseiter zu sein«, steht dann die
»Sehnsucht nach Einzigartigkeit«, die der »Kauf von Massenartikeln« aus-
löst.[72] »Konsumzwang« führe zu konformistischer »Unrast«, stets auf der
Höhe eines schnell rotierenden Produktzyklus zu bleiben, der nicht an der
Verbesserung des »Gebrauchs«, sondern an permanenter »Profitsteigerung«
orientiert ist.[73] In der modernen Welt wird der Konsument in den Augen
McLuhans durch Kino- und Werbebilder, die »Volkskultur des industriellen Menschen«, unablässig im Strudel dieser stetig veränderten Bewegung
gehalten.

David Riesman schlägt die Mitglieder der *white collar*-Klasse, der neuen
Mittelschicht unter den Bedingungen der Massenkommunikation und der
großen Dienstleistungs- und Verwaltungsapparate, dem Typus der »other-
directed people« zu; sie machten ihr eigenes Verhalten vom Verhalten der
anderen - und nicht von festen (moralischen) Zielvorgaben - abhängig.[74]
»Popular Culture« ermöglicht dem Angestellten dabei, sich eine Meinung
über das zu bilden, was von ihm jeweils erwartet wird.[75] Solche manchmal
neuen Erwartungen könnten dem Einzelnen sogar helfen, sich von den

---

71 Lionel Trilling, Sex and Science: The Kinsey Report [1950], in: The Scene before You. A
    new Approach to American Culture, herausgegeben von Chandler Brossard, New York
    und Toronto 1955, 120-137, hier 121 und 130.
72 Marshall McLuhan, Die mechanische Braut, 69 und 70.
73 Ebd., 149 und 167.
74 David Riesman (with Nathan Glazer and Reuel Denney), The Lonely Crowd [1950], ab-
    ridged edition with a new foreword, eighth printing, New Haven und London 1963, 20 f.
75 Ebd., 156 f.

momentan zurückgebliebenen Ansprüchen der *peer group* zu lösen.[76] In der
Freizeit, die ihm genauso wichtig wird wie die Arbeit, richtet sich das Interesse des »other-directed consumer« insgesamt eher auf Erfahrungen als
auf den Erwerb von Dingen.[77] Das routinisierte Arbeitsleben und das an-
genehm sichere häusliche Leben, die entemotionalisierte Politik sowie die
Annehmlichkeiten der Technik führen ihn dazu, solche Erfahrungen und
Aufregungen vor allem im »sex« zu suchen, im Test auf die eigene Anziehungskraft.[78]
     Die »Idole der Produktion« werden abgelöst durch »Idole des Konsums«,
bilanziert Leo Löwenthal bereits Anfang der vierziger Jahre, vor allem durch
Heroen aus Sport und Film; an Wirtschaftsmagnaten und Staatsmännern
interessiere mehr das Privat- als das Berufsleben.[79] Das »Gefühlsleben«
und die »Meinungsbildung« der Menschen, ja sogar ihre »Stimmungen«
würden dadurch in Richtungen gelenkt, die keineswegs nur den Freizeit-
bereich prägten. An die Stelle der offenen Autorität und Repression sei
die »Beeinflussung« getreten, eine »verhüllte und unpersönliche Form der
Machtausübung«. »Die Menschen sollen als eigenen Wunsch empfinden,
was ihnen das Managertum suggeriert.«[80]
     Dabei werde selbst eine Abkehr vom Pflichtbewusstsein in Kauf genom-
men, solange die Organisation der Arbeit davon unberührt bleibt. Zwar
weiche das unbedingte Arbeitsethos in der »Gesellschaft der Angestellten«
einem »Muße-Ethos«, doch treibe der »Spaß«, auf den man abends und am
Wochenende aus ist,[81] einen nicht dazu, die Arbeitsabläufe und -hierarchien
umstoßen zu wollen. Gerade die jüngeren »gehobenen Angestellten«, die
keinen Zwiespalt zwischen einem »guten, behaglichen Leben« und »dem
Aufstieg« sähen, scheuten jeden Anschein größerer Veränderung.[82] Spaß
ist nur insofern Teil der Arbeit, als er gleichfalls mit den Methoden der »Massenproduktion« hervorgebracht wird; »sterile«, »perfekte«,

---

76   Ebd., 291.
77   Ebd., 118.
78   Ebd., 146 f.
79   Leo Löwenthal, Literatur und Gesellschaft. Das Buch in der Massenkultur [Literature,
     Popular Culture, and Society, 1961], Neuwied am Rhein und Berlin 1964, 206. Diese These
     erstmals abgedruckt im Aufsatz »Biographies in Popular Magazines« aus dem Jahr 1944.
80   C. Wright Mills, Menschen im Büro. Ein Beitrag zur Soziologie der Angestellten [White
     Collar, 1951], Köln-Deutz 1955, 158.
81   Ebd., 324.
82   William H. Whyte, Herr und Opfer der Organisation [The Organization Man, 1956],
     Düsseldorf 1958, 136 f.

»stromlinienförmige Dekadenz«.[83] Deren Ergebnisse könnten die Rezipienten wohl zerstreuen und aufregen, sie aber weder intellektuell oder gefühlsmäßig bereichern noch zu »schöpferischen Leistungen« anregen.[84]

Bereits kurz nach Beendigung des Zweiten Weltkriegs richtet sich in den kultur- und massenkritischen Zeitdiagnosen demnach die Aufmerksamkeit schnell wieder von den totalitären zu den industriell standardisierten Massen.[85] Sogar im verheerten Europa - mit Blick auf das amerikanische Vorbild - können bald die neuen Führer der freigesetzten Individuen festgemacht werden: Es sind die Massenkommunikationsmittel, es ist die Kulturindustrie. Die »Mittel der Massenbeeinflussung und Massenzerstreuung: Kino, Fernsehen, Radio, Zeitungen, Unterhaltungsliteratur und Vergnügungsindustrie« stiften nun nach Auffassung ihrer Verächter »Rahmen und Inhalt des menschlichen Lebens«, bei ihren Produkten finde der »entwurzelte Großstadtmensch« trügerischen Halt.[86] Adorno und Horkheimer sprechen es gleich in den ersten beiden Sätzen ihres einschlägigen Kapitels in *Dialektik der Aufklärung* aus: Die »Auflösung der letzten vorkapitalistischen Residuen« sowie die »technische und soziale Differenzierung« führe keineswegs in ein »kulturelles Chaos«. Das Gegenteil sei wahr: »Kultur heute schlägt alles mit Ähnlichkeit.«[87] Das von der »Kulturindustrie« präsentierte »Modell« bestimme die Menschen bis in die »intimsten Reaktionen« hinein; »personality bedeutet ihnen kaum mehr etwas anderes als blendend weiße Zähne«. Der einzige Unterschied zu liberalen und konservativen Befürchtungen liegt bei Horkheimer/Adorno darin, dass sie eine bürgerliche Individuation zu keiner Zeit feststellen können. Selbst jeder abweichende Charakter habe immer nur dasselbe ausgedrückt: Die »Härte der Konkurrenzgesellschaft«. Die neue »Massenkultur« entschleiert damit für Horkheimer/Adorno lediglich »den fiktiven Charakter, den die Form der Individualität im bürgerlichen Zeitalter seit je aufwies, und tut unrecht nur daran, daß sie mit solcher trüben Harmonie von Allgemeinem und Besonderem sich brüstet.«[88] Etwas weniger total klingt

83 Anatole Broyard, American Sexual Imperialism, in: Neurotica 7 (1950), 36-40.
84 C. Wright Mills, Menschen im Büro, 323.
85 Im Sinne einer ›Totalitarismustheorie‹ der »modernen Industriegesellschaft« ist der »Massenmensch« – »solitary atom, uniform with the millions of other atoms« - kennzeichnend für die USA und die UdSSR. Dwight MacDonald, Masscult and Midcult, in: Partisan Review 27 (1960), 203-233, hier 208.
86 C. Wright Mills, Menschen im Büro, 326.
87 Max Horkheimer, Theodor W. Adorno, Dialektik der Aufklärung.
88 Ebd., 176 und 164.

der Befund einige Jahre später bei Helmut Schelsky: Die »hochindustrielle Freizeit- und Verbrauchergesellschaft« bringt einen »verhältnismäßig einheitlichen Lebensstil« hervor; in einem überraschenden Sprung ist für Leute wie Schelsky die neue Mittelschicht gleich allgegenwärtig.[89]

Das ursprünglich ungeschiedene Volk ist somit auf zweifelhafte Weise erneut vereint, nach all den Trennungen durch Stand, Privateigentum und (vermeintlich) liberal-individuelle Lebensführung: Jetzt wieder ein Volk durch die Konditionierungen massenhaft produzierter, standardisierter, uniformierender Konsum- und Unterhaltungsgüter! Eine Vereinigung ganz ohne Gemeinschaftssinn oder gar Solidarität in der Anonymität der »abstrakten oder entpersönlichten Gesellschaft«![90] Eine Vereinigung von »Massen-Eremiten« vor den Millionen Fernsehgeräten! Im »Gehäuse des Einzelnen, in der Einsamkeit, in den Millionen Einsamkeiten« gelingt die »Prozedur des ›conditioning‹« »noch einmal so gut«![91]

Jugend- und Subkulturen

Doch das Rettende, zumindest zeitweilig Störende ist nah, wenn auch nicht für Horkheimer / Adorno, so doch für Helmut Schelsky. Es sind die Jugendlichen, von denen Schelsky 1957 vorausschauend eine »Welle ›sinnloser‹ Ausbruchsversuche« erwartet, »Ausbruchsreaktionen« gerichtet gegen »die manipulierte Befriedigung des modernen Lebens und gegen den unangreifbaren Konformitätsdruck der modernen Gesellschaft«.[92]

Schelsky formuliert seine Erwartung genau in dem Moment, in dem die Jugendlichen in Amerika und England verstärkt als Klasse eigenständiger Konsumenten, als *teenager*, entdeckt werden. Der Welt der alten Arbeitsmoral und Klassenspaltung entronnen, gelten sie als Vorreiter der neuen Konsum- und Leistungsgesellschaft[93] (teilweise zu Recht, sieht man auf

89 Helmut Schelsky, Gesellschaftlicher Wandel [1956/1961], in: Auf der Suche nach Wirklichkeit. Gesammelte Aufsätze, Düsseldorf-Köln 1965, 337–350, hier 340 f.

90 Karl Popper, Die offene Gesellschaft und ihre Feinde [The Open Society and Its Enemies, 1944], Band 1, Bern 1957, 235.

91 Günther Anders, Die Antiquiertheit des Menschen. Über die Seele im Zeitalter der zweiten industriellen Revolution, 2. Auflage, München 1956, 102 und 104.

92 Helmut Schelsky, Die skeptische Generation. Eine Soziologie der deutschen Jugend, Düsseldorf und Köln 1957, 495.

93 Siehe John Clarke, Stuart Hall, Tony Jefferson, Brian Roberts, Subkulturen, Kulturen und Klasse [in: Resistance Through Rituals, herausgegeben von Stuart Hall und Tony Jefferson, 1975], in: John Clarke u. a., Jugendkultur als Widerstand. Milieus, Rituale, Provokationen, Frankfurt am Main 1979, 39–131, hier 51 ff.

die spätere Identifizierung von Populärkultur mit jugendlicher Popmusik).
Aber gleichgültig, ob als anomische Beatniks, delinquente Halbstarke, kom-
mende Nonkonformisten oder als wichtiges neues Marktsegment – in jedem
Fall erkennt man »a style of life that was sui generis«.[94] Wie konformistisch
man sich auch immer innerhalb der *peer group* verhalten muss, zumindest
die gerade angekündigte allumfassende Einheitskultur scheint schon wieder
abgesagt.

In der Soziologie wird ein eigener, unterschiedener jugendlicher Lebensstil denn auch bevorzugt als subkultureller Stil einer Gegenkultur wahrgenommen, die von einer vorausgesetzten dominanten Kultur der umfassenden Gesellschaft abweicht.[95] Es bleibt aber nicht bei der Konzentration auf
die Abweichler. Das »Lebensstil«-Konzept regt schnell auch andere Betrachtungsweisen an. Zum einen lässt es die Aufteilungen weiter zersplittern: Tom
Wolfe etwa sieht in Kalifornien Anfang der sechziger Jahre ganz verschiedene »sorts of kids«, Surfer, Rock 'n' Roller, »hot-rodders«, »Hair Boys« …
Zum anderen wird zunehmend unklar, wo denn die ›dominante Kultur‹,
die ›umfassende Gesellschaft‹ ihren Sitz haben soll: Ins Blick- und Klas-
sifikationsfeld geraten nur noch »whole little societies for themselves«.[96]
Die tonangebende alte aristokratische Oberklasse werde durch eine Reihe
wechselnder »statuspheres« ersetzt, ja, es hat den Anschein, als seien die verwirrend vielen »Sphären« fast so etwas wie »ego extensions«, möglich selbst
den »rancid proles and suburban petty burghers«, so viele Leute finden nun
»such novel ways of doing just that, *enjoying*, extending their egos way out
on the best terms available, namely, their own.«[97]

Nicht wenige Soziologen – und vor allem die Leute in der Werbung[98]
– werden dem Journalisten Wolfe auf diesem Weg folgen. Die alten Stände
und die großen, von Produktions- oder Einkommensverhältnissen bestimmten Klassen oder Schichten können sie nun am Ende des 20. Jahrhunderts

94 Dwight MacDonald, A Caste, a Culture, a Market, in: New Yorker, 22. November 1958,
   zit. n. Arthur Marwick, The Sixties. Cultural Studies in Britain, France, Italy and the
   United States, c. 1958 – c. 1974, New York 1998, 46.
95 Vgl. die Nachweise bei Eckart Müller-Bachmann, Jugendkulturen Revisited. Musik und
   stilbezogene Vergemeinschaftungsformen (Post-)Adoleszenter im Modernisierungskontext,
   Münster u. a. 2002, 42 ff.
96 Tom Wolfe, The Pump House Gang [ca. 1965], in: The Pump House Gang [1968],
   6. Auflage, New York 1997, 17–39, hier 22.
97 Tom Wolfe, Introduction, in: The Pump House Gang [1968], 6. Auflage, New York 1997,
   3–14, hier 12 f.
98 Siehe die Nachweise bei Thomas Schnierer, Soziologie der Werbung. Ein Überblick zum
   Forschungsstand einschließlich zentraler Aspekte der Werbepsychologie, Opladen 1999.

erst recht nicht mehr entdecken.[99] Statt dessen isolieren sie Milieus wie
das »technokratisch-liberale« oder das »hedonistische Milieu«, sind aber immer bereit, darin auch weitere Unterteilungen auszumachen.[100] Das Bild
der nivellierten Mittelstandsgesellschaft bleibt dadurch zwar in einer Hinsicht intakt – die Klassenspaltung ist überwunden –, verliert jedoch jeden
totalitären, einheitlichen Anstrich.

John Stuart Mill wäre mit einer Gesellschaft nach diesem Bilde vielleicht einverstanden gewesen, auch wenn Milieus, Subkulturen, Stilgemein-
schaften natürlich etwas anderes sind als »ego extensions«; die Abweichung von solchen »Gewohnheiten« ist zumindest in abgeschwächter Form
durch Stilpluralismus und modischen Wechsel möglich gemacht. Immerhin müsste ein anderer der klassischen Demokratietheoretiker, Rousseau,
mit den »whole little societies« zufrieden sein. Wenn schon nicht »jeder
Bürger nur seine eigene Stimme vertritt«, soll es nach Rousseau zumindest viele ungleiche »Teilverbindungen«, Teilgesellschaften, geben, »um den
Gemeinwillen immer vor Befangenheit und das Volk vor Täuschung zu
bewahren« (der Schlussfolgerung liegt Rousseaus Ansicht zugrunde, dass
aus einer großen Zahl kleiner Unterschiede immer der Gemeinwille hervor-
geht).[101]

Horkheimer/Adorno hingegen könnten solchen Überlegungen rein gar
nichts abgewinnen. Wahlfreiheit unter Produkten der Kulturindustrie ist
ihnen »Freiheit zum Immergleichen«. Der Unterschied von »hot rodders«
und »Hair Boys« hätte sie keineswegs begeistert. Auch wenn tatsächlich
in der zweiten Hälfte des zwanzigsten Jahrhunderts eine nachhaltige Änderung eintritt – von relativ wenigen millionenfach produzierten Stan-
dardprodukten hin zu dem massenhaften Angebot einer immensen Waren-
vielfalt –, haben Horkheimer/Adorno bereits theoretisch vorgesorgt, ohne
diese Entwicklung vorauszuahnen. Für sie gehen »Differenzierungen wie
die von A- und B-Filmen« nicht aus »der Sache« hervor, sondern dienen ausschließlich der »Klassifikation, Organisation und Erfassung der
Konsumenten«. »Forschungsstellen« unterteilten die Konsumenten demge-

---

99 Siehe etwa Ulrich Beck, Jenseits von Klasse und Schicht? in: Soziale Ungleichheiten, heraus-
    gegeben von Reinhard Kreckel, 35–74 (= Soziale Welt, Sonderband 2); Gerhard Schulze, Die
    Erlebnisgesellschaft. Kultursoziologie der Gegenwart, Frankfurt am Main und New York
    1992.
100 Siehe den Überblick bei Werner Georg, Soziale Lage und Lebensstil. Eine Typologie, Opla-
    den 1998, 102 ff.
101 Jean-Jacques Rousseau, Vom Gesellschaftsvertrag oder Grundsätze des Staatsrechts, 292 und
    291.

mäß als »statistisches Material« von vornherein in »Einkommensgruppen«. Eine Differenzierung nach A-, B-, C-, D...-Einheiten würde Horkheimer / Adorno wohl auch nicht überzeugen, ebenso wenig eine Unterteilung in Lebensstilkohorten. Der Unterschied der »Chrysler- von der General-Motors-Serie« ist eben »im Grunde illusionär«[102] - wieso sollte die Wertung anders ausfallen, wenn noch Dutzende weiterer Autotypen und deren unzählige Varianten hinzukommen?

Die meisten Anhänger der anglo-amerikanischen Cultural Studies werden als Antikapitalisten erst gar nicht versuchen, auf diesem Feld gegen die ›illusionären‹ Erkenntnisse der Frankfurter Schule anzugehen. Gleichwohl bleibt es ihnen ab den späten fünfziger Jahren, mit großer Wirkung ab den achtziger Jahren vorbehalten, die wissenschaftliche Rede über die Populärkultur neu anzuleiten. Natürlich sind die Cultural Studies geprägt von der kulturrevolutionären Linken der sechziger Jahre, die für eine kurze Zeit - angespornt von der schnell wachsenden Jugend- und Studentenbewegung - eine neue sinnlich-psychedelische Pop-/Undergroundkultur als viel versprechendes Mittel gegen die Gesellschaft eindimensionaler Massenmenschen ansah und somit den traditionellen Politikformen den Rücken kehrte.[103] Im Unterschied zu vielen 68ern jedoch - und zu liberal-konservativen Massenkritikern - teilen die Vertreter der Cultural Studies in geringerem Ausmaß deren Sorgen vor den befürchteten Verflachungen und Kommerzialisierungen solcher Trends.[104]

Obwohl den bestehenden Verhältnissen strikt abgeneigt, treibt sie die Angst vor der uniformierenden, alles vereinnahmenden Kraft der hegemonialen Ideologie etwas weniger um, weil sie eigenständige Kräfte einzelner sozialer Gruppen bzw. Zeichenbenutzer bereits vor deren ›höherer Bildung‹ oder Bewusstseinserweiterung ausmachen. Ihre Distanz zu einer Kritik der

102 Max Horkheimer, Theodor W. Adorno, Dialektik der Aufklärung, 176 und 131.
103 Siehe etwa den Verlauf von Herbert Marcuse, Der eindimensionale Mensch. Studien zur Ideologie der fortgeschrittenen Industriegesellschaft [One-Dimensional Man, 1964], in: Schriften, Band 7, Frankfurt am Main 1989, zu Herbert Marcuse, Versuch über die Befreiung [An Essay on Liberation, 1968], Frankfurt am Main 1969. - Weitere Nachweise bei Vf, Gegenkultur und Avantgarde 1950-1970.
104 John Clarke spricht etwa von der kommerziellen Verwandlung des »totalen Lebensstils« einer Subkultur in einen »neuen Konsumstil« - und auch dem »totalen Lebensstil« wird attestiert, dass er auf die »Freizeit« beschränkt bleibt. Die »Produktionsweise, auf der die Warenform beruht«, bleibt darum »völlig unangetastet.« John Clarke, Stil [in: Resistance Through Rituals, herausgegeben von Stuart Hall und Tony Jefferson, 1975], in: John Clarke u. a., Jugendkultur als Widerstand. Milieus, Rituale, Provokationen, Frankfurt am Main 1979, 133-157, hier 152 und 154.

Massenkultur im Zeichen der Differenz und Exzentrizität speist sich nicht
aus einer Liebe zur Kulturindustrie, sondern aus einem Vertrauen zu den
›Leuten‹ und ihren Subkulturen, einem Vertrauen, welches auf der wissenschaftlichen Feststellung ruht, dass Kommunikationsvorgänge nicht in der
einfachen ›Überspielung‹ der Botschaften von Sendern auf leere, passive
Empfänger bestehen.[105]

Linke Vertreter der Cultural Studies sehen Volk und/oder Arbeiterklasse außerdem nicht zur gleichförmig determinierten Masse oder Einkommensschicht atomisierter, eindimensionaler Individuen geschwunden. Ihre
Korrelation von Klasse und Lebensstil[106] soll jedoch unbedingt jede Einlinigkeit vermeiden. Darum setzen sie vorzugsweise bei der Analyse von
Rezeptionsakten sozialer Gruppen an, um den Nachweis zu führen, dass
ein widerständiger, kreativer Umgang mit den vorgegebenen Produkten der
Kulturindustrie[107] nicht nur möglich ist, sondern tatsächlich ständig stattfindet. Hier sehen sie die Differenz gegeben, die Kritiker der Massenkultur
immer einfordern, aber durch ihre Thesen zur direkt durchschlagenden Manipulation stets selbst einebnen. Gleichförmigkeit und Nivellierung sozialer
Unterschiede ist in der Sicht der Cultural Studies nur ein Schein, den sich
die Kritiker der Massenkultur von einem zeitweilig uniformen Warenangebot haben vorspiegeln lassen. Damit öffnet sich das ganze Feld wieder,
es reicht von klassenübergreifenden populistischen Koalitionen gegen den
»power-bloc« bis hin zu subkulturell-stilistischem Widerstand, der u. a. in
einer verfremdenden Aneignung von Massenprodukten besteht.[108]

105 Darin kommen sie – wenn auch in ganz anderer Theoriesprache – mit der Richtung des
amerikanischen *populism* überein. Siehe etwa Ulrich R. Haltern, Verfassungsgerichtsbarkeit,
Demokratie und Mißtrauen. Das Bundesverfassungsgericht in einer Verfassungstheorie zwischen Populismus und Progressivismus, Berlin 1998 (= Schriften zum öffentlichen Recht,
Band 751), 36 ff.

106 Zumeist ausgerichtet an Pierre Bourdieu, Die feinen Unterschiede. Kritik der gesellschaftlichen Urteilskraft [La distinction, 1979], Frankfurt am Main 1982.

107 »Programmdirektoren werden auch zukünftig in den Sendeanstalten, [sic] und nicht in den
Privathaushalten sitzen«, bilanziert Michael Jäckel, Wahlfreiheit in der Fernsehnutzung.
Eine soziologische Analyse zur Individualisierung der Massenkommunikation, Opladen
1996, 279.

108 Die Cultural Studies-Autoren sind mittlerweile bereits kanonisiert, deshalb hier nur ein
kurzer Hinweis auf zwei Überblickstitel, die alle nötigen Einzelnachweise enthalten: Ralf
Hinz, Cultural Studies und Pop; Rainer Winter, Die Kunst des Eigensinns. Cultural Studies als Kritik der Macht, Weilerswist 2001.

Populärkultur

In den Schriften der Cultural Studies ist fast ausschließlich von »Populärkultur« die Rede, nicht von »Massenkultur«. Der begriffliche Wechsel dient der deutlichen Abgrenzung von den Verächtern des ›niederen Volks‹ und der Masse. Bezeichnenderweise wird in den frühen Varianten der Cultural Studies das Wort »mass« immer verwandt, wenn es gilt, die Sender und Anbieter der »mass communication« – »mass-media«, »commercial mass-providers« – anzuklagen: Sie wollten die positiven herkömmlichen Eigenschaften der »›gewöhnlichen‹ Leute«, der englischen »working-class people« zerstören, schreibt Richard Hoggart 1958, »the power of resistance and resilience, of scepticism, nonconformity and tolerance.«

In der Anklage schwingt bereits ein pessimistischer Ton mit. Die Widerstandsfähigkeit der Leute ist nicht unerschöpflich, angesichts der Kulturindustrie könnte sich das reaktionäre Vorurteil über die uniforme, leicht lenkbare Masse endlich als Wahrheit erweisen, eine Wahrheit, die dann jedoch vollkommen ohne bürgerlichen Dünkel auskommen muss: »A classless conformity of consumers« scheint kein bloßes Schreckgespenst mehr zu sein.

Man kann das auch daran ablesen, wie der Begriff »populär« verwandt wird. Da gibt es einerseits, nicht zuletzt in der Erinnerung, »the older and class-based popular art«; hier ist das ›Populäre‹ zugleich ein Wertausdruck (»class-based popular art was able to root itself in local and particular detail«). Da gibt es aber andererseits den »Pseudo-Sensationalismus« der »popular press«. Gerade diese schlechte Presse ist »populär« (und vor allem ist sie es in der Gegenwart!).[109] Die Verwirrung, dass ›Populäres‹ einmal gut und einmal schlecht sein kann, legt sich schnell, wenn man die unterschiedliche Zuordnung des ›Populären‹ berücksichtigt: Einmal ist es die »traditionelle Arbeiterklasse«, das andere Mal die falsche »Klassenlosigkeit« »vermasster Konsumenten« (»massed consumers«).[110]

Die Zuordnung stellt keineswegs einen Sonderfall dar. Fast immer bezeichnet »popular« die Eigenschaft einer Klasse von Menschen. Die Eigenschaft wird umstandslos auf die Haltungen, Ansichten, Dinge übertragen, die jene Klasse ausmachen und auszeichnen. Populäre Dinge sind nach diesem Begriffsgebrauch Dinge, die einer Klasse (an)gehören. Eine populäre

109 Richard Hoggart, A Sense of Occasion [1958], in: Speaking to Each Other, vol. I, London 1971, 28–44, hier 35 f. und 39.
110 Ebd., 30 und 43.

Meinung ist eine Meinung, die von allen (oder fast allen) Mitgliedern einer Klasse geteilt wird. Wenn zu den ›Klassifizierten‹ nicht einfach alle Mitglieder eines Volkes gehören, die man von anderen Völkern oder Nationen absetzt, vervielfältigen sich die Differenzierungen. Geht man nicht allein vom ungeschiedenen Volk aus, ändert sich je nach der Klassifikation das »Populäre«. Populär, also ›volksartig‹, ist dann nicht allein die eine Meinung des ganzen Volkes, sondern auch die Meinung der Arbeiterklasse, der Masse u. a.

Nur der aufklärerische Sprachgebrauch weicht davon graduell ab. Die aufgeklärte Pädagogik ist noch in abgeschwächter Weise Teil jener humanistischen Bestrebungen, die in Deutschland ab 1600 alle Dichtung auf antike Maße verpflichten und dadurch auch die nationalsprachliche Poesie nur als Gelehrtenpoesie gelten lassen.[111] Wie die barocken Hofdichter und Sprachgesellschaften dem Volk gerade nicht mehr »auff das maul« schauen wollen, bleibt ebenfalls im 18. Jahrhundert lange Zeit die Spaltung erhalten, allerdings macht man sich ihre Überwindung ausdrücklich zum Ziel. Im Wort »Popularität« kommt beides zusammen. Wenn es nicht für »pöbelhaft« steht,[112] bezeichnet es in den Schriften der Aufklärer das Verhältnis von Gelehrtem zum Volk. »Populär« heißen die Gelehrten, das Volk dagegen ist »der Popularität bedürftig«. Popularität meint die »Herablassung« der »wissenschaftlich Denkenden zu der Denkweise« des Volks. Ein »populärer Vortrag« ist folglich ein Vortrag über »Gegenstände und Ideen, die dem gemeinen Verstande nicht bekannt und geläufig sind, aber dargebracht auf eine Art, wie diese für Ungelehrte faßlich und interessant zugleich ist.« Darum kann nur ein Gelehrter ein »populärer Redner« sein.[113]

Herder, selbst ein aufgeklärter Gelehrter, bricht immerhin auf dem Gebiet der Poesie mit der Zweiteilung. Die Dichtkunst sei eine »Welt- und Völkergabe«, nicht ein »Privaterbteil einiger feinen, gebildeten Männer«, fasst Goethe Herders Haltung treffend zusammen.[114] Wie gesehen, kommt aber auch Herder nicht ohne einen Abgrenzungsbegriff zu »Volk« aus, bei

111 Vgl. Max L. Baeumer, Gesellschaftliche Aspekte der ›Volks‹-Literatur im 15. und 16. Jahrhundert, in: Popularität und Trivialität, herausgegeben von Reinhold Grimm und Jost Hermand, Frankfurt am Main 1974, 7–50.

112 Nachweis in: Jacob und Wilhelm Grimm, Deutsches Wörterbuch, Band 7, Leipzig 1951, Sp. 2002.

113 Johann Christoph Greiling, Theorie der Popularität [1805], Nachdruck der Erstausgabe Magdeburg 1805, Stuttgart-Bad Canstatt 2001 (= Volksaufklärung, Band 13), 18.

114 Johann Wolfgang Goethe, Dichtung und Wahrheit, in: Goethes Werke, Band IX, Hamburg 1955 (= Hamburger Ausgabe), 408 f.

ihm ist es der »Pöbel auf den Gassen«, der singt und dichtet nicht, der schreit. Sein »natürliches« Volk besitzt hingegen Lieder, die – ungeachtet anderer wichtiger nationaler Unterschiede – aus einer »sinnlichen, wenn auch einfältigen, aber sichern, kurzen, starken, Rührung- und Inhaltvollen Denkart« entspringen.[115] »Es ist wohl nicht zu zweifeln«, meint Herder, dass Poesie ursprünglich ganz »Volksartig« gewesen sei, »d. i. leicht, einfach, aus Gegenständen und in der Sprache der Menge, so wie der reichen und für alle fühlbaren Natur«.[116]

Wie das Volk, so auch seine Lieder; wie die Beurteilung des Volks, so auch die Bewertung seiner Gesänge. Weil Herder das sinnliche, natürliche Volk hoch schätzt, preist er dessen einfache, kräftige Dichtung. Die Natur habe den »unpolicirten Nationen« einen »Trost« gegeben, den »schwerlich Menschliche Künsteleien dörften ersetzen können, Freiheitliebe, Liebe des Müßigganges oder des Taumels: und wohin alles gewissermaße zusammenfließt, Gesang.« In der Hitze der Begeisterung fällt die zivilisierte Gegenwart gegenüber der eingebildeten Vergangenheit stark ab: »Natur hat den Menschen frei, lustig, singend gemacht: Kunst und Zunft machen ihn eingeschlossen, mißtrauisch, stumm.«[117]

Herder bleibt jedoch nicht immer bei der mythologischen Entgegensetzung von Künstlichkeit und Zunft auf der einen, Natur und Freiheit auf der anderen Seite stehen. Einmal führt er in seinen Volkslieder-Schriften ein historisch-soziologisches Argument an: In der Zeit des Minnesangs sei »die Poesie von großem Umfang gewesen«, sie »erstreckte sich vom Kaiser zum Bürger, vom Handwerker bis zum Fürsten.«[118] Das passt mit seiner politischen Kritik zusammen, nach der in der griechischen Polis »Volk« als »ehrwürdiger« Name »alle Bürger, Rat und Priester ausgenommen«, einbegriff; »jetzo ist er gemeiniglich so viel als Pöbel und Canaille.« Zudem seien dort alle Bürger »gleich« gewesen: »sie waren Soldaten, Ackersleute und Staatsräte zusammen«. In der Gegenwart jedoch »sondert man Ackerbau, und Soldatenstand, ja gemeiniglich auch die Regierung vom Bürgerstande ab: man setzt Kaufmann und Handwerker dagegen«.[119]

115 Johann Gottfried Herder, Alte Volkslieder [1773/74], in: Werke, Band 3, herausgegeben von Ulrich Gaier, Frankfurt am Main 1990, 9–68, hier 24.
116 Johann Gottfried Herder, Volkslieder. Zweiter Teil, 230.
117 Johann Gottfried Herder, Alte Volkslieder, 60.
118 Johann Gottfried Herder, Volkslieder. Zweiter Teil, 239.
119 Johann Gottfried Herder, Haben wir noch jetzt das Publikum und Vaterland der Alten? [1765], in: Werke, Band 1, herausgegeben von Ulrich Gaier, Frankfurt am Main 1985, 40–55, hier 45.

Kennt man diese Abneigung Herders gegenüber Arbeitsteilung und sozialer Ungleichheit, könnte man vermuten, dass er Natürlichkeit und Niedrigkeit zusammendenkt. An einer Stelle seiner Vorreden zu den Liedersammlungen werden von ihm tatsächlich die »sogenannten Pöbelvorurteile« neben »Wahn«, »Mythologie«, »den Merkwürdigkeiten des Lebens aller Wilden« als »Poetische Fundgrube« gefeiert. Allerdings ist das Wort von den »sogenannten Pöbelvorurteilen« wohl nur eine Kritik daran, dass Herders Gegner den ›Wahn‹ fälschlich beim Pöbel ausmachen. Der heutige »Pöbel auf den Gassen« singt eben doch nicht. Ja, solange »wir denn nun ewig für Stubengelehrte« schreiben und Gedichte verfassen, »wie sie niemand versteht, niemand will, niemand fühlet«, solange haben »wir« nicht einmal ein »Volk« (das singen könnte), haben »wir« »kein Publikum«, »keine Nation«.[120]

Einer von Herders Lesern, Gottfried August Bürger, fühlt sich genau dazu verpflichtet, mit seinen Gedichten ein Volk anzurufen. Er geht - mit Addison - von der gemeinsamen Menschennatur bei allen vernünftigen Kreaturen aus. In den »Begriff des Volkes« müssen folgerichtig »nur diejenigen Merkmale aufgenommen werden, worin ungefähr alle oder doch die ansehnlichsten Klassen übereinkommen«. Auch bei Bürger gibt es also wieder einigen Ausschuss, der jedoch in (fast) allen Klassen anzutreffen ist. ›Vernunft‹ ist nicht das Merkmal einer Klasse, sondern des kreatürlichen Volks. Die Übereinkunft, welche populäre Gegenstände betrifft, findet in der breiten Mitte statt. Man muss Zwergen- und Riesenhaftes vermeiden, macht Bürger mit einem Bild deutlich, dann fertigt man fürs Volk. Solch ein »allgemeiner Maßstab« sei doch »kein Unding«, heißt es an der Stelle zurückhaltend.[121] Häufiger liest man aber die emphatische Version: »Popularität« ist das Siegel der »Vollkommenheit«; »alle Poesie« soll darum »volksmäßig« sein.[122]

Schiller sieht das ganz ähnlich. Der »höchste Triumph des Genies« liege darin, sich »an den Kinderverstand des Volkes anzuschmiegen«, ohne »der Kunst etwas von ihrer Würde zu vergeben«. Wenn allerdings aus Vernunft

120 Johann Gottfried Herder, Von Ähnlichkeit der mittlern englischen und deutschen Dichtkunst, nebst Verschiedenem, das daraus folget [1777], in: Werke, Band 2, herausgegeben von Gunter E. Grimm, Frankfurt am Main 1993, 550-562, hier 557.
121 Gottfried August Bürger, Vorrede, zu: Gedichte. Erster Teil [1789], in: Sämtliche Werke, herausgegeben von Günter und Hiltrud Häntzschel, München u. a. 1987, 9-24, hier 14 f.
122 Etwa in: Gottfried August Bürger, Von der Popularität der Poesie [ca. 1778], in: Sämtliche Werke, herausgegeben von Günter und Hiltrud Häntzschel, München u. a. 1987, 724-730, hier 730.

»Kinderverstand« wird, enden alle Gemeinsamkeiten wieder. Und richtig, Schiller scheidet »Kenner« bzw. »gebildete Klasse« und den »großen Haufen« voneinander. Zu Zeiten Homers hätten noch »alle Glieder der Gesellschaft im Empfinden und Meinen ungefähr dieselbe Stufe« eingenommen, jetzt aber sei »zwischen der Auswahl einer Nation und der Masse derselben ein sehr großer Abstand sichtbar«. »Haufen«, »Masse«, ›Kinder‹, »Volk« - Schiller springt unstet zwischen den Begriffen hin und her, die doch ein und dasselbe bezeichnen, den Gegensatz zum gebildeten »Kenner«. Selbst die »Klasse« bemüht er noch, wenn er Gottfried August Bürger vorhält, gerade kein »Volksdichter« zu sein, weil er nicht »in jedem einzelnen Liede jeder Volksklasse genug« tue, sondern lediglich »jede Volksklasse mit irgendeinem, ihr besonders genießbaren, Liede« versorge. So mache sich Bürger »nicht selten mit dem Volk« »gleich«, zu dem er sich doch »nur herablassen sollte«, um es »hinaufzuziehen« (hier ist »Volk« bereits wieder allein ein Teilbegriff, nicht die Gesamtheit aller Klassen).[123]

»Popularität« bedeutet für Schiller eine »schwere Aufgabe«, da ist er ganz der Aufklärung verpflichtet. »Popularität« ist dem Dichter eine »Schwierigkeit mehr«, weit entfernt, ihm »die Arbeit zu erleichtern oder mittelmäßige Talente zu bedecken«. Die dem Genie würdige Aufgabe lautet, Masse und gebildete Elite wieder durch die Poesie - zumindest im Moment ihrer Aufnahme - zu einer »Einheit« zu bringen.[124] Populäre Einheit und Genie sind damit streng aufeinander bezogen, im englischen Liberalismus treten sie ebenso streng wieder auseinander. Zwar gibt es eine ganze Reihe von Gemeinsamkeiten zwischen Schiller und John Stuart Mill - Mill schätzt auch das Mittelmaß gering, er tritt wie der »Kenner« Schiller für die ungewöhnliche, gebildete Meinung ein und er wendet sich ebenfalls dagegen, jeder Klasse immer nur das zu geben, wonach sie verlangt -, letztlich sind diese Übereinstimmungen jedoch wenig wert. Für Mill nämlich ist gerade die Einheit der Schrecken (egal, wie schön man sich die Einheit unter der Einbildung ursprünglicher oder homerischer Zustände vorstellen mag). Die Klassen und ihre Gewohnheiten sollen wohl aufgelöst werden, aber zugunsten ›wirklicher‹ einzelner Wahl, nicht eines allumfassenden Zusammenhangs. Solche Einheit sieht Mill als »öffentliche Meinung« drohend heraufziehen. »Popular Opinions« stellen in Mills Augen »selten oder niemals die ganze Wahrheit« dar, deshalb fordert er das Recht ein, »unpopular

---

123 Friedrich Schiller, Über Bürgers Gedichte, 247 f. und 250.
124 Ebd., 248.

opinion« frei äußern zu können.[125] Weil die Gefahr besteht, dass »popular
opinion« zur »public opinion« wird, muss er sogar grundsätzlich auf der
Seite des Individuellen, Originellen, Nonkonformen, Ungewöhnlichen und
Exzentrischen stehen.

Die Massenpsychologie Gustave Le Bons beruht ebenfalls auf der Entgegensetzung von Individuum und konformer Masse. Massen sind bei ihm
nicht nur die »gleichartigen« Klassen (Bürger, Bauern), sondern können
auch kleine Menschengruppen sein, nicht nur Straßenansammlungen, sondern auch »Wählermassen«, Parlamentsversammlungen, Geschworene[126] –
vorausgesetzt, sie bilden eine »Einheit«. Die Einheit wird nach Le Bon gerade nicht vom »Durchschnitt« der summierten Einzelnen gestiftet, sondern durch »Bildung neuer Bestandteile«. Die Individuen werden in der
Masse völlig verwandelt, sie verlieren ihren »Willen«, ihre »Persönlichkeit«,
sie beherrscht nun eine »Gemeinschaftsseele«. Le Bons Bestimmung der
»Gemeinschaftsseele« ist allerdings gar nicht neu, sondern uralt. In dieser
Seele herrschen die »unbewußten« »Triebe«.[127] Die Masse ist deshalb wild,
ungestüm, emotional, sinnlich, erregbar, unduldsam, irrational, unkritisch,
ein »Spielball äußerer Reize« und allein durch »Bilder« zu beeinflussen, die
ihre »Einbildungskraft« reizen.[128] Die »Intelligenz« ist »verschiedenartig«,
die »Triebe« aber sind »allgemein«. Deshalb muss Le Bon sogar den Vorrang der Bildung – unter den Bedingungen der Masse – aufgeben. Entscheidungen, die von einer »Versammlung hervorragender, aber verschiedenar-
tiger Leute getroffen werden«, seien jenen, »welche eine Versammlung von
Dummköpfen treffen würde, nicht merklich überlegen«, hält Le Bon unmissverständlich fest, denn jede Masse nehme »nicht den Geist, sondern
nur die Mittelmäßigkeit in sich auf.«

Merkwürdigerweise nennt Le Bon nun »Mittelmäßigkeit«, was er zuvor als fast gleichartige unbewusste, vom Trieb geprägte »Charaktereigen-
schaften« der »Mehrzahl der normalen Angehörigen einer Rasse« bezeichnet hat.[129] Trotz seines archaischen Ansatzes kann er sich offensichtlich
weder von den demokratischen noch den neueren statistischen Verfahren vollständig lösen; selbst sein Rassebegriff wird hier von einer Kon-

---

125 John Stuart Mill, On Liberty, 113 und 105.
126 Gustave Le Bon, Psychologie der Massen [Psychologie des foules, 1895], Stuttgart-Botnang
    1951, 134.
127 Ebd., 13–18.
128 Ebd., 20 ff.
129 Ebd., 15 f.

zeption des »Normalen« überwölbt, die von Mehrheiten, nicht von We-
senheiten ausgeht. Solche Ansätze können gar - falls sie auf überzeitliche
›Allgemeinheiten‹ wie Le Bons Trieblehre verzichten - Argumente zu einem
Lob der Mitte bereitstellen. Der »homme moyen« Quételets ist ein ästhetischer wie politischer Idealtyp, ausgezeichnet vom Gleichgewicht zwischen
den Extremen.

Ein Lob (oder einen Tadel) der Mittelschicht und mit ihr verbunde-
ner populärer Kultur sucht man jedoch noch vergeblich.[130] Vorerst stehen
sich Bürger und Proletarier sowie Bildungsbürger und Masse gegenüber,
die Mitte, der Durchschnitt zwischen beiden, bleibt gewissermaßen leer.
Dank der wachsenden Staatsbürokratie und der zunehmenden Marktbeherr-
schung einzelner Großunternehmen ändert sich das. Die schnell steigende
Zahl der Angestellten unterscheidet sich vom Proletarier besonders dadurch,
dass sie einen aus ihrer Sicht gehobenen Geschmack pflegt, der an bildungs-
und großbürgerlichen Maßstäben orientiert ist, ohne über die Zeit und vor
allem die materiellen Mittel zu verfügen, ihnen nahe zu kommen. Sie bedienen sich bei »Kultursurrogaten«, bei der »Mode sozial herabgesunkener
Kleider, Möbel und dergleichen«, merkt ein Soziologe 1931 im üblichen
massenkritischen Tonfall an.[131]

Die »Masse der Angestellten« sucht in der »farbenprächtigen Welt« der
Filme und Illustrierten »Zerstreuung« im »Glanz« des »Höheren«, schreibt
Siegfried Kracauer 1929. Besonders die Veranstaltungs- und »Kinopaläste«
sowie die »Etablissements der unteren Zwischenschichten« scheinen ihm
charakteristisch dafür zu sein. Sie mischen moderne »Pseudostrenge« mit
Prunk und der »Sentimentalität« von Kitsch und Exotik, führen also »Neue
Sachlichkeit« und die bürgerliche Talmi-Welt des späten 19. Jahrhunderts
zusammen.[132]

Der Begriff »mid-brow« steht ab den dreißiger Jahren im englischen
Sprachraum für einen Geschmack ein, der denselben sozialen Träger hat,
aber sich etwas stärker von den spektakulären Schauwerten abhebt. Histo-

130 Als ersten Ansatz kann man den geistesaristokratischen Zug ausmachen, den Bildungsbürger als »Philister« zu denunzieren und ihn dadurch etwas tiefer zu drücken.
131 H. Speier, Verbürgerlichung des Proletariats [1931], 594, zit. n. Birgit Mahnkopf, Verbürgerlichung, 108.
132 Siegfried Kracauer, Die Angestellten, Kapitel »Asyl für Obdachlose«. - Zur bürgerlichen
spektakulären Unterhaltung am Ende des 19. Jahrhunderts vgl. Kaspar Maase, Jenseits
der Massenkultur. Ein Vorschlag, populäre Kultur als repräsentative Kultur zu lesen, in:
Populäre Kultur als repräsentative Kultur, herausgegeben von Udo Göttlich, Winfried
Gebhardt, Clemens Albrecht, Köln 2002, 79-104, hier 85 ff.

rische Romane, populärwissenschaftliche Titel, Enzyklopädien, gehobene
Unterhaltungsprosa und die Auswahl der Buch-Clubs bilden seinen Grund-
stock.[133] Zu einem Lob dieser ›mittleren Kultur‹ kann es jedoch wiederum
nicht kommen, weil sie zumeist mit standardisierter Massenware identifiziert wird. Wenn auf älteren Luxus im neuen Kitsch-Gewand angespielt
wird, dann lautet ebenfalls sofort der nächste Satz, dass es sich um herab-
gesunkene, industriell hergestellte Güter handele.[134] Die Technik präge nun
auch die Musik und löse das alte »organisch« emporgekommene Volkslied
ab; »mechanisch« entstanden, sei der neue Tanz des Yankee Doodle maschi-
nenartig.[135] In den Augen ihrer intellektuellen Kommentatoren durchdringt
die Massenherstellung die neue Mittelschicht so sehr, dass sie gleich überall erscheint, nicht nur in einer imaginierten Mitte: »Bubikopf«, »Tango«,
»Jazz«, »das Co-op-Produkt, das DIN-Format und Liebigs Fleischextrakt«
erweisen dann in den zwanziger Jahren sofort »die Vereinheitlichung unserer Bedürfnisse«.[136] Kaum dass Anfang der fünfziger Jahre die These von
der nivellierten Klassengesellschaft im Sinne einer allgegenwärtigen, »schwer
ortbaren mittelständischen Schicht« formuliert worden ist,[137] geht sie in der
Überzeugung auf, alle seien gleichermaßen normiert und manipuliert. Die
Beschreibungen der Werke solch populärer Einheitskultur fallen entsprechend aus: Sie gelten als »Typen«, »Schema[ta]«, »Invarianten«, selbst die
wechselnden Einzelheiten sind immer nur »Clichés«.[138]

   Richard Hoggart, als einer der Begründer der Cultural Studies, ficht
dagegen einen halben Kampf. Er stimmt in die gleichförmige Diagnose
bzw. Prophezeiung ein, sieht aber dennoch – leicht paradox – große Chan-

133 Siehe Dwight MacDonald, Masscult and Midcult: II, in: Partisan Review 27 (1960), 589-
    631; Hannah Arendt, Society and Culture [in: Daedalus 89, vol. 2], in: Mass Culture Revi-
    sited, herausgegeben von Bernard Rosenberg und David Manning White, New York u. a.
    1971, 93-101, hier 98 f. Weitere Nachweise und Analysen bei Janice Radway, The Scandal
    of the Middlebrow. The Book-of-the-Month Club, Class Fracture, and Cultural Authority,
    in: South Atlantic Quarterly 89 (1990), 703-736; Shelley Rubin, The Making of Middle
    Brow Culture, Chapel Hill und London 1992.
134 Clement Greenberg, Avant-Garde and Kitsch [in: Partisan Review 1939, 378-389], in: Mass
    Culture. The Popular Arts in America, herausgegeben von Bernard Rosenberg und David
    Manning White, 5. Auflage, Glencoe (Illinois) 1960 [1957], 98-107.
135 Werner Sombart, Technik und Kultur, in: Archiv für Sozialwissenschaft und Sozialpolitik
    33 (1911), 305-347.
136 Hannes Meyer, Die neue Welt, 28.
137 Helmut Schelsky, Die Bedeutung des Schichtungsbegriffs für die Analyse der gegenwärtigen
    deutschen Gesellschaft, 335.
138 Max Horkheimer, Theodor W. Adorno, Dialektik der Aufklärung, 133.

cen. Zum einen vertraut er einstweilen noch auf die widerständige Kraft der längst nicht atomisierten Arbeiterklasse, zum anderen sieht er 1958 in den Leserschaften »ernsthafterer Publikationen«, die sich zum ersten Mal nicht aus »ausgewählten sozialen Gruppen« zusammensetzen, bereits einen Ausgangspunkt für eine »Klassenlosigkeit« positiver Art.[139] In vielen weiteren Analysen werden die Vertreter der Cultural Studies allerdings fast ausschließlich die Karte des Widerstands ausspielen; Widerständigkeit treffen sie vorzugsweise bei Gruppen Jugendlicher und in Subkulturen an.[140] Die ausgeprägte Klassenperspektive wird nur aufgegeben, um in der Populärkultur wechselnde Allianzen der »people« gegen den »power bloc« auszumachen.[141] »Populismus« ist der Begriff dafür, die sozialistische Sache zur Sache des »Volkes« zu machen, stets im kämpferischen Bewusstsein, dass dieses »Volk« keine vorgegebene Einheit ist, sondern eine diskursive »Interpellation« bildet.[142] »Populär« heißen dann all jene Allianzen, die sich kommerzielle, massenhaft hergestellte Objekte auf machtkritische Weise aneignen, indem sie im Gebrauch deren »dominante« Bedeutungen abwandeln oder unterlaufen. Überträgt man diese Definition »populärer Kräfte« auf »populäre Texte«, sind letztere folgerichtig durch ihre relative »Unvollkommenheit«, ihre Oberflächlichkeit gekennzeichnet[143] – darum sei »das Populäre« »funktional«[144] (sprich: offen für einen abwandelnden, antihegemonialen Gebrauch).[145]

Wenn auch nicht so häufig wie in den Büchern der Cultural Studies, fällt der Begriff »populär« in vielen der bisher vorgestellten Ansätze. Immer zielt der Begriff auf eine Menge, auf eine große Zahl, immer ist er jedoch in erster Linie qualitativ ausgerichtet. Die Attribute der Menge sind gleich-

---

139 Richart Hoggart, A Sense of Occasion, 43.

140 Siehe etwa Dick Hebdige, Subculture.

141 Stuart Hall, Notes on Deconstructing ›The Popular‹, in: People's History and Socialist Theory, herausgegeben von Raphael Samuel, London 1981, 227–240, hier 238.

142 Ernesto Laclau, Towards a Theory of Populism, in: Politics and Ideology in Marxist Theory. Capitalism – Fascism – Populism, London 1979 [1977], 143–198. Den Begriff »Interpellation« hat Laclau von Althusser übernommen. – »Populismus« ist somit der Komplementärbegriff zu Gramscis »Hegemonie«

143 John Fiske, Understanding Popular Culture, London und New York 1989, 28, 45, 123, 126.

144 John Fiske, Populäre Urteilskraft, in: Politik des Vergnügens. Zur Diskussion der Populärkultur in den Cultural Studies, herausgegeben von Udo Göttlich und Rainer Winter, Köln 2000, 53–74, hier 57.

145 Der Unterschied von Fiske zu Laclau liegt darin, dass bei Fiskes strikt reaktiver Bestimmung des Populären – immer abhängig von den Vorgaben der dominanten Mächte – ein seinerseits hegemonialer sozialistischer »Populismus« ausgeschlossen ist.

bedeutend mit den Charakteristika der Dinge, die von ihr geschätzt werden.
Ohne Unterschied bezeichnet der Begriff »populär« die Eigenschaften - etwa sinnlich, wild, ursprünglich oder konform, mittelmäßig, standardisiert
oder ungebildet, schlicht, unvergeistigt -, welche seinem Träger zugerechnet
werden - egal, ob es »Volk«, »Masse«, »Mehrheit«, »öffentliche Meinung«,
»Durchschnitt« oder »Mittelschicht« ist.

Der Begriff »Kultur« kommt in diesem Zusammenhang erst in Umlauf,
nachdem das gleiche und allgemeine Wahlrecht in der westlichen Welt vollständig durchgesetzt worden ist. Sogar die Masse hat jetzt eine (miserable)
Kultur, später - in Amerika ab den fünfziger Jahren - setzt sich allmählich der im Vergleich etwas positiver klingende Begriff »populäre Kultur«
durch.[146] Wahrscheinlich ist das zeitliche Zusammentreffen mehr als ein
Zufall. Für den »großen« oder »nonkonformen« »Einzelnen« - dem Anta-
gonisten zu Masse, Mehrheit, öffentlicher Meinung, Durchschnittlichkeit -
wird in dem Moment, in dem der »Pöbel« - das alte Kontrastmittel zum
hoch gewerteten zusammenhängenden, organischen »Volk« - Stimmrecht
bekommt, oft nur noch die geistige Herrschaft reklamiert. Unter dem Titel
»populäre Kultur« werden somit all jene (fast immer negativ bewerteten) Eigenschaften von »Masse«, »öffentlicher Meinung« etc. nun zur spezielleren
(ebenfalls beinahe ausschließlich kritischen) Beschreibung der Alltags- und
Kunstgegenstände, der Medien und Ansichten vorherrschender Mehrheiten
verwandt.

Dem hochkulturell gebildeten Einzelnen und seinen Werken steht jetzt
eine standardisierte Reihe ›Atomisierter‹ gegenüber, die durch niveauarme
Massenwaren homogenisiert worden sind. Die zwingende Ableitung, dass
diese ›Massenmenschen‹ nicht nur die gemeine populäre Kultur prägen,
sondern ebenfalls schlechte Regierungen wählen müssten, wird entweder
nicht mehr ausgesprochen oder zumindest nicht länger zu Aufrufen gegen
das allgemeine und gleiche Stimmrecht genutzt. Linksliberal argumentiert
man sogar genau umgekehrt: Dort meint man theoretisch das demokratische Prinzip zu retten, indem man es vor den verfälschenden, entindi-

---

146 In Deutschland lässt sich der Ausdruck bezeichnenderweise erst ab Ende der sechziger
Jahre nachweisen. Siehe Hans-Otto Hügel, Zugangsweisen zur Populären Kultur. Zu ihrer
ästhetischen Begründung und ihrer Erforschung, in: Populäre Kultur als repräsentative
Kultur, herausgegeben von Udo Göttlich, Winfried Gebhardt, Clemens Albrecht, Köln
2002, 52-78, hier 54 f.

vidualisierenden Wirkungen der kulturindustriellen Erzeugnisse in Schutz nimmt.[147]

Die Kultur macht den Unterschied aus, wenn auch als Staats- und Wahlbürger alle gleich sind. Den weiterhin negativen Beigeschmack des Wortes »Populärkultur«, das zunächst überhaupt nichts von der alten »Volkspoesie« mitbekommen hat,[148] kann man sofort ermessen, wenn man weiß, dass es anfänglich im Wechsel mit »Massenkultur« gebraucht wird.[149] »Populärkultur« besitzt darum nur eine Chance zur Aufwertung: Ihre Beschreibung muss sich von den theoretischen und methodischen Voraussetzungen, die das Bild der »Massenkultur« bestimmen, deutlich absetzen.

147 Die linke Kritik am Bild »freier Konsumenten, autonomer, entscheidungsfreier Individuen« (»Wähler wie Massenkommunikations-Rezipienten«), auf deren Vorlieben »die Anbieter einzugehen gezwungen sind«, verweist – wenn sie es sich nicht mit dem Verdikt ›falsche Bedürfnisse‹ allzu leicht macht – auf die »Tatsache«, dass »mit der Entwicklung des gesellschaftlichen Reichtums im Monopolkapitalismus sich einerseits die strukturellen Voraussetzungen für die Selektion allein jener Bedürfnisse herausgebildet haben, die internalisierte Herrschaft implizieren [sic] und andererseits sich aufgrund dieser strukturellen Voraussetzung in den Köpfen der Individuen größtenteils nur jene Erfahrungen organisieren und in Handlung umsetzen, die die Herrschaftsstrukturen, die Legitimationssysteme nicht stören«. (Dieter Prokop, Versuch über Massenkultur und Spontaneität [1971], in: Massenkultur und Spontaneität. Zur veränderten Warenform der Massenkommunikation im Spätkapitalismus, Frankfurt am Main 1974, 44-101, hier 48 und 53) Das Wort von der Freiheit der Wahl muss aber auch die Wahl dieser »Herrschaftsstrukturen« einschließen; wenn nämlich nur die »strukturellen Voraussetzungen« über die Wahl entschieden, wäre vollkommen unerfindlich, wie man mit Vorschlägen zur Auflösung solcher Strukturen jemals Widerhall finden könnte (etwas anderes ist es natürlich, auf eine gegebene Marktmacht im Medienbereich zu verweisen, die eine weite Verbreitung neuer oder alternativer Ansichten verhindert.). Falls man hingegen auf das Konzept der »freien Wahl« verzichten möchte, muss man, um Änderungen herbeizuführen, eigene Herrschaftsformen etablieren, die dann wiederum bei ›Wahlen‹ auf die gewünschte »implizierte Herrschaft« vertrauen könnten.

148 Die alte »Volkskunde« – als Dorf- und Bauernkunde oder als Kunde des nationalen Organismus der ›Volkspersönlichkeit‹ – steht populärer Kultur ohnehin feindlich gegenüber. Vgl. die Darstellung und den Bruch mit solcher Volkskunde bei Hermann Bausinger, Volkskultur in der technischen Welt, Stuttgart 1961. – Ganz anders der allumfassende Ansatz amerikanischer »cultural anthropologists« seit den 1960er Jahren und die linke Abwendung von der »elitären Kultur« hin zur Gebrauchsliteratur der arbeitenden Bevölkerung nach 1968. Siehe die Nachweise bei Winfried Fluck, Populäre Kultur. Ein Studienbuch zur Funktionsbestimmung und Interpretation populärer Kultur, Stuttgart 1979, 11 ff.

149 Siehe etwa Dwight MacDonald, A Theory of Popular Culture, in: Politics, February 1944; Dwight MacDonald, A Theory of Mass Culture [1953], in: Mass Culture. The Popular Arts in America, herausgegeben von Bernard Rosenberg und David Manning White, Glencoe (Illinois) 1957, 59-73.

Den Weg dahin weisen unfreiwillig Autoren wie Mill, Le Bon und Ortega y Gasset, die Massen als Zusammenhang durchschnittlicher Menschen
ansehen, diesen Durchschnitt aber nicht aus den Daten des ganzen Felds
errechnen, sondern aus gegebenen ›allgemeinen‹ Prinzipien herleiten. Darum können sie »von einer einzigen Person wissen, ob sie Masse ist oder
nicht.«[150] Die Industrie steuert insofern mit den massenhaft hergestellten
Waren nur ihren Teil dazu bei, die gegebene Uniformität zu verstärken;
sie macht durch die Millionen identischer Produkte die Gleichheit ihrer
Käufer besonders deutlich; zur besonderen Sichtbarkeit tragen ab 1934 im
amerikanischen Radio zudem Hitparaden bei, die schnell den besten Sen-
deplatz einnehmen.[151] Im Gegenzug zu solchen Standards wird aber jede
Beobachtung, die bei der Rezeption der Massenwaren Unterschiede sieht,
den Anschein der Gleichheit vernichten. Mit dem Untergang des Massenmenschen ist dann der Aufstieg der Populärkultur verbunden.

Walter Lippmann scheint 1922 in seinem Buch *Public Opinion* dazu
keinen Beitrag leisten zu wollen. Sein Augenmerk gilt wie üblich den
»Stereotypen« und einfachen Identifikationsmöglichkeiten, die man für
»Darbietungen volkstümlicher Art« braucht. Plötzlich jedoch spricht er
davon, dass »dieselbe Geschichte, für alle, die sie hören, keineswegs die
gleiche ist.« Das »ursprüngliche Thema« werde von jedem mit anderen
»Akzenten versehen, verwandelt und ausgeschmückt«. Es verändere sich
je nach »Geschlecht und Alter, Volkszugehörigkeit, Religion und sozialer
Stellung«. Damit sind wir wieder bei den bestimmenden ›Gewohnheiten‹
angelangt, die ein Liberaler wie Mill zugunsten individueller Ansichten auflösen wollte. Immerhin bleibt dadurch kein Raum für die Überzeugung,
die öffentliche Meinung vernichte gerade solche ›Gewohnheiten‹ und forme eine unterschiedslose Masse. Lippmann geht aber noch weiter, indem
er die »Stellung« des Einzelnen auf dem »Schachbrett der Lebensspiele«
als Veränderungsfaktor benennt und sogar die »Konstitution des einzelnen Menschen« heranzieht, dessen »Fähigkeiten«, »Stimmungen« und
»Spannungen«. Nun sollte selbst Mill etwas erfreuter sein, sind doch jetzt
die ›bedingenden Gewohnheiten‹ schlicht individuelle, wenn auch nicht
intellektuelle Eigenschaften. Doch sofort macht Lippmann wieder alles zu-

150 José Ortega y Gasset, Der Aufstand der Massen, 10.
151 Siehe Steven Chapple, Reebee Garofalo, Wem gehört die Rockmusik? Geschichte und
    Politik der Musikindustrie [Rock 'n' Roll Is Here to Pay, 1977], Reinbek bei Hamburg
    1980, 46; John Gray Peatman, Radio and Popular Music, in: Radio Research 1942-1943,
    herausgegeben von Paul F. Lazarsfeld und Frank N. Stanton, New York 1979.

nichte, indem er unmissverständlich erklärt, wie man aus vielen einzelnen widerstrebenden Auffassungen eine öffentliche Meinung macht: Durch die Vermeidung von »Reizen«, die unterschiedliche Reaktionen wecken, und ihre Ersetzung durch einigende Reize – durch geteilte »Symbole«.[152]

David Riesman hingegen verzichtet ganz auf solche Konditionierungs-thesen. Er spricht 1950 einfach davon, dass Publika mit den Angeboten der Populärkultur auf ganz unterschiedliche Weise verfahren: »[T]he same or vir-tually the same popular culture materials are used by audiences in radically different ways and for radically different purposes«. Eine Vereinheitlichung findet weder statt noch wüsste Riesman Rezepte, wie sie zu erreichen wä-re. Was »popular culture« ist, steht fest, nicht, wie sie aufgenommen und gebraucht wird. Riesman verweist dabei auf die Pionierrolle der Massenkom-munikationsforschung.[153] Seit ca. 1930 liefert sie erste Daten und gibt da-mit ihren staatlichen und privatwirtschaftlichen Auftraggebern wenigstens zur Häufigkeit der Mediennutzung eindeutige Hinweise.[154] Ihre Publika – die Publika der Massenkommunikation – sind »groß«, »heterogen«, und »weitverstreut«.[155]

Riesman selber lässt unter »popular culture« nicht kategorisch alle Ge-genstände fallen, die von solchen Publika angeeignet werden, sondern nennt in einer Aufreihung »radio, movies, comics, popular music, and fiction«. Er ist also höchstwahrscheinlich ebenfalls von jenem Ansatz geprägt, den er als zweite bedeutende Kraft der Populärkulturforschung hervorhebt – von Studien, die gerade wegen der Abneigung gegen ihr Forschungsobjekt entstanden sind. Eine Abneigung, die sich aus unterschiedlichen Quellen speist: Aus dem Schrecken angesichts der »vulgarization of taste brought about by industrialization«, aus der politischen Kritik »of left-wing critics in the tradition of Marx or Veblen who see popular culture as an anti-revolutionary narcotic« und aus den Sorgen der »highbrows who fear poa-ching on their preserves by middlebrow ›cultural diffusionists‹«. Riesman distanziert sich von solchen Haltungen, in seine ›Definition‹ der Populär-kultur jedoch sind die Ergebnisse entsprechender Analysen wohl unter der

152 Walter Lippmann, Die öffentliche Meinung [Public Opinion, 1922], München 1964, 71, 118, 123 f. und 145 f.
153 David Riesman, Listening to Popular Music, 409 und 408.
154 Vgl. James G. Webster, Patricia F. Phalen, The Mass Audience. Rediscovering the Dominant Model, Mahwah (New York) 1997.
155 Siehe die Nachweise in Alphons Silbermann, Udo Michael Krüger, Soziologie der Massen-kommunikation, 24 und 35 f.

Hand mit eingegangen, sonst würde er sich lediglich auf die quantitativen
Daten konzentrieren. So aber nennt er zuerst ein Massenmedium (»radio«),
ohne zwischen einzelnen Sendungen zu unterscheiden (vielleicht erreicht
1950 noch jede Radiosendung ein großes Publikum); dann spricht er ebenso allgemein von Filmen und Comics; bei der Kunstgattung Musik jedoch
trifft er die erwartete Unterscheidung – zur Populärkultur gehört für ihn
allein »popular music«; zum Schluss wiederum zählt er für die Literatur
»fiction« dazu; sie ist damit Teil der Populärkultur (sicher im Gegensatz
zu Sachberichten), ungeachtet der Tatsache, dass sich Romane 1950 längst
nicht mehr auf ganzer Linie gut verkaufen.[156]

Riesman gibt dadurch die Richtung für fast alle weiteren alltagssprachli-
chen Gebrauchsweisen wie auch wissenschaftlichen Bestimmungen des Begriffs Populärkultur vor. Immer verlässt man sich (manchmal unausgespro-
chen) auf das Merkmal der großen Zahl, um aber sehr häufig anschließend (oder ausschließlich) mitunter recht unterschiedliche Wesensmerkma-
le herauszustellen.[157] Triviale Werke, eingängige Melodien, bunte Farben,
starke Reize, Traum- und Fluchtvorlagen, deutliche narrative Muster, typische Helden oder Schurken, mitreißende Rhythmen, Erfolgsphantasien,
individuelle Leistungsideologien, moralische Botschaften, Verwirrung und
Chaos, anarchischer Klamauk oder sinnstiftender Humor, sportliche Rekorde, Stars, schöne Menschen, Freaks, sympathische Menschen ›wie du
und ich‹, Kriminelle, Mord, Horror sowie Spaß, Ablenkung, Unterhaltung,
Lust(angst) als angestrebte Wirkungen (oder, wie in den Cultural Studies,
als Modi »populären Widerstands«[158] oder »affektiver Ermächtigung«[159])
gehören dann immer zur Populärkultur, selbst wenn sie auf fast alle Werke – ausgenommen einige der klassischen Moderne – zutreffen. Ebenso
dazu gerechnet wird immer Popmusik im umfassenden Sinne, auch wenn
die meisten Vertreter aus diesem riesigen ›Feld‹ zwischen Bluesrock, Musical, Techno, Jazzrock, Death Metal, Reggae, Punk u. v. a. nur wenigen

---

156 David Riesman, Listening to Popular Music, 408. – Im Verlauf des Aufsatzes wird Riesman
    selbstwidersprüchlich einen minoritären, unkommerzielleren Teil der »popular music« von
    der »popular culture« absetzen (412) und damit ein weiteres wichtiges Konzept etablieren.
157 Wenig beachtet, aber exzellent: Edgar Morin, Der Geist der Zeit [L'esprit du temps], Köln
    und Berlin 1965.
158 John Fiske, »Kampf im Alltagsleben«. Gespräch zwischen John Fiske und Eggo Müller, in:
    Die kleinen Unterschiede. Der Cultural Studies-Reader, herausgegeben von Jan Engelmann,
    Frankfurt am Main und New York 1999, 187-201, hier 192.
159 Lawrence Grossberg, We Gotta Get Out of this Place. Popular Conservatism and Postmo-
    dern Culture, London und New York 1992, 86.

Leuten bekannt sind – und sich fast alle Musiker und Fans der gerade
genannten Stile lange Zeit vom Sonderstil Pop und der mit ihm assoziier-
ten »Kommerzialisierung« zumindest rhetorisch abgegrenzt haben, bevor er
ab den achtziger Jahren als Oberbegriff stark mit dem Lob abweichender,
reizvoller Oberflächen und Attitüden verbunden wird.

Die Verwendung des Begriffs »Populärkultur« allein im Sinne einer
Kultur großer Publika ist dagegen kaum in Betracht gezogen worden.[160]
Wie Dwight MacDonald feststellt, müsste man dann nämlich »Werke
der Hochkultur«, die »gelegentlich« ebenfalls von einer großen Zahl Leute gelesen werden, hinzuschlagen.[161] So bleibt es bei ihm eben bei der
»Hochkultur« – und der »Massenkultur«, deren »auszeichnendes Merkmal«
Produkte seien, die für den »Massenkonsum« hergestellt würden. Mit dieser qualitativen Bestimmung an der Hand stellt es für MacDonald keinerlei Schwierigkeit dar, einen populären Schriftsteller der Hochkultur von
seinem massenkulturellen Pendant eindeutig zu trennen; ersterer ist ein
Künstler, »communicating his individual vision to other individuals«, letz-
terer bloß ein »impersonal manufacturer of an impersonal commodity for
the masses.«[162] Auf geheimnisvolle Weise setzt sich die Individualität des
Hoch-Künstler über seine entsprechende Botschaft zur Individualität des
Lesers fort. Die große Zahl seiner Leser besteht aus lauter verschiedenen
Einzelnen, die des Massenprodukts umgekehrt – bei gleichem Kommunika-
tionsvorgang – aus der gleichförmigen Masse.

160 Eine seltene Ausnahme: Lawrence W. Levine, William Shakespeare and the American People. A Study in Cultural Transformation [1984], in: Rethinking Popular Culture. Contemporary Perspectives in Cultural Studies, herausgegeben von Chandra Mukerji und Michael
Schudson, Berkeley u. a. 1991, 157-197, hier 169: »[T]he adjective ›popular‹ has been utilized
to describe not only those creations of expressive culture that actually had a large audience
(which is the way I have tried to use it in this essay), but also, and often primarily, those
that had questionable artistic merit. Thus, a banal play or a poorly written romantic novel
has been categorized as popular culture, even if it had a tiny audience, while the recogni-
zed artistic attributes of a Shakespearean play have prevented it from being included in
popular culture, regardless of its high degree of popularity.«
161 Die Beobachtung ist denn auch oft zur Errichtung eines einzigen Kanons genutzt worden,
am prägnantesten im Ausspruch Leonard Bernsteins, er kenne keine E- und U-Musik,
sondern nur gute und schlechte.
162 Dwight MacDonald, A Theory of Mass Culture, 1. – Vgl. Richard Pells, Die Moderne und
die Massen. Die Reaktion amerikanischer Intellektueller auf die populäre Kultur in den
dreißiger Jahren und in der Nachkriegszeit, in: Zwischen Angstmetapher und Terminus.
Theorien der Massenkultur seit Nietzsche, herausgegeben von Norbert Krenzlin, Berlin
1992, 102-117.

Ganz anders verhält es sich, wenn man einem weiteren Kritikpunkt
an der quantitativen Bestimmung des Begriffs »Populärkultur« Glauben
schenkt. Die zweite Kritik bemängelt gerade, dass es diese Bestimmung ist
(nicht etwa das Massenprodukt oder der unpersönliche Schöpfer), welche
das Publikum »vereinheitlicht«.[163] Tatsächlich werden die einzelnen Personen als Zahlenmaterial der Populärkultur »nur unter bestimmten Kenn-
zeichen ins Blickfeld genommen«, also »unter (vorsätzlicher) Vernachläs-
sigung der komplexen Züge, die ihr ganzes Wesen, ihre Individualität
ausmachen.«[164] Selbst wenn die »Zahlen stimmen würden«, könnte man aus
ihnen nicht ableiten, »warum bestimmte Artikel von ihren Konsumenten
ausgewählt werden« und ob sie dann auch »Spaß an ihnen haben«.[165] Die
»Identität« solchen »Publikums« wird einzig »in terms of television ratings«
konstituiert[166] oder – kann man hinzufügen – in Form von Verkaufszahlen, Wahlergebnissen und Umfragewerten. Zu allem Überfluss bringt der
»Massenmensch, der selber nur noch Gegenstand der Statistik ist«, diesen
Erhebungen ein Vertrauen entgegen, »als ob sie die moderne Offenbarung
wäre[n].«[167] Als atomisiert Wählende vorausgesetzt, als Publikum im Sinne
einer gemeinsamen Entscheidung ›vermasst‹, werden diese ›Individuen‹ so
oder so »losgelöst von ihren Gruppenbezügen und Subkulturen, die doch
erst den Rahmen für die Bedeutung von Handlungen liefern«.[168]

163 Morag Shiach, Discourse on Popular. Class, Gender and History in Cultural Analysis,
   1970 to the Present, Cambridge und Oxford 1989, 34.
164 Elisabeth Noelle, Umfragen in der Massengesellschaft. Einführung in die Methoden der
   Demoskopie, Reinbek bei Hamburg 1963, 29. – Genau das, was die deutsche Mitbegründe-
   rin der Demoskopie so nüchtern feststellt, wird von den Cultural Studies mit kritischem
   Unterton formuliert. Siehe etwa Ien Ang, Desperately Seeking the Audience, London und
   New York 1991.
165 Simon Frith, Das Gute, das Schlechte und das Mittelmäßige. Zur Verteidigung der Populärkultur gegen den Populismus [The Good, the Bad, and the Indifferent, in: diacritics 21
   (1991)], in: Cultural Studies. Grundlagentexte zur Einführung, herausgegeben von Roger
   Bromley, Udo Göttlich, Carsten Winter, Lüneburg 1999, 191-214, hier 195.
166 Morag Shiach, Discourse on Popular, 34.
167 Hendrik de Man, Vermassung und Kulturverfall. Eine Diagnose unserer Zeit, München
   1951, 114. Als Kulturkritiker alten Schlags nennt de Man das naturgemäß nicht Vertrauen,
   sondern »Köhlerglauben«.
168 David Morley, Medienpublika aus der Sicht der Cultural Studies, in: Die Zuschauer als
   Fernsehregisseure? Zum Verständnis individueller Nutzungs- und Rezeptionsmuster, herausgegeben von Friedrich Krotz und U. Hasebrink, Baden-Baden 1996, 37-51, hier 38. –
   Teile der Kommunikationswissenschaften haben das lange vor den Cultural Studies genauso gesehen. Siehe Matilda W. Riley, Samuel H. Flowerman, Group Relations as a Variable
   in Communications Research, in: American Sociological Review 16 (1951), 174–180; Eliot

Womit wir zum wiederholten Male bei dem Verhältnis von Wählen-
dem und ›Gewohnheit‹ bzw. Klasse gelandet wären. Eine dritte Kritik an
der schieren großen Zahl als Bestimmungsgrund der Populärkultur setzt
genau an diesem Verhältnis an. Während die »alte Populärkultur« die
»gleiche Klasse« angesprochen habe, »pop has rapidly permeated all stra-
ta of society«.[169] Ein großes Publikum kann sich aus Mitgliedern einer
Klasse zusammensetzen; um es zum Publikum im Sinne der ›neuen‹ Populärkultur zu machen, müsste es aus Angehörigen verschiedener Schichten bestehen. Der »mass appeal« der »typischen« Produkte der »populären
Kultur« stamme daher – so die Schlussfolgerung aus einer empirischen Studie des Jahres 1956 –, dass er den Geschmack einer »distinctive ›majority‹«
bilde; »›popular‹ taste« beruhe nicht auf der »widespread satisfaction of a
polyglot of tastes« und erst recht nicht auf einem »niedrigsten gemeinsamen Nenner«, sondern sei der Ausdruck einer solcherart neu gebildeten,
abgrenzbaren Geschmacks-Klasse,[170] die möglicherweise Mitglieder unterschiedlichster sozialer Schichten versammeln kann.

Genau das jedoch ist den Statistiken über Wahlen, Einschaltquoten usf.
nicht zu entnehmen, wie von den Vertretern der Cultural Studies gegenüber
der massenkommunikativen Nutzungsforschung kritisch angemerkt wird.
Die Kritik ist zutreffend (wenn auch nur für einen Moment; im nächsten
Augenblick erforschen die demoskopischen Institute natürlich im Interesse
ihrer Auftraggeber nichts anderes als die Zuordnung spezifischer Klassen
zu getroffenen Entscheidungen).

Wie zutreffend die Kritik ist, kann man am besten an der demokratischen politischen Wahl ablesen. Hier wird sogar das Individuum räumlich
isoliert und atomisiert (in der Wahlkabine). Trotzdem zählt nicht die ganze
Person, sondern nur die nach einem vorgegebenen Standard ausgedrückte
Entscheidung (das Kreuz auf dem Stimmzettel). Nach der Wahl werden die
einzelnen Entscheidungen für eine Partei, einen Präsidentschaftskandidaten

Freidsen, Communications Research and the Concept of the Mass, in: The Process and
Effects of Mass Communication, herausgegeben von Wilbur Schramm, 6. Auflage, Urbana 1965 [1954], 380–388; Herbert J. Gans, The Creator-Audience Relationship in the Mass
Media: An Analysis of Movie Making, in: Mass Culture. The Popular Arts in America,
herausgegeben von Bernard Rosenberg und David Manning White, Glencoe (Illinois) 1957,
315–324.
169 George Melly, Revolt into Style. The Pop Arts in the 50s and 60s [1970], Oxford 1989, 2.
170 Kurt Lang, Mass Appeal and Minority Tastes, in: Mass Culture. The Popular Arts in America, herausgegeben von Bernard Rosenberg und David Manning White, Glencoe (Illinois)
1957, 379–384, hier 379.

oder ein Volksbegehren einfach zusammengezählt, vollkommen ungeachtet
der Tatsache, ob die Wahl des Einzelnen von den Gewohnheiten der Gruppe, der der Wählende angehört, abweicht oder nicht.

Ein Staatsbürger, eine Stimme, das ist schon das ganze Prinzip. Eine
Verletzung dieses Gesetzes machte den Wahlakt ungültig. Kein Wahlberech-
tigter wird deshalb vor der Abgabe seiner Stimme vom Wahlleiter befragt,
ob er Arbeiter ist, Musil-Leser oder Angehöriger einer Punk-Subkultur. Niemand fragt ihn offiziell, ob er seine Wahl im Sinne solcher ›Gewohnheiten‹
treffen wird. Niemand möchte im Wahllokal von ihm in Erfahrung bringen, ob er seine Wahl unter dem Diktat kulturindustrieller Manipulation
trifft (folgt man den Anhängern dieser Theorie, könnte er die Frage eh
nicht beantworten). Niemand will von ihm wissen, ob er seine Wahl an
der Entscheidung einer vermuteten Mehrheit ausrichtet. Niemand befragt
ihn, ob er die Wahl als Individuum oder als atomisierter Massenmensch
absolviert. Erst recht nicht fragt ihn jemand im Moment der Stimmabgabe,
ob er die Entscheidung ernst nimmt, ob er sich gut informiert hat oder ob
ihm die Wahlprozedur Spaß bereitet.

Selbst wenn solche Fragen kurz nach der Wahl von demoskopischen
Instituten gestellt werden und sich herausstellt, dass die politische Mehrheit überwiegend oder gar ausschließlich auf den Voten einer Klasse ruht
(den Arbeitern, den Hausfrauen, den Hedonisten, den Rockmusikhörern,
den Autofahrern usw.), ist die Wahl gültig, ihr Ergebnis bindend. Was für
das Wahlergebnis gilt, gilt auch für Charts und alle Ranglisten, die nach
Meinungsumfragen zustande kommen. In ihnen wird bilanziert, was viele
Einzelne auf standardisierte Weise jeweils entscheiden. Ganz unabhängig
von Fragen der Klasse oder der originellen Persönlichkeit sind diese Listen
Ergebnis und Ausdruck der populären Kultur.

Populäre Kultur. Eine Bestimmung
nach Wahlergebnissen

Definition der Populärkultur

Populär ist, was viele beachten. Populäre Kultur zeichnet sich dadurch aus, dass sie dies ständig ermittelt. In Charts, durch Meinungsumfragen und Wahlen wird festgelegt, was populär ist und was nicht. Bei politischen Wahlen geschieht das alle Jahre wieder, Charts werden zumeist wöchentlich veröffentlicht, Einschaltquoten kann man beinahe sekündlich abrufen. Die Art und Weise, Popularität festzustellen, ist denkbar einfach: Jemand kauft eine CD, schaltet einen Fernsehkanal an, äußert sich zu einer Frage oder macht ein Kreuz auf einem Wahlzettel; der Kauf- oder Wahlakt wird registriert; schließlich werden die einzelnen Akte addiert. Auf Platz Eins der Liste steht, wer die meisten Stimmen bekommen hat oder von wem die meisten CDs gekauft wurden. Populär ist mindestens derjenige, der den ersten Platz einnimmt.

Wenn man von dieser Beschreibung ausgeht, ist populäre Kultur inhaltlich nicht festgelegt. Bei der nächsten Wahl in vier Jahren kann es einen anderen Sieger geben, die Einschaltquote sinkt vielleicht bereits in drei Wochen dramatisch. Unverändert bleibt allein die Entscheidung, sich das Urteil über Popularität von Zählergebnissen bestimmen zu lassen. Die Allgegenwart von Charts, Quoten und Umfrageergebnissen in der westlichen Welt zeigt, dass es sich bei dieser Bestimmung des Populären nicht nur um einen wissenschaftlichen Idealtypus handelt. Die Methode, Popularität zu messen, ist selbst Teil der populären Kultur; Chart-Shows haben hohe Einschaltquoten, graphische Darstellungen von Umfrageergebnissen bilden einen festen Bestandteil politischer Illustrierten, aus ihnen beziehen viele ihre Meinung darüber, was populär ist, und richten sich danach.

Substantielle Bestimmungen fallen daran gemessen ab. Das Wesen (›der wahre Wille‹) des Volkes kann zwar weiterhin von Politikern ausgemacht oder beschworen werden, trotzdem bezieht die populäre Kultur kontinuierlich aktualisierte Daten, die sie über das, was populär ist, informieren.

Die Durchsetzung der quantitativen Methode macht einen wichtigen Unterschied der populären Kultur, wie wir sie kennen, gegenüber vorhergehenden geschichtlichen Perioden aus.

Genauer gesagt, ist es die Interpretation der gelieferten Daten, welche die heutige populäre Kultur bestimmt. Die Interpretation besteht in Schnitten zwischen Rangplätzen, die oft von der präzisen Willkür des Dezimalsystems diktiert sind. Zur populären Kultur rechnet nicht alles, was gezählt wird. Populär sind nur die Top 100 und vor allem die Top 10; die Spitze der Popularität markiert der erste Platz.

Allerdings muss die Wesensschau darüber nicht ihr Recht verlieren. Sobald sie zu erkennen meint, dass auf den vorderen Plätzen zwar nicht immer dieselben, aber zumindest ähnliche Menschen, Dinge oder Meinungen rangieren, schlägt ihre (ewige) Stunde. Dann besteht populäre Kultur doch aus einer Wiederkehr des Immergleichen, etwa aus *sex and crime*. Bei Umfragen stellt sich sogar häufig heraus, dass die meistgezählten Meinungen – also die populären Meinungen – Wesensannahmen sind: ›Politiker sind alle korrupt‹, ›Männer wollen immer das eine‹ etc. Solange aber weitergezählt wird, ist immerhin gewährleistet, dass eine Abkehr von der Gleichförmigkeit sofort auffiele. Das fortgesetzte Zählen öffnet zwar nicht die Zukunft, setzt jedoch ebenso wenig voraus, dass die Gegenwart genauso sein wird wie die Vergangenheit.

Vorausgesetzt, es gibt standardisierte Elemente – verkaufte CDs, eingeschaltete Fernsehkanäle, Kreuzchen hinter Namen oder vorgegebenen Meinungsalternativen – fällt das Addieren leicht. Unter den Bedingungen elektronischer Speichermedien können riesige Datenmengen erfasst und beinahe gleichzeitig ausgewertet werden. Computer vollenden die Möglichkeiten der populären Zähl-Kultur, kaum dass sie mit den Bestsellerlisten der Zeitungen begonnen hat: Einfach jeder Mausklick wird registriert.

Beim Addieren ist einem alles gleich, bis auf den einen Unterschied: Klick auf die Ebay-Seite, Klick auf die Amazon-Seite; gekaufte CD von den Beatles, gekaufte CD von Beethoven ... So kann das immer weitergehen. Wenigstens gibt es ein Limit, weil in der populären Kultur nicht alles zählt, besser gesagt: weil in ihr nicht alles gezählt wird. Im Unterschied zu den empirischen Wissenschaften, die schlichtweg alles messen würden, wenn sie nur könnten, grenzt die populäre Kultur aus. Es geht allein um Handlungen oder Aussagen von Individuen, die – addiert – in Ranglisten zusammengefasst werden.

Was an der Spitze einer Rangliste von Dingen steht, die Menschen besitzen, (ver)wünschen oder - im Falle von Aussagen - sich als Meinung zurechnen, gehört zur populären Kultur im weiteren Sinne. Ist auch noch diese Rangliste populär - exemplarisches Beispiel: Popmusikcharts -, befindet man sich definitiv im Kernbereich populärer Kultur. Zur populären Kultur im Sinne der großen Zahl rechnen jene Charts, die sich auf einer Top 100-Liste der meist wahrgenommenen Charts befinden. Massenmedien bilden deshalb das Material jeder populären Kultur: Falls eine ›Hitparade‹ der häufigsten Selbstmordarten, der sonnenreichsten Gebiete oder anderer Daten der empirischen Wissenschaften in einem auflagenstarken Magazin publiziert wird, gehört sie zur populären Kultur. Streng genommen, gibt es aber keine populäre Kultur als Einheitskultur, sondern nur höchst unterschiedlich große ›Subkulturen‹ - besser: Teilkulturen -, voneinander getrennt durch die Ausrichtung der jeweiligen Medienrezeption (vorausgesetzt, die jeweiligen Medien bündeln oder formieren auch das Handeln und Reden kleinerer informeller Gruppen; unter den Bedingungen des gegenwärtigen hoch spezialisierten Medienmarktes ist diese Voraussetzung tatsächlich gegeben).

Quantität und Qualität

Das einzige Prinzip der populären Kultur - falls man dies überhaupt noch Prinzip nennen möchte - liegt im Addieren von Wahlakten und ihrer Präsentation in Ranglisten. In einer vollkommen populären Kultur richteten sich deshalb die jeweils obersten Werte an den empirischen Daten einer Top Ten-Hitparade aus. Ein wahrer Satz wäre entsprechend ein Satz, den viele für wahr halten; ein gutes Buch wäre ein Buch, das die meisten gut finden (Bestsellerlisten gäben im letzten Fall eine recht zuverlässige aktuelle Auskunft, auch wenn der Kaufakt natürlich nicht automatisch eine Hochwertung nach sich ziehen muss).

An dieser Stelle regt sich sicher unmittelbar Protest: Was wahr, schön und gut ist, darüber entscheiden nicht Hitparaden, sondern richtige Analysen und korrekte Einschätzungen! Zwar gibt es unter der Vorherrschaft der Genieästhetik und des Falsifikationsprinzips keinen definitiven Abschluss der Debatte darüber, was schön oder wahr ist. Doch selbst wenn man wegen des bislang auch tatsächlich unablässigen Streits der Meinungen das Verfahren etabliert, die Bestimmung des Richtigen der Abstimmung gewählter

Fachleute zu überlassen: Kein Universitätsgremium, kein Literaturpreisko-
mitee möchte sich seine Verantwortlichen und Juroren nach Maßgabe ihrer
allgemeineren Popularität – einer Popularität, die über die Kreise der Professoren oder Feuilletonisten hinausginge – bestimmen lassen. Quantität ist
doch kein Ausweis für Qualität!

Eines ist allerdings auffällig: Die meisten Leute, die heute so argumentieren, misstrauen in politischer Hinsicht der Quantität keineswegs. Im Gegenteil, sie akzeptieren die Entscheidung der (relativen oder absoluten) Mehrheit und halten die Nr. 1 der ›politischen Hitparade‹ für wert, die Regierung
zu stellen. Überflüssig zu sagen: Unter dem Begriff (und oftmals zugleich
dem Ruhmestitel) »Demokratie« ist dieses Verfahren in der gesamten westlichen Welt institutionalisiert.

Einschränkungen der (demokratischen) Wahlfreiheit bedeuten jedoch
keineswegs das Ende populärer Kultur. Populäre Kultur ist nicht gleichzusetzen mit der Möglichkeit, unter jeder überhaupt denkbaren Alternative
zu wählen. Solange mehr als ein Autotyp oder eine Meinung gekauft oder
rezipiert wird – und solche Akte in Charts ausgezählt werden –, bleibt selbst
in Diktaturen Raum für populäre Kultur. Andererseits bietet der Modus
der populären Kultur selbst – das kontinuierlich fortgeführte Additions-
und Listenwesen – nicht den kleinsten Anhalt für Beschränkungen. Innerhalb des Bereichs menschlicher Handlungen und Sprechakte ist ihr alles
gleich, bis auf ihre (wandelbare) Häufigkeit.

Freiheit und Eigentum

Nicht gänzlich eingeschränkte Meinungsfreiheit ist eine der Voraussetzungen der populären Kultur, ebenso die technische wie soziale Realität der
Massenmedien. Für den Bereich der Konsumgüter gilt entsprechend, dass
Wahlfreiheit nicht an extremer Güterknappheit oder äußerster Armut scheitern darf.

Die kapitalistische Wirtschaft harmoniert einerseits hervorragend mit
der populären Kultur, weil es in ihr ausschließlich darum geht, Renditen
zu erzielen. Mit dem Verkauf welcher Güter das geschieht, ist gleichgültig
(der Staat sieht sich deshalb genötigt – analog zur Einschränkung der Meinungsfreiheit – den Vertrieb und Verkauf von Waffen, Feuerwerkskörpern,
Motoren, Zeitschriften, Drogen etc. restriktiv zu regeln).

In einer anderen Hinsicht verträgt sich die kapitalistische Wirtschaft
allerdings sehr schlecht mit der populären Kultur: Da die Bezahlung

der Arbeitnehmer, die die Güter herstellen, verwalten und verkaufen, auf
der Kostenseite verbucht wird, kann der Lohn aus Sicht des einzelnen
Unternehmers tendenziell gar nicht niedrig genug sein. Im vollkommen
(neo)liberalisierten Kapitalismus wäre die populäre Kultur deshalb eine An-
gelegenheit kleinerer ›Subkulturen‹. Erst wenn durch organisierte Arbeits-
kämpfe oder staatliche Eingriffe Lohnerhöhungen erzwungen oder Versiche-
rungsleistungen eingeführt worden sind, kann von einer größeren Zahl an
Leuten zwischen verschiedenen Auto-, Kleidungs- oder gar Musikarten gewählt werden (und zwar nicht nur im Sinne eines ästhetischen Geschmacksurteils). Erst dann kann die gestiegene Kaufkraft der Arbeiter und Angestellten wiederum Teilen der kapitalistischen Welt – zuerst der Konsumgüterindustrie – Profite bescheren.

Der sog. Wohlfahrtsstaat erfüllt demnach zwei Aufgaben: Zum einen
schützt er mit allen Mitteln seiner verfassungsmäßigen Gewalt das Privateigentum; zum anderen erlässt er Gesetze und verteilt Steuergelder, um die
große Zahl derjenigen zu unterstützen, die über kein Eigentum an Produktionsmitteln oder an Grund und Boden verfügen – die also nur ihre
Arbeitskraft verkaufen können und keinerlei Möglichkeit haben, ihr Leben
zumindest mittels einer Subsistenzwirtschaft zu fristen.

Ohnehin unterstehen all diejenigen, die nicht über Kapital und Produktionsmittel verfügen, dem Schutz freiheitlicher Gesetze: Keine Regierung
kann sie – außer im Notstand – zwingen zu arbeiten; schon gar nicht hat
ein Privateigentümer irgendeinen Anspruch auf ihre Arbeitskraft. Jeder ist
sein eigener Eigentümer und besitzt alle Rechte über sein Arbeitsvermögen
selbst. Es gibt keinen Zwang zur Arbeit, allenfalls gute Gründe – etwa den,
ohne den Verkauf seiner Arbeitskraft kein Geld zum Leben zu haben. Der
Staat ist dafür da, diese individuellen Freiheiten und die Einhaltung solcher
freiwilligen Vertragsverhältnisse zwischen Unternehmer und Angestellten zu
überprüfen und zu garantieren.

Mit anderen Worten: Dem modernen Arbeitnehmer steht es vollkommen frei, das Geld für seine tägliche Reproduktion durch den Verkauf
seiner Arbeitskraft an Unternehmer zu verdienen oder sich dem Arbeits-
markt zu entziehen (und sich damit über kurz oder lang in die Schar der
Obdachlosen, sozialpsychologisch Betreuten oder Internierten einzureihen).
Falls sich jedoch niemand trotz des erfolgten Angebots von dem Kauf der
Arbeitskraft einen Profit verspricht, bekommt der moderne Arbeitnehmer
in gewissem Umfang Arbeitslosengeld oder -hilfe. Mit dem Lohn oder dem
Arbeitslosengeld kann er wiederum in voller Freiheit kaufen, was immer er

will. Selbst Luxusgüter der mittleren Preisklasse darf er erwerben, falls er nur lange genug spart (auch woran er spart, liegt ganz bei ihm!).

Wer zählt

In der Demokratie ist die Privatperson frei, alle Meinungen zu äußern oder zu rezipieren, sofern sie verfassungsgemäß sind. Innerhalb der kapitalistischen Wirtschaft ist der Käufer frei, alle (legalen) Waren zu erwerben, solange das Geld reicht. Die populäre Kultur sammelt die dabei anfallenden Daten und stellt die häufigsten in Charts heraus.

Die Agenten dieser populären Kultur sind staatliche Institutionen und kommerzielle Unternehmungen. Sie zählen und erheben Daten, damit einerseits Parlamente bestückt und andererseits Parteien, Firmen, Werbeagenturen wissen, was populär ist, oder etwas sicherer mutmaßen können, was in der nahen Zukunft populär sein wird. Selbst im öffentlich-rechtlichen Rundfunk werden Einschaltquoten gemessen: Keinem Verantwortlichen darf verborgen bleiben, welches Programm er produzieren muss, um bestimmte Sorten Publikum den Parteien und vor allem der werbetreibenden Industrie zur Verfügung stellen zu können.

Der einzelne Bürger, Meinungsträger und Konsument zählt dabei in unterschiedlicher Weise. Grundsätzlich zählt nie das substantiell oder qualitativ beschreibbare Individuum, sondern eine seiner vollkommen standardisierten, messbaren Entscheidungen. Diese kann aber eminent wichtig sein. Für Wahl- und Chartergebnisse ist tatsächlich jede einzelne Stimme von Bedeutung. Bei knappen Entscheidungen kann eine einzige Stimme (ein einziger Kaufakt) den Ausschlag geben, vorausgesetzt dass der Kandidat (oder die Ware) insgesamt viele Voten (oder Kaufentscheidungen) auf sich vereinigt.

Im Unterschied zu staatlichen Wahlämtern müssen es Firmen, die Meinungsumfragen oder Charterhebungen in Auftrag geben, nicht so genau wissen. Ihnen reichen Angaben über die ungefähre Menge aus, um abschätzen zu können, ob sich eine Investition lohnt. Wichtiger als absolute Zahlen sind für sie Zuordnungen der Wahlakte zu bestimmten Gruppen. Das Individuum gerät hier in den Blick, um sich sofort anschließend als Teil einer Klasse, einer Schicht, eines Milieus oder eines Lebensstils wiederzufinden. Es gehört dann etwa zum »technokratisch-liberalen Milieu«, um somit definitionsgemäß einen akademischen Abschluss zu besitzen, einen modernen

Stil zu bevorzugen und sowohl an beruflichem Erfolg wie an der Selbstverwirklichung im Beruf orientiert zu sein. Möchte die Firma ihr Produkt an diese Zielgruppe verkaufen, wird sie Konzeption, Design, Werbung auf Haltung, Stil, Einkommen der Gruppe ausrichten.

In der Werbeindustrie (in den Marketingabteilungen, bei den Trendforschern usf.) sitzen darum die größten Kenner der populären Kultur. Die Werbeindustrie blickt ständig auf Bestsellerlisten und Umfragecharts, sie stellt eigene Marktforschungen an und nimmt gleichzeitig die Erhebungen der Sozialwissenschaften zur Kenntnis, die wiederum auf den demographischen Daten der staatlichen statistischen Ämter beruhen.

Die Erhebung und das Studium der Daten ist für diese Kenner der populären Kultur nur das eine; das andere ist die konstruktive Aneignung der Daten: Man greift zum Beispiel Daten zu Geschlecht, Beruf, Ausbildung, Musikgeschmack heraus und nutzt bestimmte Verteilungshäufigkeiten, um Gruppen voneinander abzugrenzen (die soziologische Statistik traut sich teilweise sogar zu, Ursache-Wirkung-Beziehungen zwischen unterschiedlichen gemessenen Variablen zu berechnen).

Die Klassifikation kann auch als Wahrscheinlichkeitsangabe auftreten: Befunde wie ›ein weiblicher Lehrling mit Hauptschulabschluss wird eine Boygroup stärker mögen als ein männlicher Oberstufenschüler‹ bleiben aber nicht jeweils für sich stehen, sondern werden zur Bildung synthetischer Milieus, Subkulturen etc. genutzt (also zur Herausstellung der überdurchschnittlich häufigen Verkettung ganz bestimmter ausgesuchter Elemente wie Ausbildungsgrad, moralische Prinzipien, bevorzugte Urlaubsorte usw.).

Die marxistische Definition einer Klasse - Maßstab: der Besitz an Produktionsmitteln - zergliedert eine Gesellschaft auf gleich ›erfolgreiche‹ Weise, sie verliert aber in dem Moment an Kraft, in dem die Homogenität der ausgebeuteten Klasse (also derjenigen, die über keine Produktionsmittel verfügen) deutlich abnimmt. Besonders für die Konsumgüterindustrie gibt die marxistische Klassenanalyse zu wenig an Informationen her. Andererseits kann mit den Mitteln statistischer Häufigkeit auch der marxistische Klassenbegriff schnell wieder den Anschein von Wirklichkeit gewinnen. Ungeachtet wohlhabender leitender Angestellter und verarmter Kleinbauern verfügen die Inhaber an Produktionsmitteln durchschnittlich gesehen über einen wesentlich höheren ›Verdienst‹ als ihre lohnabhängig Beschäftigten. In absoluten Zahlen verflüchtigt sich sogar jede Wahrscheinlichkeit: Unter den reichsten Personen findet sich kein Arbeiter oder Angestellter.

Der Boom: Die populäre Wirtschaft

In Charts ausgedrückt, zeigt sich die Spitze der Klassengesellschaft in der
Liste der reichsten Männer (vielleicht auch irgendwann einmal Frauen) der
Welt. Diese Listen beruhen auf Schätzungen, nicht auf Steuererklärungen.
Eine Zahl in der Vermögensschätzung zumindest der amerikanischen Mil-
liardäre ist jedoch zuverlässig und einfach zu bestimmen: Der Aktienpo-
sten der Großaktionäre ist in den Bilanzen der Gesellschaften ausgewiesen.
Nimmt man die Zahl einer gegebenen Menge Aktien mit ihrem Börsenwert
mal, hat man die Summe ermittelt, die der Aktienbesitzer beim Verkauf
vom Makler bekäme.

Allerdings ändert sich der Börsenwert ständig. Aktien- und Devisenspe-
kulation lässt den Wert unabhängig von gravierenden Änderungen in Quar-
talsberichten und Handelsbilanzen stark schwanken. Sogar das Leitgeld der
Welt, der Dollar, kann in überschaubarer Zeit dreißig bis fünfzig Prozent
gegenüber anderen Währungen verlieren, wenn sich der Zug der Devisen-
spekulation nachhaltig in eine Richtung bewegt hat und alle anderen aus
Gründen der Absicherung oder des Opportunismus mit Anschlusskäufen
nachziehen.

»The trend is your friend« lautet der einzige Satz, den man als Spekulant
kennen muss (sofern man nicht kurz vor dem Bruch des Trends kauft).
Orientiert man sich an dem Merksatz, erübrigt sich die Kenntnis der Ge-
schäftsbereiche und Firmenbilanzen. Ein langjähriger Börsenboom zeichnet
sich dadurch aus, dass an seinem Ende besonders viele Ahnungslose Akti-
en kaufen, angelockt durch Berichte über traumhafte Gewinne. Die neuen
Kleinspekulanten treiben die Kurse gern ein letztes Mal steil in die Höhe.
Sie orientieren sich dabei vorzugsweise an Charts, in denen die Aktien auf-
gelistet sind, die zuletzt am schnellsten gestiegen sind, oder in denen die
Firmen verzeichnet sind, die bereits über die größte Marktkapitalisierung
verfügen. So bleiben die Spitzenreiter eine Zeit lang Spitzenreiter.

Weil die Spekulation sich auf die unbekannte Zukunft richtet und nicht
auf die bereits bekannten Zahlen des aktuellen Geschäftsberichts, sind aber
nicht nur die Kleinanleger ahnungslos. Der großartigste Augenblick im
Boomjahr ist dann gekommen, wenn Firmen zu ihrem gegenwärtigen hohen Börsenwert von anderen Firmen aufgekauft werden. In dem Moment
gerinnt teilweise virtueller Wert zu Bargeld. Die Abfolge von Hoffnung,
Plan, Kredit, Emissionserlös, Kapitalerhöhung, Übernahme lässt viel Geld
in ganz bestimmte Bereiche fließen. Die Spekulation auf die Zukunft, durch

Orientierung an Trendcharts ins Gigantische aufgeblasen, bestimmt das Handeln in der Gegenwart: Die Zukunft wird nicht allein im Plan von Expertenstäben, sondern durch die unabgestimmte Spekulation vieler Börsenhändler materiell festgelegt. Selbst die projektierten massenhaften Käufer der bereits per Kredit und Spekulation virtuell gegebenen neuen Konsumgüter können darum vorab wissen: Wenn sie nicht die Waren (PCs, Internetprogramme, Handys) verbrauchen werden, dann wird es ihnen wahrscheinlich wirtschaftlich schlechter gehen.

In einer Hinsicht zumindest ist der kleine Spekulant sogar gegenüber den großen Spielern der Banken und Versicherungen im Vorteil: Wenn ihm schon nicht die Wucht hoher Kapitalsummen und die Möglichkeit, finanzielle Operationen ständig über Derivate abzusichern, gegeben ist, so kann er doch jederzeit seine kompletten Aktienbestände zu Geld machen. Viele seiner Sorte können nach einigen Monaten oder gar Jahren des Booms ihre Gewinne mit Hilfe eines sekundenschnellen Mausklicks einstreichen - aber längst nicht alle. Wollen zu viele Kleinsparer im gleichen Moment aus dem Markt aussteigen, sackt der Kurs in sich zusammen und niemand macht mehr Gewinn. Deshalb kann jeder nur darauf vertrauen, im richtigen Moment zu verkaufen - im Idealfall kurz vor dem Bruch des Trends. Da alle auf das gleiche vertrauen, gemeinsames Handeln aber ihr Ruin ist, gibt es notwendigerweise Gewinner und Verlierer. Ein Vertrauensverlust, der alle im gleichen Moment erfasste, brächte sämtliche Kurse sofort nahe Null. Ohne Käufer - ohne ihr Vertrauen - büßen die Firmen rapide an Börsenwert ein; man nennt das Crash. Die Verlierer von morgen sind immer diejenigen, die heute den Gewinnern kurz vor Beginn des Abwärtstrends ihre Aktien abkaufen. Selbst wenn es sich insgesamt um ein Nullsummenspiel handeln sollte, gibt es zwangsläufig stets Gewinner; diejenigen, die ihre Bestände lange genug halten und dann früh genug verkaufen.

Privat / Öffentlich

Vom Staat ist einem freigestellt, ob man seine Aktien nach einer Sekunde oder nie verkauft. Man kann tun, was man will, solange man die Steuer- und Kapitalertragsabgaben entrichtet. Gleiches gilt - ebenfalls im Rahmen der Gesetze - für den Käufer von Waren oder den Wähler von Parteien. Gerade im Umgang mit der Ware hat der Käufer fast alle Freiheiten. Der gesetzliche Schutz des Privateigentums sieht vor, dass die Zerstörung frem-

den Eigentums in jedem Fall bestraft wird, die Vernichtung eigener Dinge
jedoch ohne Folgen bleibt.

Solche Freiheit erstreckt sich – allerdings in stärkeren Grenzen – auf
die Privatsphäre allgemein. In den eigenen vier Wänden darf man vieles
tun, was in der Öffentlichkeit strikt verboten ist (»Erregung öffentlichen
Ärgernisses«, heißt es im Gesetz). Öffentlich ist danach, was draußen stattfindet oder in allgemeiner zugänglichen Räumen; öffentlich sind auch Medien, die von draußen kommen und in privaten Räumen genutzt werden
(Zeitung, Fernsehen usf.).

Für die populäre Kultur ist die Unterscheidung privat / öffentlich aber
nicht bindend. Zur populären Kultur gehört keineswegs ausschließlich das
Treiben größerer Menschenmengen auf öffentlichen Plätzen. Öffentlichkeit
besteht für sie nicht zuletzt in der Sammlung privater Daten. Dank der
Veröffentlichung von Einschaltquoten und Umfrageergebnissen weiß man
zwar nicht, was genau der Nachbar in seiner Wohnung nebenan macht, man
weiß aber, was – statistisch gesehen – jeder zweite oder zehnte Mitmensch
abends für ein Programm geschaut oder danach im Schlafzimmer getan
hat.

Wenn Öffentlichkeit in Form populärer Kultur aus der Sammlung privater Daten besteht, dann unterscheidet sie sich stark vom Typ öffentlichen
Räsonnements und argumentativen Austausches. Der Käufer muss Geld
vorweisen, nicht gute Argumente, weshalb er das Geld ausgibt. Der Wähler
muss sich für eine Partei entscheiden; aus welchen Gründen er dies tut, ist
für den Wahlakt ohne jede Bedeutung. Weder der Kassierer noch der Wahlleiter verwickeln den Käufer oder den Wähler in ein Gespräch. Wenn auf
einem Fragebogen einmal Gründe anzugeben sind, weshalb man etwas tut
oder bevorzugt, dann kann der Befragte sicher sein, dass er anonym bleibt
und sich wegen seiner Entscheidung nicht rechtfertigen muss.

Nachdem die wichtigsten Daten der populären Kultur ausgewertet worden sind – Wahlergebnisse, Anzahl verkaufter Waren, Häufigkeit von Meinungen –, weiß man ausschließlich, dass für etwas Geld bezahlt wurde und
dass auf Zetteln hinter Namen oder vorgegebenen Meinungen Kreuze gemacht wurden. Streng genommen, weiß man nicht einmal, ob die Wahl kein
Zufall war; auch versehentlich ausgefüllte Wahlzettel sind gültig. Schließt
man zumindest das aus, bleibt bei Meinungsumfragen immer offen, ob die
angekreuzten Meinungen vom Befragten vorher (oder nachher) jemals in
Betracht gezogen wurden (oder werden).

Über die bloße Auszählung von Entscheidungen und Kaufakten hinaus lassen es sich Parteien und Firmen einiges kosten, genauer herauszufinden, warum jemand sich so oder so entschieden hat. Für die ökonomische Bilanz und die Besetzung des Parlaments ist das zwar vollkommen gegenstandslos, vielleicht aber für die zukünftige Bilanz und Machtverteilung von Bedeutung. Das ist zumindest die Hoffnung derjenigen, die entsprechende Meinungsumfragen in Auftrag geben. Sie glauben, wenn sie die Gründe oder Motive für Entscheidungen kennen, den Wählern oder Käufern annehmbare Vorlagen (sprich: Objekte, Reklamen, Anschauungen) für ihre nächsten begründeten Entscheidungen liefern zu können. Eine andere ›Vermittlung‹ von Privatem und Öffentlichem, von Konkretem und Allgemeinem, von singulärem Geschmacksurteil und einvernehmlicher Entscheidung gibt es in der populären Kultur nicht.

Freiheit und Manipulation

Die Suche nach Gründen ist in vielen Fällen eine Suche nach der entscheidenden Komponente. Die Umfrage ergibt dann, dass eine Partei in erster Linie wegen ihres Spitzenkandidaten oder beispielsweise wegen ihrer Wirtschaftspolitik gewählt wird; sie ergibt, dass ein Produkt vor allem wegen des Werbeträgers oder einer bestimmten Qualität gekauft wurde. An solchen Ergebnissen kann leicht angesetzt werden, indem man den ausschlaggebenden Zug noch stärker hervorhebt.

Schwieriger ist es, einen anderen Typ von Grund zu nutzen. Was fängt man mit der Information an, dass eine Partei den höchsten Wähleranteil unter evangelischen Frauen hat oder dass ein Produkt besonders bei kleinbürgerlichen Männern Anklang findet? Versucht man, das Potential dieser Gruppen noch stärker auszuschöpfen? Oder versucht man, weitere Gruppen anzusprechen, allerdings mit der Gefahr, die Stammkunden zu verprellen?

Vorausgesetzt, das oberste Ziel ist der Machterwerb oder der möglichst gewinnbringende Absatz von Produkten, sind solche Überlegungen unumgänglich. Unter den Bedingungen der Demokratie und des Kapitalismus bleiben jedoch andere Strategien denkbar. Eine vollkommene Alternative besteht darin, sich ganz auf die eigenen Vorstellungen zu konzentrieren: Eine Partei verkündet ihre gesellschaftspolitischen Ziele, begründet sie und nennt Schritte, durch welche Steuerungsmaßnahmen der angestrebte Zustand erreicht werden soll; ein Unternehmen stellt Dinge her, die es für

nützlich hält. Damit lässt man es bewenden. Was das Publikum davon hält,
ist seine Sache. Auch ein Misserfolg änderte nichts am Vorgehen der jeweiligen Partei oder Firma: Unverdrossen machte man weiter mit dem, was
man einmal als richtig erkannt hat. (Der Unterschied von Demokratie und
Kapitalismus zeigt sich hier daran, dass eine Partei ganz im Gegensatz zu
einer Firma endlos so verfahren kann.)

Verlässt man die Anbieter- und betrachtet die Abnehmerseite, findet man
zusätzlich gute Argumente für beide Strategien: Gute Argumente für die
Ignoranz gegenüber dem Publikum wie für den gegenläufigen Versuch, ermittelte Vorlieben oder Dispositionen der Käufer- oder Wählerschaft zu
bedienen oder manipulativ zu verstärken oder umzulenken. Denn da das
Publikum vollkommen frei in seiner Wahl ist, kann man die Entscheidung
des Publikums weder vorab festlegen noch ist es aussichtslos, seine Wahl zu
beeinflussen.

Gerade weil es keine Vorentscheidung gibt, verliert selbst der Begriff der
Manipulation seinen negativen Wert. Tadelnswert wäre eine Manipulation
nur in dem Fall, wenn es etwas ›Eigentliches‹, eine Art unveräußerlichen
Wesenskern gäbe, der sich ohne die zwanghafte Manipulation genau auf
eine Art zur Geltung bringen würde. Wenn der Wahlfreiheit jedoch eine
Unbestimmtheit des Wählenden entspricht, ist dieser eben frei, sich von
allen möglichen Zufällen und Konditionierungsversuchen seine Wahl bestimmen zu lassen.

Für jede einzelne Partei oder Firma bildet das eine große Chance – aber
zugleich ein nachhaltiges Ärgernis. Ist die Partei von der Richtigkeit ihres
Programms überzeugt (und – schon weniger nahe liegend – die Firma von
der Exzellenz ihres Produkts), muss aus ihrer Sicht jede Entscheidung gegen
sie ein massiver Fehler oder betrüblicher Irrtum sein. Treten einzelne Partei-
en für die Demokratie oder Firmen grundsätzlich für den Wettbewerb ein,
handelt es sich um einen bemerkenswerten Akt; dieser Akt besteht darin,
sich selbst und seinem Produkt wenigstens mittelbar zu misstrauen.

Trotzdem wird das Eintreten für die Demokratie oder den Wettbewerb
niemals in dieser Form begründet. Den Wahlslogan oder Werbespruch ›Es
kann gut sein, dass wir falsch liegen‹ hört man nicht. Stattdessen versetzt
man sich in die Lage des Abnehmers und stellt diesem programmatisch frei,
sich zwischen unterschiedlichen Angeboten zu entscheiden. So bleibt man
liberal und tolerant, ohne die Richtigkeit der eigenen Vorstellungen in dem
Moment, in dem man sie ausspricht, gleich in Zweifel zu ziehen.

Der Stachel steckt jedoch. Dem Bekenntnis zur Demokratie muss das Bewusstsein einhergehen, selber mindestens auf längere Sicht möglicherweise einem Irrtum zu unterliegen. Sonst könnte man es nicht ertragen, andere – aus jeweiliger momentaner Sicht eben schlechte – Angebote vorgezogen zu sehen. Gibt es genügend starke Parteien, die solche Selbstrelativierung aushalten, funktioniert das Verfahren demokratischer Abstimmung. Eine Regierung lässt sich nur abwählen (friedlich absetzen), wenn sie nicht von der unbedingten Richtigkeit der eigenen Werte und der alternativlosen Notwendigkeit des eigenen Wirkens ausgeht.

Geschmack

Eine Möglichkeit, sich dem demokratischen Spiel zu unterwerfen, obwohl man von der unerschütterlichen Richtigkeit der eigenen Position überzeugt ist, bleibt allerdings. Die Möglichkeit ergibt sich, wenn man die Durchsetzung der eigenen Position nicht für wichtig hält. Geht es nicht um Fragen von angenommener existentieller Bedeutung, kann man sich leichterdings dem Falschen beugen oder anpassen.

Geschmacksfragen liegen immer dann vor, wenn Dinge geringerer Bedeutung zur Verhandlung kommen. Die juristische Freigabe und proklamierte Beliebigkeit ästhetischer Urteile hat wenig mit einer (angeblich nachweisbaren) Autonomie der Kunst zu tun, sondern liegt vor allem in dem Umstand begründet, dass man es nicht für lebenswichtig hält, ob andere einen bestimmten Geschmack teilen.

Für Dritte kann gleiches genauso für politische und andere Urteile gelten: Wer die Entscheidung zwischen Mozart und Chuck Berry für wesentlich wichtiger hält als die Entscheidung zwischen autoritärer Führung und Mitbestimmung, der wird in den Kulturkampf ziehen, sich aber politisch opportun verhalten.

Die andere Dimension der metaphorischen Rede vom »Geschmack« liegt in der fehlenden Möglichkeit, den Geschmack zu verallgemeinern. Prinzipiell fehlt es an einem festen Grund, der die Richtigkeit einer Entscheidung garantiert. Zwar kann man immer behaupten, dass Mozarts Musik eindrucksvoller sei als die Chuck Berrys, aber da sich der behauptete Eindruck längst nicht bei allen einstellt, bleibt die Angabe individuell. Der einzige Ausweg besteht folglich darin, die anderen als »krank« zu bezeichnen und sie zwangsweise einer Therapie bzw. Umkonditionierung zu unterziehen.

Das Problem verschiebt sich lediglich eine Stufe weiter, falls man ein festes Kriterium zur Lösung von Entscheidungen angibt. Postuliert man, dass
der Rang eines sprachlichen Kunstwerks sich am Grad seiner Komplexi-
tät, seiner Beobachtungsgenauigkeit oder an was auch immer bemisst, dann
spielt der individuelle Geschmack tatsächlich keine Rolle mehr. In dem Fall
braucht man nur das einzelne Werk am vorgegebenen Maßstab zu messen.
Es fehlt aber wiederum ein allgemeingültiger Grund, weshalb man einen
ganz bestimmten Maßstab (und nicht unendlich viele andere) etabliert –
womit man sich unversehens erneut im Reich des beliebigen Geschmacks
befindet.

Das Genie gibt sich selbst die (rein individuelle) Regel; der Leser oder Hö-
rer ist durch keine vorgegebene Ordnung des Schönen zu einem bestimmten
Urteil genötigt – diese beiden Kernsätze westlicher, moderner Kunstauffassung lassen jedes Geschmacksdiktat zur ganz persönlichen Selbstbestimmung schrumpfen. Beugt man sich dennoch einem fremden Geschmacksurteil, dann geschieht dies ausschließlich aus Angst vor angedrohter Gewalt.
Einen ›Zwang‹ unabweisbarer Gründe gibt es auf diesem Gebiet nicht. Teilt
man diese Einschätzung – und unterliegt keiner äußeren Strafandrohung –,
steht einer Nennung (und anschließenden Zählung) beliebiger ästhetischer
Urteile rein gar nichts mehr im Wege.

Moral

Weil übereinstimmendes moralisches Verhalten von vielen wichtiger eingestuft wird als geteilte ästhetische Urteile, hat sich die Auffassung, dass
moralische Regeln allein individuelle Leitlinien oder versuchte Selbstkon-
ditionierungen sind, nie durchsetzen können. Verachtet man das eigennüt-
zige, an persönlichen Vorlieben orientierte Denken, wird man versuchen,
sich selbst (und andere) dahin zu bringen, sich unabhängig von möglichen
Konsequenzen immer auf eine bestimmte Weise ›richtig‹ zu verhalten.

Ungeachtet einer solchen Abgrenzung, gibt es jedoch keine allseits nach-
vollzogene positive Moralbegründung mehr. Das gilt für die philosophische Fachdiskussion, aber auch – viel bedeutsamer – für den ›gesunden
Menschenverstand‹. So bleiben nur noch einige unumstrittene Regeln übrig. Allgemein geteilt wird die Ablehnung körperlicher Gewalt im Privatle-
ben, mehr an unwidersprochenen Anschauungen findet man jedoch kaum.
Fast alle moralischen Gebote und Verbote scheinen darum keinen anderen Grund zu haben, als dass einige Menschen wollen, dass auch andere

Menschen sich auf bestimmte Weise verhalten. Ohne göttlich-natürliche Legitimität ist das aber unvermeidlich ein Akt willkürlicher Entscheidung, der – moralisch hoch gewertet – einen schnell in Konflikt mit Verhaltensweisen stürzt, die andere wiederum für unverzichtbar halten. Dabei geht es selbstverständlich nicht darum, biologische Notwendigkeiten oder sachliche Irrtümer besonders anzuerkennen oder zu missbilligen. Es geht um Auseinandersetzungen auf dem Feld menschlicher Freiheit. Richtiges oder falsches moralisches Verhalten wird von den Moralverfechtern deshalb anders sanktioniert als motorische Geschicklichkeit oder unabsichtliches Fehlverhalten.

Wenn nun Dinge, Handlungen und Meinungen zur populären Kultur geschlagen werden, die von einer gezählten großen Menge an Individuen gewünscht oder verwünscht werden, bedeutet dies, dass man populäre Kultur nicht mit einem Ensemble allseits akzeptierter Dinge gleichsetzen darf. Populärkultur ist weder eine rein moralische Anstalt noch ausschließlich ein Ort der goldenen Mitte oder natürlich-gelassener Sympathie – zumindest gilt das im historischen Moment, wie alle Aussagen in der vorliegenden Schrift Beschreibungen des gegenwärtigen, vielleicht flüchtigen Zustands sein sollen, nicht Wesensbestimmungen (vielleicht setzen sich einmal die Charts rein aus moralisch geachteten Figuren zusammen …).

Doch selbst wenn es so wäre, bliebe äußerst fraglich, ob sich eine traditionelle moralische Anstalt je auf populäre Kultur einlassen könnte. Prinzipien stehen in der moralischen Anstalt fest, eine empirisch ermittelte Hitparade von Meinungen und Verhaltensweisen braucht sie nicht. Alles, was sie braucht, sind individuelle Beweisaufnahmen, um Verletzungen des Prinzips zu ahnden. Selbst wenn im Zuge der Beweisaufnahmen festgestellt würde, dass die Regeln mehrheitlich verletzt werden, dürfte keine Änderung eintreten. Prinzipien sind gleichgültig gegenüber Popularität.

In der ›gottlosen‹ Welt orientieren sich die meisten aber auch in moralischen Fragen an dem, was viele andere tun. Wenn ihnen etwas »normal« erscheint, dann ist es für sie auch moralisch in Ordnung. »Normal« bedeutet dabei nicht »natürlich« (im Sinne einer vorgegebenen Seinsordnung, im Sinne eines unveränderlichen menschlichen Wesens). »Normal« bedeutet einfach »machen ziemlich viele«. Falls etwa feststeht, dass außerehelicher Geschlechtsverkehr bei Erwachsenen ähnlich populär ist wie Treue, dann wertet der moderne Durchschnittsmoralist die vergleichsweise große Zahl als Zeugnis des Rechten. Auch die Moral kann in der populären Kultur durch Charts modelliert werden. Fällt das ein für allemal feststehende Sit-

tengesetz, wird das, was viele tun, von nicht wenigen als richtiges Verhalten
moralisch positiv sanktioniert.

Weil hier das Häufige das Richtige sein kann, ist die Moralauffassung
potentiell stets im Fluss. Finden sich nach einer Messung genügend (neue)
Abweichungen, kann die Anzeige ihrer Zunahme weiter verstärkend wirken.
Falls sie nicht konsequent stigmatisiert und pathologisiert werden, können
selbst kleine Minderheiten nach ihrer Erfassung mit einer Verbreitung ihrer Haltungen - und damit ihrer Aufnahme ins Reich des zeitgenössisch
Richtigen (des Normalen) - rechnen.

Wissenschaft

Zumindest die rationalen Wissenschaften stehen der populären Kultur un-
vereinbar gegenüber. Ihre Wahrheit unterliegt nicht dem Abstimmungser-
folg. Die wissenschaftliche Wahrheit wird bewiesen, nicht erwählt - sollte
man annehmen.

Zu den Verabredungen der wissenschaftlichen Diskussion gehört es jedoch nicht nur, neue Argumente gegen (bisher) gesicherte Wahrheiten zumindest kurz zu überprüfen. Teile der Wissenschaftstheorie verfolgen sogar
die Auffassung, dass der wissenschaftliche Prozess des Überprüfens und
Verwerfens keine Stufenfolge auf dem Weg zur Wahrheit darstellt, sondern
lediglich eine Abfolge unterschiedlicher Paradigmen.

In den Naturwissenschaften hält sich die Aufregung über die Theorie,
dass ihre Forschung nicht immer genauere Darstellungen der Wirklichkeit
liefert, sondern ›lediglich‹ bessere Lösungen für spezifische Probleme (Thomas Kuhn), stark in Grenzen. Die Technik ist das gute Gewissen der Naturwissenschaften: Maschinen, die meistens funktionieren, Medikamente, die
häufig wirken . . .

Die Natur- und Ingenieurwissenschaften legen mit ihren technischen Er-
findungen auch die Grundlage der Populärkultur; um ihre Apparate herum ist das ganze Leben organisiert. Trotzdem ist ihre Welt die der Fach-
zeitschriften (die Stars und Gehalte, die medientechnisch verbreitet werden, sind für den Lauf ihrer Welt vollständig bedeutungslos). Anders die
Geisteswissenschaften: Als Kanonstifter sind sie viel stärker zumindest im
feuilletonistisch-akademischen Gespräch. Das ist paradox, denn viele ihrer
Vertreter argumentieren strikt antiessentialistisch. Immer häufiger wird in
den letzten dreißig Jahren von ihnen die Ansicht betont, dass man niemals

- auch nicht angesichts naturwissenschaftlicher Modelle - von prädiskursiven Tatsachen ausgehen könne.

Folgt man dieser Auffassung, muss man selbst Forschungsresultate mit den Mehrheitsmeinungen einer allerdings eng begrenzten Gruppe von Akademikern identifizieren: Dann beschreiben die (jeweils gesicherten) Ergebnisse der wissenschaftlichen Forschung ausschließlich den Konsens je dominierender »Interpretationsgemeinschaften« (Stanley Fish). Einige bedeutende Strömungen der modernen Wissenschaften betrachten ›Wahrheit‹ gleich als demokratischen Prozess (oder klagen zumindest die Machteffekte des Willens zum Wissen an). Nicht allein die Moral, sondern ebenso das Wissen verliert damit allen festen Boden.

Recht

Auch wer keinen letzten Grund für seine Moralauffassung mehr findet, kann unbeirrt zu ihr stehen. Auch wer annimmt, dass ›Gott tot ist‹ und Werte auf menschlichen Entscheidungen beruhen (nicht auf vorkultureller Ordnung), ist keineswegs gezwungen, seine Ziele und Überzeugungen jemals zu ändern; schon gar nicht muss er sie wechselnden Konjunkturen und Mehrheiten anpassen.

Ähnlich sieht es auf dem Gebiet des Rechts aus. Obwohl die Zusammensetzung des gesetzgebenden Parlaments sich nach Ablauf der Legislaturperiode ändern kann, haben Gesetze trotzdem uneingeschränkt Geltung, solange sie in Kraft sind. Ändert sie das neu gewählte Parlament, gilt eben das neue Gesetz mit derselben Kraft. Die ›Vorläufigkeit‹ von Gesetzen muss ihnen in einer säkularen Gesellschaft nichts an Geltung nehmen.

Allerdings sind bestimmte Teile der westlichen Verfassungen dem Wandel vorsätzlich enthoben. Manche Formulierung zeigt noch die Bindung der Grundrechte an Naturrechtskonzeptionen, sogar Gott oder das Sittengesetz dienen an einigen Stellen als unhintergehbare Begründungsinstanz. Doch selbst wenn man diese Passagen aus den Verfassungen tilgte, würde sich am Bestand der Grundrechte nicht unbedingt etwas ändern. Ihr Fortbestand hängt nicht elementar an letzten Gründen, sondern kann in gleicher Weise von anderen geteilten Überzeugungen und/oder materieller Gewalt garantiert werden. Solange dies so ist, wirken auch die Erklärungen über die Unveräußerlichkeit der Menschenrechte fort, die sonst nur leere Worte auf geduldigem Bibliothekspapier wären.

In viele Grundrechte kann ohnehin durch (änderbare) Gesetze einge-
griffen werden. Noch stärker in die Nähe des wandelbaren Rechts geraten die Grundrechte durch ihre verfassungsrechtliche Abwägung, wenn
etwa die Meinungsfreiheit mit dem Schutz der Familie in Einklang
gebracht werden muss. Dadurch entpuppt sich manches, was zuvor
noch undenkbar erschien, einige Jahrzehnte später als verfassungskon-
form. Nicht nur in der Gesetzgebung, auch in der verfassungsrechtli-
chen Interpretation der Grundrechte können sich wechselnde geschicht-
liche ›Mehrheitsmeinungen‹ durchsetzen. Weil die juristischen Beschlüsse
aber nun einmal nicht aufgrund von Volksabstimmungen ergehen, kann es
sich bei den (zunächst außergerichtlichen) Mehrheitsmeinungen ebenfalls
um die vorab ermittelten Auffassungen bestimmter fachlicher oder korpo-
rativer ›Interpretationsgemeinschaften‹ handeln. Im mehrköpfigen Gremi-
um des Verfassungsgerichts selber kann dann die Stimme eines einzelnen
Richters den Ausschlag geben, ob etwas verfassungsgemäß oder -widrig ist.
An der Möglichkeit einer solchen Zuspitzung wird sofort sichtbar, dass entsprechende Entscheidungen nur Geltung gewinnen und durchgesetzt werden können, wenn der Beschluss des obersten Gerichts im Einklang mit
der Ansicht weiterer wichtiger Bevölkerungsteile steht, aus deren Mitte der
einzelne Richter ja auch kommt.

Demokratie als populäre Kultur?

In der Demokratie verbietet sich der Affekt gegen das Populäre. Der Satz
»Was viele wollen, kann nur schlecht sein« muss in der politischen Arena
fast als verfassungsfeindlicher Satz betrachtet werden. Tatsächlich wird diese
alte Glaubensformel der Gebildeten nur noch selten offen ausgesprochen.
Trotz der populären Grundausrichtung jedoch wird den alten Bedenken
gegenüber den Entscheidungen großer, numerischer Mehrheiten weiterhin
Rechnung getragen. Mit Ausnahme der äußerst seltenen Volksentscheidun-
gen ist auch die Gesetzgebung – wie die Rechtsprechung – in den Demokratien westlicher Prägung nicht an den mehrheitlichen Willen der Staatsbürger gebunden. Die Zusammensetzung der parlamentarischen Legislative
wird zwar durch eine allgemeine Wahl bestimmt, der einzelne Abgeordnete
ist jedoch nach seiner Wahl nur seinem Gewissen verpflichtet, nicht dem
Willen seiner Wähler oder gar seiner Partei (sicher: falls sein Gewissen ihm
dies befiehlt, mag er stets der Parteilinie folgen). Selbst an die Aussage,

wegen der er womöglich gewählt wurde, ist der Abgeordnete im Moment der parlamentarischen Abstimmung über eine Gesetzesvorlage keineswegs gebunden. Die politische Ankündigung (das Versprechen aus dem Wahlkampf) ist rechtlich wertlos.

Meinungsumfragen innerhalb der Legislaturperiode machen den Abgeordneten und ihren Parteien allerdings deutlich, wie ihre jetzigen Entscheidungen beim Wählerpublikum ankommen. Unabhängig von Wahlen verfügen sie dadurch stets über die Möglichkeit einer demokratischen Überprüfung ihrer Handlungen. Politiker, die sich häufig an solchen aktuellen Stimmungsbildern orientieren, nennt man Populisten. Bezeichnenderweise ist Populismus jedoch nicht einfach das Attribut eines jeden demokratischen Politikers, sondern ein negativer Begriff. Die erwähnte Gewissensfreiheit des Abgeordneten sowie die geforderte Ausrichtung am langfristigen Gemeinwohl liegen der Abwertung zugrunde.

Man sieht hieran leicht, dass die bestehenden Demokratien und populäre Kultur nicht gleichzusetzen sind. Aber auch Radikaldemokraten, die für Formen direkter Demokratie eintreten, dürften keine Anhänger einer Populärdemokratie sein, da für sie Demokratie im Regelfall mehr bedeuten soll als den wiederholten Modus, Präsidenten oder Gesetzesalternativen vom Staatsvolk wählen zu lassen. Wer unter Demokratie nicht nur diesen Wahlmechanismus versteht, sondern auch eine Gesellschaftsform, die allen größtmögliche Partizipations- und Entwicklungschancen sowie zwanglose, zur Wahrheitsfindung führende Kommunikation garantiert, wird mit einer Demokratie im Sinne populärer Kultur nicht einverstanden sein. Für ihn darf Schumpeters Analogie von Wählern und Konsumenten bzw. Politikern und Unternehmern allenfalls einen Teilaspekt der Demokratie ansprechen.

In den westlichen Verfassungen wird dem zumindest insofern Rechnung getragen, als wichtige Voraussetzungen einer ›echten Wahl‹ wie etwa Rede-, Presse- und Versammlungsfreiheit grundgesetzlichen Rang einnehmen. Diese Rechte gelten jedoch ausschließlich für demokratische Redner, Parteien und Publizisten. Auch zur anderen Seite also kommen populäre Kultur und die bislang ausgearbeiteten demokratischen Verfassungen keineswegs überein. Der Kern der populären Kultur – die Auszählung von Wahlakten in viel beachteten Ranglisten – kann sogar in Teilbereichen von Diktaturen intakt bleiben; andererseits lässt sich aber vom Verfahren der populären Kultur überhaupt kein Argument für etwaige Beschränkungen ableiten.

In einer vollkommenen populären Kultur wären alle Ansichten und Überzeugungsversuche legitim und würden alle Entscheidungen von der

Platzierung in Charts bestimmt. Die häufigsten Vorlieben – von politischen Haltungen bis zu sexuellen Präferenzen, beim Auto- wie beim Bücherkauf – gäben zugleich die Richtlinie dafür ab, was wünschenswert und förderungswürdig ist. Grundsätzlich wäre alles wählbar, alles könnte als persönliche Anschauung in Umfragen angegeben werden; alles könnte sich dadurch als herrschende Meinung und Verhaltensmanier erweisen.

Zwischenbilanz

Das Verfahren der populären Kultur besteht darin, Wahlakte nach ihrer Zahl aufzulisten. Das Prinzip der populären Kultur liegt darin, den vorderen Plätzen solcher Ranglisten mehr Beachtung beizumessen als den hinteren. Das, was ohnehin bereits von vielen Einzelnen nachweislich gedacht, gekauft, gewählt worden ist, wird in seiner Häufigkeit besonders herausgestellt und kann dadurch eine noch größere Wirkung erzielen. Verfahren und Prinzip können dank moderner Technik auf jedem Gebiet leicht greifen.

Man erkennt gleich, diese Beschreibung der populären Kultur unterscheidet sich nachhaltig von anderen Ansätzen. Bislang hat man zumeist versucht, jene Kulturgüter wesenhaft zu charakterisieren, die vom Volk – zuerst gefasst als niederes Volk, danach als Masse, manchmal aufgeteilt als Subkulturen – geschätzt werden. Die Merkmale, die man den populären Kulturgütern (und beinahe im selben Atemzug ihren Konsumenten) zuschreibt – Einfachheit, Klischeehaftigkeit, Oberflächlichkeit, Sinnlichkeit –, verfallen zugleich fast immer einem negativen Werturteil. Dabei gibt es eine rechte und eine linke Variante: Die rechte Variante sieht im populären Geschmack lediglich den Ausdruck der naturgegebenen Niedrigkeit der breiten Masse, die linke Variante macht darin die erfolgreiche Manipulation herrschender Eliten aus (oder das Ergebnis der vorgängigen Struktur einseitiger massenmedialer ›Kommunikation‹). Beide Varianten lassen sich bei aller Eindeutigkeit ihrer Aussagen nicht selten noch einen Ausweg offen; man kann den Ausweg aber auch als komplette Alternative zu den pessimistischen Diagnosen formulieren: Rechts stellt man wenigstens den einen oder anderen Zug des gesunden Volksempfindens ins mythologische Licht, links hebt man die eigenständigen Momente von Arbeiterkulturen hervor, später die kreativen Aneignungen vorgegebener Massenware besonders durch widerständige Subkulturen. Der andere Angriff auf die elitäre oder resignierte Haltung gegenüber der Massenkultur liegt in einer radikalen Umwertung: Verstärkt seit den sechziger Jahren des 20. Jahrhunderts geben die avantgardistisch-politischen Gegner der Hochkultur das Sinnliche, Oberflächliche, Reduzierte einfach als positive Eigenschaft aus. Innerhalb der angloamerikanischen Cultural Studies, die sich im Zuge der Umwertung als akademisches Fach etablieren können, sehen manche sogar im populären Text einen offenen Text – einen Text, der sich leichter dem Gebrauch und unterschiedlichen Aneignungen hingibt als der Text offizieller Verlautbarungen und kanonisierter Literatur.

Beschreibt man dagegen – wie hier durchgespielt – populäre Kultur als Verfahren und als Prinzip, relative oder absolute Mehrheiten zu ermitteln und herauszustellen, dann fallen all diese Aussagen, Überlegungen und Bewertungen erst einmal weg. Um den – übergreifenden, diffusen – Begriff »Kultur« vollends zu rechtfertigen, muss sich zunächst der Blick von Kunstgegenständen und Gebrauchsgütern lösen. Tatsächlich fällt es nach Maßgabe der veränderten Beschreibung populärer Kultur nicht schwer, den populären Mechanismus auf vielen Feldern – abseits von Popmusikcharts und Bestsellerlisten – wiederzufinden, bei politischen Wahlen, bei Meinungsumfragen, bei Börsenspekulationen, im wissenschaftlichen Betrieb, bei aktuellen Bestimmungen der Reichweite von Grundrechten und bei Entscheidungen über das moralisch Normale und Abweichende.

Allerdings sind die Unterschiede zwischen den Bereichen gravierend: Der politisch gewählte Ranglistenerste ist in der Lage, erhebliche legislative oder exekutive Änderungen vorzunehmen; die Wahlmacht geht vom Volke aus, genauer gesagt von den erwachsenen, mündigen Bürgern eines Nationalstaats; ohne hohe Wahlbeteiligung ist das Ergebnis nahezu wertlos. Repräsentative Meinungsumfragen hingegen können sogar das Ergebnis einer totalen Wahlpflicht simulieren; ihre Ergebnisse sind jedoch weder bindend noch richten sie sich an extra dafür geschaffene Institutionen. Charts, die Kaufentscheidungen versammeln – sei es von Platten, Autos oder Aktien –, sind zumeist weit davon entfernt, Mehrheitsentscheidungen eines Staatsvolks abzubilden, oft werden sie von ganz bestimmten Käufergruppen dominiert; wie die Ergebnisse von Meinungsumfragen können sie aber das Bild der medialen Öffentlichkeit bestimmen und zukünftige individuelle moralische, politische, ökonomische Entscheidungen prägen. Selbst in der Wissenschaft kann das Verfahrensprinzip Anwendung finden, jedoch auf verborgenere Weise: Wissenschaftliche Trends setzen sich offiziell hinter dem Rücken der Forscher durch, legitimiert vom wahren Argument, nicht durch eine Auszählung je einzelner methodischer Festlegungen.

Ein anderer wichtiger Unterschied rührt daher, dass die Individuen bei
ihren verschiedenen Wahlakten auf unterschiedliche Art und Weise festge-
legte quantitative Möglichkeiten besitzen. Gilt bei demokratischen Wahlen:
jeder Wähler hat eine Stimme, und bei Meinungsumfragen: jeder Befragte
zählt einzeln, so werden bei der Erhebung von Charts die gekauften Objekte addiert. Jeder Käufer, der zweimal in denselben Film geht oder der
(unlimitiert) tausend Aktien ordert, zählt darum - bildlich gesprochen -
für die Charts doppelt bzw. tausendmal so sehr wie derjenige, der nur eine
Kinokarte oder Aktie kauft. In solche Charts gehen zudem die Wahlakte
von Institutionen ein; auch Firmen oder öffentliche Einrichtungen kaufen
Bücher oder Wertpapiere. Deshalb ist es für die Selbstbestimmung der populären Kultur von Bedeutung, die Resultate der Bestsellerlisten durch andere
Datensammlungen ›überprüfen‹ zu lassen, besonders durch Meinungsumfragen oder - etwas weniger aussagekräftig - durch die Ergebnisse anderer
Massenmedien (in Popmusikcharts wird beispielsweise berücksichtigt, wie
oft ein Stück im Radio läuft).

Gemeinsam muss jedoch für all diese Erhebungen gelten, dass sie für
die Entscheidungen von Einzelnen, von großen Gruppen und von Institutionen eine wichtige Orientierung abgeben. Ein statistisches Jahrbuch ist
nicht gleichbedeutend mit populärer Kultur. Die Charts und Ranglisten,
in denen die Summen individueller Handlungen oder angeeigneter Objekte stehen, müssen von vielen wahrgenommen und sogar als Maßstab
herangezogen werden. Die Konsequenzen können dann erheblich sein: Die
politische Wahl führt in funktionierenden Demokratien zur institutionell
geregelten Verteilung legislativer Macht oder - am Ende der Demokratie -
zum Bürgerkrieg; Meinungsumfragen und Kauf-Charts können in liberal-
marktwirtschaftlichen Gesellschaften immerhin eine entscheidende Grundlage ökonomischer, moralischer, publizistischer u. a. Maßnahmen bilden.

Die Radikalität populärer Kultur tritt noch deutlicher hervor, falls man
sie an gegenläufigen Prinzipien misst. Wenn man bestimmte gesellschaftliche Ziele setzt - sei es individuelle Selbstentfaltung oder garantiertes Recht
auf Arbeit, sei es Grundversorgung oder Wirtschaftswachstum -, braucht
man keine Umfragen oder Wahlen, sondern notwendigerweise Mittel zur Er-
füllung des Zwecks. Unveräußerliche Prinzipien oder Pläne, die auf menschlichen Grundbedürfnissen beruhen sollen, kommen ohne die Verfahren populärer Kultur aus; Wahl- und Chartergebnisse können dann allenfalls dazu
dienen, eine mögliche Zahl feindlicher oder ›kranker‹ Abweichler zu ermitteln.

Schranken der Populärkultur

Das Bild ist eindrucksvoll: Die Mehrheit mündiger Erwachsener bestimmt, wer der Gesetzgeber des ganzen Nationalvolks ist; eine große Zahl von Käufern, Abonnenten, Gebührenzahlern bestimmt, was im Fernsehen läuft, in den Zeitschriften steht und in den Läden liegt; der Börsenboom legt auf einige Jahre die wirtschaftliche Ausrichtung fest; selbst die Wissenschaften unterliegen den Trends dominanter Interpretations- und Verifikationsgemeinschaften; andere kleinere ›Subkulturen‹ ermitteln ihre Favoriten mit den gleichen Verfahren, die sie in den Augen einer großen Zahl zur Minderheit machen.

Genauso eindrucksvoll klingen die Überzeugungen, die solche Zählverfahren und Orientierungsprinzipien begleiten und begründen: Jedes Individuum hat die Freiheit zu wählen; im Reich der Politik, des Rechts, der Moral und der Kunst gibt es keine Naturgesetze, sondern nur menschliche, wandelbare Setzungen; sogar die Wahrheit ist vielleicht nur eine Konstruktion; was man heute als dringendes Bedürfnis erkennt, langweilt einen morgen eventuell schon wieder; Manipulation und Ideologie sind nur leere Worte für die Überredungsversuche der jeweiligen Gegner; wenn einem auf fast allen Gebieten die letzte, allgemein geteilte Sicherheit fehlt, ist es sinnvoller, Mehrheitsentscheidungen zu akzeptieren als Gewalt entscheiden zu lassen – denn Mehrheiten können sich wandeln, Gewalten alles still stellen oder vernichten.

Eindrucksvoll – für viele sicher zugleich – äußerst merkwürdig – klingen diese Sätze und Beschreibungen, weil sie die in der westlichen Welt weitgehend durchgesetzten Prinzipien der demokratischen politischen Wahl auf alle anderen Gebiete übertragen. Populäre Kultur besteht danach in einer Verbindung von beliebigem Chart-Erfolg und Ermächtigung: Das, was am häufigsten gekauft, gewählt und gemeint wird, besitzt zumindest vorübergehend das Vorrecht. Mindestens untergründig (oftmals aber ausdrücklich) orientieren sich auch moralische Subjekte, Geschmacksrichter, Wissenschaftler, Verfassungsrechtler an aktualisierten Ranglisten vorherrschender Meinungen – und nicht nur die Anhänger des Starsystems an Bestsellerlisten.

An Begriffen wie »Wissenschaftler«, »Verfassungsrechtler« lässt sich jedoch bereits ablesen, dass dieser Teil der Populärkultur nicht auf institutionalisiertem Boden ruht. Nirgendwo wird im Wissenschafts- oder Rechtssystem eine offizielle Auszählung von Meinungsvoten vorgenommen (im-

merhin: es gibt Publikationslisten, Zitiernachweise, Hinweise auf abweichende Meinungen); erst recht nicht ist hier vorgesehen – genauso wenig wie bei
Popmusikcharts –, dass die vorderen Plätze einen Zugang zu einer bindenden legislativen Macht bekommen.

Der Grund dafür liegt auf der Hand: Die Entscheidung über das Richtige, Gerechte, Schöne soll nicht beliebigen Mehrheiten überlassen sein. Es
soll die Aufgabe von Argumenten und Beweisführungen sein, das jeweils
Rechte zu ergründen. Das muss erst einmal nicht mit dem Verfahren der
populären Kultur in Widerstreit geraten: Jeder Popmusikfan macht sich
seinen Reim darauf, was ihm gefällt, gezählt werden aber ausschließlich
die Kaufentscheidungen, ungeachtet ihrer Motive; jeder gehobene Feuilletonist postuliert, dass es keine Kunstregeln gebe, trotzdem liefert er beredt
(zählbare) Gründe für seine Geschmacksurteile ab; jeder Wissenschaftler ist
allein der Wahrheit verpflichtet, bei strittigen Fragen setzen sich jedoch
mindestens forschungspolitisch die vorherrschenden (also zumeist die am
zahlreichsten vertretenen) Meinungen durch.

Der Unterschied liegt demnach einfach darin, dass bestimmte Entscheidungen kategorisch von Mehrheitsvoten abgekoppelt werden. Es muss fest-
stehen, dass nicht über alles durch Mehrheitsentscheidungen bestimmt werden kann. Ein erhabenes Beispiel dafür sind die Menschenrechte; sie sind
von vornherein jeder Abstimmung entzogen. Ohne dass dies derart grund-
rechtlich abgesichert wäre, bleibt der erwachsenen Bevölkerung die Möglichkeit der Mehrheitsentscheidung aber auch bei einer ganzen Reihe weiterer
Fragen verwehrt, etwa bei rechtlichen, ökonomischen und wissenschaftlichen Fragen sowie bei allen Verabschiedungen von Gesetzesvorlagen und Er-
lassen von Verwaltungsvorschriften. Mehrheitsentscheidungen über solche
Fragen sind speziellen Gremien überlassen, etwa Abgeordnetenkammern,
oder diffuseren, viel weniger stark institutionalisierten Einheiten, etwa der
scientific community.

So gibt es viele ›Zwischen‹- oder ›Nebenreiche‹, die eine direkt durchschlagende Wirkung von Mehrheitspräferenzen verhindern: Abgeordnete
sind bei parlamentarischen Abstimmungen nur ihrem Gewissen verpflichtet; Verfassungsgerichte haben regelrecht die Aufgabe, bestimmte Mehrheitsentscheidungen zu überprüfen und ggf. zu revidieren; auch auf wirtschaftli-
chem Gebiet kann man mit Werbekampagnen versuchen, bestehende Mehr-
heitsansichten zu verändern, nicht nur sie auszunutzen; kein Fernsehsender
kann gezwungen werden, etwas zu senden, nur weil es Erfolg verspricht,

kein Unternehmen muss Waren herstellen, die ihm von Marktforschern empfohlen werden.

Allerdings sind ökonomisch gesehen diese letzten Überlegungen wertlos, falls sie lediglich das Grundkapital aufzehren. Um nicht vom Markt zu verschwinden, muss ein Unternehmen erfolgreich sein. Eine große Zahl an Käufern hilft dabei sehr, solange sie einen Preis entrichten, der über den Herstellungskosten liegt. Deshalb wird unter den Bedingungen kapitalistischer Marktwirtschaft gesetzmäßig alles hergestellt, von dem man sich einen profitablen Absatz verspricht, also auch (und oftmals gerade) das, was viele (voraussichtlich) erwerben wollen und sich leisten können.

Gegenkräfte zur populären Kultur sind darum innerhalb des kapitalistischen Wettbewerbs nicht aufzufinden. Diskutiert werden kann allenfalls die Frage, ob das Warenangebot und seine Reklame den massenhaften Absatz im großen und ganzen selbst geschaffen hat oder ob die populäre Kultur den ursprünglichen Wünschen einer großen Zahl entspringt. Wenn man allerdings nicht voraussetzt, dass es so etwas wie ›eigentliche‹, möglicherweise unterdrückte menschliche Bedürfnisse gibt (über Essen, Trinken, Schlafen hinaus), bleibt die Frage theoretisch bedeutungslos.

Trotzdem bleibt selbstverständlich von hoher praktischer Bedeutung, dass der Käufer nur aus dem auswählen kann, was da ist, sprich: was produziert worden ist. Die Entscheidung darüber liegt ganz allein beim einzelnen Unternehmer und bei den gewählten Vorständen der Aktiengesellschaften. Fast ganz unabhängig aber davon, wie diese Entscheidungen ausfallen, hat der ›Bürger von Besitz‹ im Unterschied zum ›Bürger von Bildung‹ keinerlei Grund zu fürchten, dass seine Vorstellungen und Entscheidungsvoraussetzungen an Gewicht verlieren, indem sie einer demokratischen Kritik unterzogen oder egalitär aufgelöst würden. Alle bisherigen demokratischen Verfassungen garantieren ausdrücklich einen Unterschied der individuellen Ausstattung. Das Privateigentum – sprich: die überkommene Verfügungsgewalt über Boden und Besitz und die damit verbundene Möglichkeit, Entscheidungen über das, was produziert und beworben werden soll, zu treffen – genießt den besonderen Schutz des Staates. Die Gleichheit der je einzelnen Staatsbürger vor dem Gesetz hält deshalb – staatlich bewacht – zwangsläufig die ökonomische und soziale Ungleichheit aufrecht.

Die demokratischen Verfassungen gehen nicht von Schichten oder Klassen aus, sondern vom einzelnen Staatsbürger. Gefragt ist immer nur der Einzelne mit seiner ganz individuellen Meinung. Die ›Gefahr‹, dass die zahlenmäßig stärkste Klasse ihre Repräsentanten durch geschlossene Abstimmung zur Mehrheit befördert, ist trotzdem seit der Einführung des allgemeinen Wahlrecht gegeben (lange genug hat es denn auch gedauert, bis der Proletarier das gleiche Stimmrecht besaß wie der Bourgeois). Diese ›Gefahr‹ stellt allerdings kein Verfassungsproblem dar, da die Verfassung auch die Vertreter antikapitalistischer Standpunkte auf den Schutz des Privateigentums festlegt, falls sie an die Regierung gewählt werden sollten.

Die Regierung kann ausschließlich versuchen, mit den Mitteln des Rechts und durch den Einsatz von Steuer- und Anleihegeldern unterstellte negative (oder positive) Wirkungen der ökonomisch ungeregelten, privaten Konkurrenz auszugleichen (oder zu verstärken). Deshalb ist die friedliche Entwicklung von der Marktwirtschaft zur sozialen Marktwirtschaft bzw. zum Wohlfahrtsstaat in den Ländern der gegenwärtigen westlichen Demokratien möglich, nicht aber die Entwicklung hin zur sozialistischen Vergesellschaftung oder Verstaatlichung.

Trotz seiner eingeschränkten Möglichkeiten bleibt der Staat die einzige große Gegenkraft zu einer Ökonomie, deren entscheidende Information die Profitabilität ihrer Produkte ist. Gleiches gilt für eine Populärkultur, die u. a. in der Information über Spitzenwerte von Kaufakten besteht. Auch solchen immer wieder aktualisierten Daten braucht sich der Staat nicht zu unterwerfen. In seinen Institutionen, mittels seiner bürokratischen Verwaltungsvorschriften wird auf unabsehbare Zeit geplant, zementiert und fortgeführt, was einmal Verfassungsinterpretation oder die legislative Initiative von Abgeordneten war. Seine Werke sind von längerer Dauer, kein Jahresabschluss oder gar Quartalsbericht zeigt ihm, dass er unpopuläre Dinge geschaffen hat. Und selbst wenn er über ähnliche Daten verfügt, spielt das keine unmittelbare Rolle: Diese Werke sind notwendig, geboten und/oder gut begründet, dem Votum von Mehrheiten entzogen.

Schulen und Universitäten sind die entscheidenden Institutionen, in denen den Ranglisten der Populärkultur ein alternatives Curriculum entgegengestellt wird; hier gilt noch in weiten Teilen der Kanon der ›Hochkultur‹. Tauchen in diesem Kanon etwa doch einmal Hollywoodfilme auf oder Popmusikgruppen (oder gar Unterhaltungsromane), dann muss gewährleistet sein, dass sie mit dem abstrakten Rüstzeug analytisch bearbeitet werden, das allen bisherigen populären Rezeptionsweisen streng zuwiderläuft. Durch die institutionelle Erziehung zum Unpopulären und durch die leitende Kompetenz des bürokratischen Fachmenschentums ist der Staat den Versuchungen des Relativismus entzogen.

So scheint es zumindest. Die überwältigende Präsenz staatlicher Gebäu-de, Straßen, Polizisten, Orchester, Lehrer, Forscher, Banken und Notenpres-sen lässt jedoch leicht vergessen, dass auch ihre Existenz und Auskleidung mittelbar stets von parlamentarischen Wahlen abhängt. Wechselhaft können darum auch die Kriterien, nach denen z. B. Schüler und Bewerber bewer-tet werden, ausfallen. Zwar gilt das individuelle Leistungsprinzip nach dem grundgesetzlichen Vorrang der Chancengleichheit ohne Ausnahme. Welche Leistungen mit welchen Methoden überprüft werden, kann jedoch starken Schwankungen unterworfen sein, die im Regelfall zumindest indirekt mit wechselnden humanwissenschaftlichen oder politischen Mehrheitsmeinun-gen in Verbindung stehen.

Auch die guten Gründe, Beckett-Aufführungen zu unterstützen und nicht Boulevard-Komödien, sind nur deshalb die bestimmenden Gründe, weil sie sich gegenüber Mehrheiten durchsetzen lassen. Der Entschluss, Au-tobahnen, Abendschulen, Hochkultur, Panzer, Teilchenbeschleuniger zu be-treiben oder mit Subventionen bzw. Steuererleichterungen zu unterstützen, kann anders ausfallen, wenn eine Mehrheit es will. Statt dessen könnte man – falls es im strikten Rahmen demokratischer Verfassungen bleibt – bei-spielsweise Pornofilme, Schlagersänger, Astrologen und Mannequins sub-ventionieren, also Produkte, die erwiesenermaßen bereits über einen länge-ren Zeitraum populär sind.

Es lassen sich zudem sogar treffende Argumente finden, die demokra-tischen staatlichen Institutionen und ihre Grundsätze als Antriebskräfte der Populärkultur zu verstehen. Ihnen ist vieles gleich, damit steht es der Wahl frei: Die Religion und der Geschmack, das Geschlecht und die An-schauung. Der Gleichheitsgrundsatz macht sich besonders im Umgang mit staatlichen Stellen geltend; jeder Staatsbürger besitzt die gleichen Rechte. Die Staatsbeamten behandeln ihn erst einmal unparteiisch, ohne Ansehen der konkreten Person. Chancengleichheit besteht auch, wenn man in den Staatsdienst eintreten will. Sicher am wichtigsten: Jeder darf (und muss) eine staatliche oder staatlich anerkannte Schule besuchen. Das Wahlrecht und die Möglichkeit, unter staatlicher Obhut rechnen und schreiben zu lernen, ist nicht mehr auf ›Bürger von Besitz und Bildung‹ beschränkt. Selbst die ›niederen Schichten‹ dürfen wählen, immerhin unter der Voraus-setzung, dass spätestens ihre Zöglinge staatlichem Unterricht unterliegen. Alles Neutralitätsgebote und -gesten, die deutlich machen, dass jedes Anlie-gen zur Kenntnis genommen und nach änderbarem Stand der Gesetze und Verwaltungsvorschriften beschieden wird.

Im Blick auf die Zählverhältnisse populärer Kultur liegt die Aufgabe des staatlichen Gewaltmonopols darin, jeden Zwang, der aus einer Interpretation der Ergebnisse herrühren könnte, zu unterbinden. Keine Gruppe von Menschen darf eine andere nötigen, sich ihrem Geschmack oder ihrer Meinung zu unterwerfen, und sei es die erwiesene Meinung der Mehrheit. Stellt sich ein Urteil in Meinungsumfragen als Mehrheitsvotum heraus, kann die Legislative das zum Anlass einer Gesetzesüberprüfung nehmen, sie ist aber keineswegs dazu verpflichtet. Im Unterschied zur politischen Wahl, die strikt an Staatsbürgerschaft, ein bestimmtes Alter und ›psychische Gesundheit‹ gebunden ist, können in solche Vorlagen theoretisch sogar größere Populationen eingehen. Erst in Gesetzesform jedoch besitzt eine Mehrheitsmeinung bindenden Charakter. Erst dann muss der Staat gegenüber Privatleuten, die sich seinem Urteil nicht unterwerfen wollen (die etwa ihre Kinder nicht nach Maßgabe der staatlichen Pädagogik unterrichten lassen wollen), tätig werden.

All die Charts und Meinungsumfragen der populären Kultur haben dagegen nur feststellenden Charakter. Mit ihnen wird ermittelt, dass von tausend beliebigen oder von tausend repräsentativ ausgesuchten Leuten 43% die Ansicht x vertreten; oder dass die meisten verkauften Bücher in der dreizehnten Kalenderwoche auf den Titel y entfielen. Selbst bei der politischen Wahl folgt aus der Feststellung, dass die Partei z eine Mehrheit errungen hat, nicht direkt die Festlegung der Regierung, nur die Verteilung der Abgeordnetenmandate.

Trotzdem wirken sich festgestellte Mehrheitsmeinungen bislang nur im staatlichen Rahmen auf nachhaltige Weise direkt bindend aus: Wenn sie durch eine Volksbefragung die unmittelbare Leitlinie der Gesetzgebung abgeben. Individuen oder Firmen hingegen lassen sich ihre Handlungen bisher so gut wie nie durch Abstimmungsergebnisse regelgerecht bestimmen (manchmal lassen sich z. B. Radiosender einige nebensächliche Entscheidungen von Zuhörern diktieren: Wollt ihr Titel a, b oder c hören?!).

Charts außerhalb von Volksbefragungen verfügen demnach allenfalls über einen informierenden Charakter, der allerdings zumindest für Unternehmensentscheidungen von ausschlaggebender Bedeutung sein kann: Subjekte nutzen die Chartergebnisse vielleicht dazu, an ihrem Geschmack und ihrer Moral herumzumodeln; Medien nehmen Umfragewerte als Auftrag oder Bestätigung; die ökonomische Auswertung von Käufen ist entscheidend für die Buchführung, aber eventuell sogar für die firmeninterne Planung der künftigen Produktion.

Die Grenze der Populärkultur liegt in den gegenwärtigen demokratisch-kapitalistischen Ländern also nicht in fehlenden Möglichkeiten der Datenerhebung; die Grenze besteht auch keinesfalls in einer mangelnden Öffentlichkeit für ermittelte Spitzenwerte. Sie kommt zum einen durch das Gebot der Verfassungen zustande, bestimmte politische, gewaltverherrlichende oder pornographische Darstellungen und Aufrufe aus der Öffentlichkeit herauszuhalten. Die wichtigste Einschränkung innerhalb der bestehenden Demokratien klingt paradox: Die Demokratien setzen sich selbst als Grenze. Als Regierungsform entzieht sich die Demokratie der Abstimmung: Undemokratische Parteien werden nicht zur Wahl zugelassen. Eine populäre Entscheidung gegen die Demokratie kann nie im Rahmen geltenden Rechts Gestalt annehmen, sondern nur revolutionär. Toleriert werden allein demokratiefeindliche Parteien und Bewegungen, die unpopulär sind. Das Gesetz, undemokratische Parteien zu verbieten, kann von der jeweils gewählten Mehrheit nie verändert werden. Es ist Teil einer Verfassung, die sich selbst als ewig setzt.

Gleiches gilt für andere Bereiche der populären Kultur nicht. Weder gibt es dort eine Verfassung noch besitzen die ›Gewählten‹ Gesetzeskraft. Die Nr. 1 der Musikcharts oder der Bestsellerlisten wird nicht mit legislativer Gewalt ausgestattet. In diesen Bereichen populär zu sein bedeutet nichts anderes, als eben populär zu sein. Die Nr. 1 wird nicht zum Gesetzgeber und schon gar nicht zum Herrscher.

Die zweite Grenze der populären Kultur besteht also darin, dass die Daten der Populärkultur in fast keinem Bereich eine direkte, institutionell garantierte und durchgesetzte Konsequenz nach sich ziehen dürfen. Dies gilt für die Feststellung der Popularität nach der Methode, Kaufakte zu addieren oder die Meinung auflagenstarker Zeitungen oder viel gesehener Sendungen zu berücksichtigen; dies gilt aber auch für die Ergebnisse repräsentativer Meinungsumfragen. Die nachhaltige Schranke fast aller populären Vorlieben und Wahlentscheidungen liegt darin, dass sie direkt folgenlos bleiben. Die Bedeutung der populären Kultur kann man demnach nicht zuletzt daran ablesen, in welchem Maße sich die mit Hilfe unterschiedlicher Verfahren herausgefundene Popularität auf die Entscheidungen der gesetzgebenden Kammern und der freien Unternehmer auswirkt.

Das Verfahren der populären Kultur und sein Ergebnis

Isoliert betrachtet, gibt es nur eine einzige Voraussetzung für den Wählenden: Er muss sich entscheiden, er muss eine Meinung vertreten. Diese
Voraussetzung klingt banal, sie ist es aber nicht: Anhänger der Fremdbestim-
mung, Asketen, Mystiker, Depressive müssen der Wahl fernbleiben – und
ebenfalls strikte Konsensualisten, die auf gemeinsam gefundene richtige Lösungen setzen. Banal ist die Voraussetzung auch deshalb nicht, weil sie den
Wählenden als selbstbestimmten (›erwachsenen‹, ›psychisch urteilsfähigen‹)
Einzelnen ausmacht. Zumindest formal äußert sich der Einzelne als Einzelner, selbst wenn er nur die Meinung seiner ihn bestimmenden Klasse
vertreten sollte. Mit dem Wahlverfahren wird der Versuch unternommen,
den Einzelnen als Einzelnen aufzurufen, indem er im Augenblick der Entscheidung von seiner Bezugsgruppe getrennt wird.

Die Möglichkeit individueller Wahl bildet eine genauso wichtige Voraussetzung für die Entfaltung der Populärkultur wie die teilweise Auflösung
fester Normen und Traditionsbestände. Nur wenn gewährleistet ist, dass der
Einzelne wenigstens eine Wahlmöglichkeit hat, ist es sinnvoll, die Entscheidungen von Individuen zu bilanzieren. Vom Verfahren der Populärkultur
her gesehen, sind Wahlbeschränkungen gar nicht erforderlich. Unbegrenzte
Wahlmöglichkeiten mögen zwar die Einzelnen überfordern, trotzdem können deren einmal getroffene Entscheidungen ohne Probleme in Ranglisten
dargestellt werden.

Genauso wenig ist es ein Problem für die Populärkultur, dass auf ihren Ranglisten ständig neue Personen, Dinge, Meinungen erscheinen. Sie
erschöpft sich darin, zu zählen, was populär ist, egal ob die Vorlieben lange
gleich bleiben oder hektisch wechseln. Zweifelsfrei gehören alle Ranglistenersten, die Millionen Voten vereinigen, zumindest kurzfristig zu dieser Populärkultur. Alle weiteren Festlegungen, worin Populärkultur besteht, sind
damit hinfällig. Wer behauptet, dass Populärkultur sich an Schlüsselreizen
orientiert oder dass sie einen klassenübergreifenden Geschmack anspricht,
mag oft richtig liegen, kann aber keineswegs zeitenthobene Gültigkeit bean-
spruchen.

Gegenstände, die zur Wahl bereitstehen, sind vor allem im Bereich der
Konsumgüter in reicher Zahl vorhanden. Sogar Moden, die das Angebot
wenigstens für eine Saison allgemein stark limitieren, sind längst nicht
mehr so beherrschend wie noch vor einigen Jahrzehnten. Dies gilt auch
für Trends im Bereich der Künste. Die ›Nachgeschichte‹ hat dort längst

mehr als nur eine postmoderne Avantgarde erfasst. Beispielhaft lässt sich das an der Geschichte der Jazzmusik zeigen: Als populäre Musik begonnen, reihen sich ab Mitte der vierziger Jahren in schneller Abfolge neue Stile aneinander (BeBop, Cool Jazz, Hard Bop), deren Rhythmen dem größeren Publikum nicht mehr als tanzbar gelten; nach dem Ende der kompletten Auflösung und Zerstörung einstmals populärer Muster im Free Jazz kommen unterschiedliche Fusionsmusiken auf (Beispiel Jazzrock), bis dann seit den achtziger Jahren alle geschichtlichen Stile des Jazz ihre Wiederauferstehung und Neuaneignung erleben dürfen. Ergebnis: Ein größtmögliches Angebot, das ohne die klare Dominanz eines Themas auskommen muss. Gleiches lässt sich seit HipHop, Grunge und Electro innerhalb der Popmusik beobachten, die damit einige Jahrzehnte nach der ›Hochkultur‹ ebenfalls im Zeitalter der Posthistoire angekommen ist, in dem man prinzipiell alles bereits gehört oder gesehen hat und in dem sich ein Stil schwerlich als ›zeitgemäß‹ absolut setzen kann.

Auf eine vollkommen andere Weise verweigern sich die Produkte allerdings weiterhin der freien Auswahl. Ihr Preis steht oftmals unüberwindlich zwischen ihnen und der Mehrzahl der Käufer. Ganz der Wahl entzogen sind sie darum jedoch nicht, immerhin kann man sie sich noch wünschen oder gut finden. Auch solche Wünsche und Einschätzungen notieren in Ranglisten. All diese Aneignungen, nicht nur die Käufe, tragen insgesamt oder teilweise zur Bilanz des Wählenden bei. Ist man einmal mit Gütern bewehrt – sicher oft mit den weniger wünschenswerten –, gibt man mit ihnen selber einen möglichen Gegenstand der Wahl ab. Als Objekt des Urteils anderer geht man freilich selten in Charts ein, es sei denn, man ist eine Person des öffentlichen Lebens. In Ranglisten taucht man als unbekannte Person nur in ganz abstrakter Form auf – als Typ, als Träger einer bedeutungsvollen Eigenschaft (etwa wenn man erfährt, dass viele Männer Blondinen mögen oder umgekehrt Frauen Männer mit Humor).

Die romantische Liebe entzieht sich definitionsgemäß solchen bilanzierbaren einzelnen Wünschen und Auslösern. Mit ihr endet alle bewusste Wahl; der Liebende gibt an, nicht zu wissen, wie ihm geschieht. Dennoch muss in anderer Hinsicht die romantische Liebe als ein hervorragender Motor der individuellen Wahl und der damit verbundenen Populärkultur gelten. Mit der kulturellen Durchsetzung des Konzepts romantischer Liebe ist der Einzelne in dem Punkt nicht mehr begründungspflichtig. Man weiß, was man will, und besteht auf seiner Wahl. Dadurch wird zwar jeder Einzelne selber einer scharfen, willkürlichen Wahl ausgesetzt, es wird ihm aber seinerseits nicht die Pflicht argumentativer Herleitungen auferlegt. Wenn ihm kein Ehepartner mehr zugewiesen wird, läuft er wohl Gefahr, abgelehnt zu werden und allein zu bleiben, doch immerhin bleibt ihm die Möglichkeit, seine eigene (möglicherweise vergebliche) Wahl frei zu treffen.

Im Falle der romantischen Liebe geht die Freiheit am weitesten, sie erstreckt sich fast bis zur vollkommenen Sprachlosigkeit. Dank der Angabe »Ich liebe« oder »Ich liebe nicht (mehr)« kann man sich so asozial verhalten, wie es eben geht, die anderen lassen einen gewähren. Die materiellen oder sozialen Gründe der alten, von den Eltern betriebenen Ehestiftung berühren den romantischen Menschen schon lange nicht mehr; die Liebe setzt den Einzelnen sogar frei, sich weit unter- oder oberhalb seines Standes zu verbinden. Der Effekt muss nicht auf die Wahl des Lebenspartners beschränkt bleiben; im Namen der Passion können auch andere Hobbys von der einmal erlaubten Unbedingtheit profitieren.

Die romantische Liebe steht darum – und mit ihr die gesamte Populärkultur als Verfahren – in scharfem Gegensatz zu den Wahlen, die nach Leistungskriterien erfolgen. Die Auswahl der Schüler und Berufsanwärter etwa erfolgt nicht nach individueller Ansicht wie in der romantischen Liebe, aber auch nicht nach allgemeinerer Akklamation, sprich: nach den individuellen Ansichten, die sich am Ende einer Auszählung als die häufigsten herausgestellt haben. Eigentlich ist es sogar unsinnig, von einer »Auswahl der Bewerber« zu sprechen; gibt es feste generelle Maßstäbe, findet überhaupt keine Wahl, sondern lediglich ein Überprüfungsverfahren statt, bei der wiederum nicht die ›ganze Person‹, sondern allein bestimmte Fähigkeiten einem Test unterliegen. Möglicher Gegenstand einer Wahl sind hier ausschließlich die Testmaßstäbe: In westlichen Demokratien können Umfrageergebnisse der Populärkultur, vermittelt über die Legislative, die Kriterien zur Benotung und Einschätzung von Schülern, Studenten und Staatsdienern verändern – und auch die privatwirtschaftlichen Unternehmen müssen bei ihren Einstellungsverfahren gesetzliche Regeln beachten.

Oberstes Gebot dabei ist, dass einige Unterscheidungskriterien wie Geschlecht oder Hautfarbe in den Prüfungen und Bewerbungsgesprächen ohne Berücksichtigung bleiben. Auch die soziale Herkunft und die aktuelle materielle Lage darf keine Rolle spielen. Hier gilt das gleiche wie bei der Bilanzierung von Kaufakten und politischen Wahlen: Im Nachhinein kann man analysieren, welche Gruppen sich durchgesetzt haben, für die Zulassung zum Verfahren und die Gültigkeit der Ergebnisse sind solche Erkenntnisse aber gegenstandslos. In der Demokratie und der mit ihr verbundenen

Populärkultur zählt in bestimmter Hinsicht – der Wahlentscheidung, der Kaufentscheidung usf. – immer nur der Einzelne, nicht irgendeine Klasse, der er zugerechnet werden kann. Den Charts, Meinungsumfragen und Wahlergebnissen kann man nicht ablesen, ob die Ranglistenersten in weiten Bereichen der Gesellschaft populär sind oder ob sich ihre Popularität dem geschlossenen Votum einer großen Gruppe verdankt.

Dass übergreifende Popularität für wichtig gehalten wird, erkennt man etwa im politischen Bereich an der früheren Selbstbeschreibung der Parteien als »Volksparteien« und an der heutigen Zielsetzung, die Wähler der breiten »Mitte« anzusprechen. Das Negativbild der Populärkultur wird in halber Entsprechung dazu von der Diagnose bestimmt, sie sei die Kultur der mäßig Gebildeten. Der Übertrag auf soziale Schichten – Populärkultur als Kultur der Arbeiter und Kleinbürger – findet aber nicht mehr automatisch statt, weil eine ganze Reihe von gängigen Meinungen und Produkten tatsächlich unterschiedliche Bevölkerungsgruppen anspricht.

Trotzdem bleibt die Diskrimierung der Populärkultur erhalten. Sie wird genau von den Institutionen durchgeführt, welche die gerade für Kinder weniger begüterter Eltern oftmals zukunftsweisenden Bildungszertifikate vergeben. In höheren Schulen und Universitäten kann man mit Wissen über die Stars der Populärkultur nicht brillieren, auch die Wahrnehmungsweise, die vielen Videos, Computerspielen und Sportarten angemessen ist, trägt wenig zur Meisterung der dort angebotenen Stoffe bei. Gleiches gilt mindestens für die höheren Ränge innerhalb der Firmenhierarchie, selbst wenn hier mittlerweile die klassische humanistische Bildung viel weniger zum sozialen Kapital beisteuert als noch vor vierzig Jahren. Juristen, Betriebswirtschaftler und Ingenieure, von denen die führenden Positionen eingenommen werden, bleiben verstärkt auf ihre Fachsprachen zurückgeworfen, die in weit größerer Distanz zur Populärkultur stehen als kanonisierte Drama- und Prosawerke.

Die Frage, wie bindend das Verfahren der Populärkultur wirkt, entzieht sich darum einer einheitlichen Antwort. Insgesamt kann man sagen, dass es desto direkter greift, je stärker es zur Erhebung wichtiger ökonomischer Daten beiträgt: Im Boom-Jahr setzt es an der Börse wirtschaftliche Trends weit über die Gegenwart hinaus; für die Planungen kommerzieller Unternehmen der Unterhaltungs- und Konsumgüterindustrie ist es von entscheidender Bedeutung. Für Gesetzgebungsverfahren dagegen ist es zumeist allenfalls von mittelbarer Wichtigkeit, was sich jedoch in revolutionären Zeiten ins Gegenteil verkehren kann – und für die Lehrpläne von Schulen und Universitäten

spielt es weiterhin kaum eine Rolle. Selbst die wissenschaftlich betriebene
Auflösung aller festen Normen und Geschmacksfundamente führt keineswegs zur öffentlichen Bestimmung von Richtlinien und Verfahrensregeln;
sie ist nur eines unter vielen Beispielen einer ›Abstimmung‹ unter ausgesuchten Fachleuten. Wenn von der zunehmenden Kraft der Populärkultur
gesprochen wird, kann sie deshalb im historischen Moment nur darin bestehen, dass sie die privaten Vorlieben vieler Menschen und einige repräsentative Anlässe in stärkerem Maße prägt als zuvor.

Es ist also nicht die Populärkultur, die die Bedeutung der alten bildungsbürgerlichen Kulturgüter und Betrachtungsweisen entscheidend geschwächt
hat. Es sind vielmehr die unterschiedlichen rational durchorganisierten, ar-
beitsteiligen Abläufe in Verwaltung, Forschung und Produktion, die selbst
den symbolischen und sogar den ausgleichenden Wert der überkommenen
Bildung nachhaltig gemindert haben. Die Populärkultur in ihren zur Zeit
vorherrschenden Ausprägungen – nicht die Populärkultur als Verfahren –
muss sich hingegen eindeutig als kompensatorische Kultur bestimmen lassen, deren einziger Beitrag zur direkten Einübung in Funktionsrollen darin
liegt, Helden als leistungsstarke Einheiten in geschlossenen Handlungsab-
läufen herauszupräparieren. Fasste man sie nicht als Kompensation auf,
wäre kaum zu erklären, weshalb ihre beliebtesten Darstellungen und Ideolo-
geme nicht unmittelbar zum Aufstand gegen die Anforderungen von Ausbildung, Beruf und Rechtsordnung führen. Denn Stars, Führer, Caritas,
der Wert der Freundschaft und der Persönlichkeit, Feier von Körperkraft
und Rhythmus, Ausrichtung an sexuellen Reizen, sportliche Rekorde, romantische Liebe, Beglaubigung im Leid, der Affekt gegen »die da oben«,
Verschwörungstheorien, stets halblegale oder illegale Polizeiarbeit, Potenz,
Rausch, Leben als moralische Prüfung und Anstalt, Spaß als Ziel, individuelle Erfolgsgeschichten … – sie geben je für sich und manchmal im Verbund
ein klares Gegenbild zu einer nach Klassen getrennten Gesellschaft ab, aber
vor allem liefern sie ein Gegenbild zur funktional gegliederten und abstrakt
verfahrenstechnisch geregelten Welt der Arbeit, der staatlichen Organisationen und der Wissenschaft.

Politisch hat man sich darauf bereits seit langer Zeit seinen Reim gemacht: Die repräsentative und verfassungsgemäß eingeschränkte Demokratie soll dazu beitragen, solche momentan immer noch populären Anforderungen zu kanalisieren, damit sie nicht in das Gefüge der öffentlichen und
privatwirtschaftlichen Institutionen eindringen. Mit dem Verfahren der Populärkultur – der Auszeichnung von Wahlakten in Ranglisten – kommt

dies jedoch keineswegs vollkommen überein. Konflikte sind darum jederzeit möglich. Solange sie aber entlang künstlerischer Differenzen ausgetra-
gen werden, ist ihr Potential gering, weil in den westlichen Gesellschaften die Hierarchien und Einkommensunterschiede nur noch teilweise mit
der gelungenen oder missglückten Aneignung von bestimmten Musikstilen,
Schauwerten oder kanonischer Literatur zusammenfallen (man kann dies
gut daran erkennen, dass Politiker, Unternehmer oder Manager, führende
Ingenieure und Naturwissenschaftler, ganz zu schweigen von Sport- oder
Unterhaltungsstars, nur noch selten ihre faktische Macht und Vorrangstellung durch öffentliche Akte einer Aneignung ›hochkultureller‹ Güter ausdrücken, legitimieren und bekräftigen wollen).

Nimmt man das alles zusammen, muss man die gegenwärtigen Wirkungen der Populärkultur gering veranschlagen. Auch die häufig zu hören-
de Rede von einer Mediendemokratie oder gar Mediokratie kann darüber
nicht hinwegtäuschen. Die Beobachtung, dass große Fernsehanstalten und
Zeitungen (bzw. deren Konzernverbund) aktuelle vorherrschende Stimmungen gleichzeitig aufgreifen und erzeugen, stellt zwar einen wichtigen Punkt
heraus (in der Endphase von Wahlkämpfen können sogar eher zufällige,
ganz kurzfristige Trendsetzungen über die Verteilung langjähriger Regie-
rungsmacht entscheiden). Ein zweiter Blick auf die Geschichte der letzten
Jahrzehnte zeigt jedoch, dass alle wichtigen konstitutionellen, militärischen
und ökonomischen Entscheidungen weitgehend unabhängig von solchen
populären Voten und Arenen geplant und erst einmal auch durchgesetzt
worden sind.

Schluss

Zum Schluss bleibt die Frage, in welchem Verhältnis die verschiedenen Bestimmungen der Populärkultur – »Pop«, »Massenkultur«, ›Ansammlung niederer Kulturgüter‹, Zähl- und Ranglistenverfahren – zueinander stehen. Konzentriert man sich beim »Pop«-Begriff auf den avantgardistischen Angriff gegen die idealistische Kunstauffassung, hat man mit der Bejahung ausgestellter Schlüsselreize und schockierender, greller, isolierter Effekte, die nachhaltig ins Leben hineinwirken sollen, eine auf den ersten Blick klare Angabe vor Augen. »Pop« ist dann durch solche Reize gekennzeichnet, die Populärkultur eine Kultur der Reize. Die ausgeprägtesten Beispiele dafür findet man bei einer Avantgardegruppe der fünfziger und sechziger Jahre des 20. Jahrhunderts, der Situationistischen Internationale. Sie plant Städte als Vereinigung veränderlicher »Stimmungsviertel«, die dank der »Erzeugung« unterschiedlicher »einfacher Gefühle« zu neuen »aufregenden Situationen« führen sollen. Die alten Kunstgattungen haben dabei genau die eine Funktion, zu diesen »experimentellen Städten« einen Beitrag zu leisten. Die Musik etwa wird darum nicht länger in Konzertsälen ertönen, sondern Element einer »klanglichen Umwelt« sein.[1]

Während die Unterhaltungsindustrie Reizquellen bereitstellt, die in privaten Haushalten oder an eigens errichteten, separierten Orten (»Disneyland«) wahrgenommen werden, wollen die Pop-Avantgardisten mit ihren Projekten diese Trennung gerade aufheben und die gesamte Gesellschaft dadurch ummodeln. Wenn sie sich einzelne Räume vorstellen, müssen diese wenigstens an Intensität die der kommerziellen Anbieter weit übertreffen. Carollee Schneemann etwa träumt von einem »Nervenenden-Raum«, einem »frei strömenden, sich selbst erhaltenden und zerstörenden Energie Environment« unter Verwendung von »ALLES UMFASSENDER ELEKTROTECHNIK, DEN VÖGELN, FLÜSSIGEM RAUSCHGIFT, FRÖHLICHER TECHNOLOGIE, AUSSERORDENTLI-CHER SINNESWAHRNEHMUNG«. Auch Kunstwerke verschmäht sie

---

1 Guy Debord, Rapport über die Konstruktion von Situationen und die Organisations- und Aktionsbedingungen der Internationalen Situationistischen Tendenz [1957], in: Rapport über die Konstruktion von Situationen und die Organisations- und Aktionsbedingungen der Internationalen Situationistischen Tendenz und andere Schriften, Hamburg 1980, 5-58, hier 42-44.

nicht, allerdings bleibt es nicht dabei; die Rede ist von »BACH, DEN BEA-
TLES, DEM BRUTALSONG, DER SYNÄSTHESIE, DER KINÄSTHESIE.«
Zusätzlich zu den Angeboten dieser überraschungsfreien Liste zeitgenössi-
scher Stereotype kann der Teilnehmer »frei wählen zwischen Musik, Lärm,
Lichtern, Jahreszeiten, Sternen, Milchstrassen, Winden, Farben, von Foto-
zellen ausgelösten Vorgängen, Stromkreis-Unterbrechungen, Dias, Filmen,
Laserstrahlen, Verkehrszeichen, Dreck, Sand, Schlamm, Schmiere, Staub,
freundlichen Tieren, Geweben« usf. Damit die Teilnehmer den Reizen nicht
passiv ausgeliefert sind, wird ihnen nach dem Plan Schneemanns ermöglicht, »Teile des Environments mit gefundenen Materialien« und mit Hilfe
»elektronischer Schaltungen« neu zu bauen. »Ohrenstöpsel, Augenmasken,
Parfüme, winzige Lichter und dicke Schaumgummi-Stücke zum Bau von
Schutzräumen sind vorhanden, um Überwältigungen durch das Environment entgegenzuwirken – um für völlige Ruhe zu sorgen zu privatem Sich-
Näherkommen und Einander-Hochbringen.« In anderen Räumen geht es
weniger zwischenmenschlich zu; einer ist vollständig angefüllt »mit wunderbar geformten, überlebensgrossen Penissen, Hoden, Brustwarzen, Kitz-
lern, äusseren und inneren Schamlippen, Scheiden und Aftern«. Sie wirken »lebensecht«, wünscht sich Schneemann, »auch in den Abweichungen der Details, der Farbe, des Geruchs und der Feuchtigkeit«. »Elektrisch
geladen«, treten sie mit demjenigen, der sie berührt, »in Kommunikation,
überschwemmen ihn mit den allerstärksten Gefühlen«. Zum Schlafen kann
man sich danach zurückziehen in eine Mansarde, deren Liegen und Sofas
aus »übergrossen weichen Kunststoff-Fingern« gebildet sind. »Schweigen.
Ein warmer Lufthauch. Stetes Dämmerlicht.«[2]
    Nutzt man den Moment der Ruhe, um der avantgardistischen Reiz-
überflutung zu entgehen, treten die weitreichenden Konsequenzen der Ge-
schmacksattacke deutlich hervor. In abgemilderter Form läuft sie auf eine
Hochwertung von Design, Architektur und Gebrauchskunst hinaus. Angesichts des alten Gegners der Situationisten, dem asketischen Modernis-
mus, hat eine Umgestaltung der Städte und Lebensumgebungen tatsächlich
nichts an Dringlichkeit verloren. Belässt man es noch reformistischer bei
den Möglichkeiten des Einzelnen, muss fraglos der Kleidermode der Vorrang gegenüber Romanen, Filmen, Theaterstücken zuerkannt werden. Die
Abgrenzung vom bewusst unauffälligen bürgerlichen Stil kann sich dabei

---

2 Carollee Schneemann, Teile eines Körper-Hauses, in: Pop Architektur, Concept Art, herausgegeben von Dick Higgins und Wolf Vostell, Düsseldorf 1969, o. S.

sogar als politischer Reiz ausgeben. Pamela Des Barres etwa propagiert mit ihren Freundinnen von den GTOs um 1968 den »Glamour-Junk«. Ihre Ästhetik des Flohmarkts besteht darin, ein Jahrhundertwende-Taufkleid mit anderen Stücken »bunt zu mixen«. »Je mehr man trug und je weniger es zusammenpaßte, desto besser – aber es mußte schön sein.« Das Programm ist klar: »Freak zu sein bedeutete nicht, häßlich zu sein. Es bedeutete, irrsinnig schön zu sein. Ich wollte auffallen und daß alle sich nach mir umdrehten und staunten. Ich wollte sie zum Nachdenken bringen, sie aufrütteln und aus ihrem Trott herausreißen.«[3]

Streicht man auch noch den vagen politischen Anspruch, bietet die antiidealistische Ästhetik immerhin die Möglichkeit, selbst die aktuell hergestellten Modeprodukte vor einem negativen Urteil zu retten. Die alte Funktionsangabe der Kunst – »erfreuen und belehren« – kann über den Umweg avantgardistischer Ziele – ›schockieren und verstören‹ – eine neue Fassung bekommen – erregen und unterhalten –, in deren Licht sehr viele Favoriten der Populärkultur nützlich und wertvoll wirken können. Wenn man die Ansicht vertritt, dass auch starke Reize ein ästhetisches Urteil zulassen, dann gibt es keinen prinzipiellen Grund mehr, Sex- und Horrorfilme nicht zur hohen Kunst zu schlagen. Alles ist dann ins Belieben des individuellen Geschmacksurteils gestellt, das sich nur noch vorhalten lassen kann, populär (oder unpopulär) zu sein, nicht aber, unästhetisch oder gar falsch zu sein.

Die Bindung des Populären an bestimmte soziale Klassen oder Volksgruppen bietet hingegen Schutz vor der Beliebigkeit. Falls z. B. die starken Reize fast ausschließlich von den »niederen Schichten« verlangt werden, braucht man nicht einmal unbedingt diese Reize an sich zu verdammen, um zu einem negativen Urteil zu gelangen. Voraussetzung dafür ist jedoch, dass erstens Kunst und Bildung nicht als zwei verschiedene Dinge angesehen werden, zweitens die niederen als die ungebildeten Schichten gelten und drittens Bildung einen hohen Wert darstellt. Erst dadurch kann man dem zersetzenden Argument entgehen, dass »starke Reize« oder auch »Identifikationsvorlagen« ziemlich leere Begriffe sind, die auf alles mögliche Anwendung finden können (der Gebildete reagiert eben auf voraussetzungsreiche Stoffe, Intellektuelle finden an ihresgleichen, etwa den Helden Musils oder Prousts, Gefallen).

---

3 Pamela Des Barres, Pamela Des Barres – »Girls Together Outrageously« [Interview von Mike Kelley], in: Texte zur Kunst, Heft 35, 1999, 103–117, hier 107.

Am Verfahren der Populärkultur scheitern schließlich all diese Überlegungen. Wenn populär einfach alles ist, was nach der Auszählung massen-
hafter oder repräsentativer Wahlakte an der Spitze von Ranglisten steht,
dann sind alle weiteren Gedanken zur Bestimmung des Populären Spekula-
tionen oder Vereinfachungen, die zumindest von der Zukunft widerlegt werden könnten. Normativen Anhalt findet das Verfahren der Populärkultur
an seinem Vorbild, der demokratischen politischen Wahl. Die demokratische Wahl zeichnet sich u. a. genau dadurch aus, allen Wählern unabhängig
von ihrem Besitz- und Bildungsstand das gleiche Stimmrecht einzuräumen.

Der große Unterschied zur politischen Wahl besteht jedoch darin, dass
aus den übrigen Statistiken keine direkte institutionelle Wirkung folgt. Das
meist gehörte Lied des letzten Jahrzehnts wird nicht automatisch zum Un-
terrichtsgegenstand erhoben, die meist vertretene Meinung zu einem wichtigen Thema der Gegenwart wird nicht nach einem festgelegten Ablauf zur
Gesetzesgrundlage gemacht. Darum behalten die populären Ansichten und
Werke – die also auf den vorderen Plätzen der Charts rangieren – erst einmal
den Status öffentlich gemachter Vorlieben.

Wegen der fehlenden institutionellen Kraft der Populärkultur können
die Vorrechte des Besitz- und Bildungsbürgertums auch unter den Bedingungen des demokratischen allgemeinen und gleichen Wahlrechts erhalten
bleiben. Das Eigentum ist ohnehin verfassungsmäßig garantiert, unabhängig von möglichen sozialistischen Mehrheiten – und der Wert bestimmter
Bildung, oftmals weit entfernt von den Favoriten der Charts, stellt keine
Geschmacksfrage dar, sondern bildet den Maßstab, an dem sich Ausbil-
dungserfolg und zum Teil auch die berufliche Laufbahn bemessen.

Bildungszertifikate, berufliche Karriere und die damit verbundenen be-
trächtlichen Einkommensunterschiede sowie erworbenes oder ererbtes Kapital stiften Unterschiede, die in den Listen der Populärkultur nicht sichtbar
werden. Wie bei der politischen Wahl sieht man auch den Ergebnissen der
Meinungsumfragen und Einschaltquoten nicht sofort an, welche Klasse sie
eventuell dominiert. Die Populärkultur als Verfahren trägt darum auf ihre Art zur Befriedung der Differenzen bei, die sich aus den Besitz- und
Bildungsunterschieden ergeben könnten.

Literatur

ALLOWAY, LAWRENCE, The Arts and the Mass Media, in: Architectural Design, February 1958, 84-85.

ALLOWAY, LAWRENCE, The Development of British Pop, in: Lucy R. Lippard, Pop Art, with contributions by Lawrence Alloway, Nancy Marmer, Nicholas Calas, New York und Washington 1967, 27-67.

ANDERS, GÜNTHER, Die Antiquiertheit des Menschen. Über die Seele im Zeitalter der zweiten industriellen Revolution, 2. Auflage, München 1956.

ANDERSON, CHESTER, Notes for the New Geology [in: Oracle, January, 1967], in: Notes from the New Underground. An Anthology, herausgegeben von Jesse Kornbluth, New York 1968, 61-65.

ANG, IEN, Desperately Seeking the Audience, London und New York 1991.

ARENDT, HANNAH, Elemente und Ursprünge totaler Herrschaft. Antisemitismus, Imperialismus, Totalitarismus [1951], 7. Auflage, München und Zürich 2000.

ARENDT, HANNAH, Society and Culture [in: Daedalus 89, vol. 2], in: Mass Culture Revisited, herausgegeben von Bernard Rosenberg und David Manning White, New York u. a. 1971, 93-101.

ARTMANN, HANS CARL, Das suchen nach dem gestrigen tag oder schnee auf einem heißen brotwecken, Olten und Freiburg 1964.

BAEUMER, MAX L., Gesellschaftliche Aspekte der ›Volks‹-Literatur im 15. und 16. Jahrhundert, in: Popularität und Trivialität, herausgegeben von Reinhold Grimm und Jost Hermand, Frankfurt am Main 1974, 7-50.

BAND, HENRI, Mittelschichten und Massenkultur. Siegfried Kracauers publizistische Auseinandersetzung mit der populären Kultur und der Kultur der Mittelschichten in der Weimarer Republik, Berlin 1999.

BAUSINGER, HERMANN, Formen der »Volkspoesie«, 2., verbesserte und vermehrte Auflage, Berlin 1980 [1968] (= Grundlagen der Germanistik; 6).

BAUSINGER, HERMANN, Volkskultur in der technischen Welt, Stuttgart 1961.

BECK, ULRICH, Jenseits von Klasse und Schicht?, in: Soziale Ungleichheiten, herausgegeben von Reinhard Kreckel, 35-74 (= Soziale Welt, Sonderband 2).

BENCHLEY, PETER, The Story of POP: What It Is and How It Came to Be, in: Newsweek, April 25, 1966, 56-61.

BERKE, JOSEPH, Kommune 1 Visited, in: Counter Culture, herausgegeben von dems., London 1969, 138–142.

BEST, OTTO F., Das verbotene Glück. Kitsch und Freiheit in der deutschen Literatur, München und Zürich 1978.

BLUMENBERG, HANS, [Redebeitrag], zu: ›Op‹, ›Pop‹ oder die immer zu Ende gehende Geschichte der Kunst, in: Die nicht mehr schönen Künste, herausgegeben von Hans Robert Jauß, München 1968, 691–705 (= Poetik und Hermeneutik; 3).

BOHRER, KARL HEINZ, Die drei Kulturen, in: Stichworte zur »Geistigen Situation der Zeit«, Band 2, herausgegeben von Jürgen Habermas, Frankfurt am Main 1979, 636–669.

BOORSTIN, DANIEL J., The Americans. The Democratic Experience, New York 1973.

BOURDIEU, PIERRE, Die feinen Unterschiede. Kritik der gesellschaftlichen Urteilskraft [La distinction, 1979], Frankfurt am Main 1982.

BOURDIEU, PIERRE, Sagten Sie »populär«?, in: Praxis und Ästhetik. Neue Perspektiven im Denken Pierre Bourdieus, herausgegeben von Gunter Gebauer und Christian Wulf, Frankfurt am Main 1993, 72–92.

BRAUNGART, WOLFGANG, Kitsch: Faszination und Herausforderung des Banalen und Trivialen. Einige verstreute Anmerkungen zur Einführung, in: ders. (Hrsg.), Kitsch. Faszination und Herausforderung des Banalen und Trivialen, Tübingen 2002, 1–24.

BRINKMANN, ROLF DIETER, Angriff auf das Monopol. Ich hasse alte Dichter [1968], in: Roman oder Leben. Postmoderne in der deutschen Literatur, herausgegeben von Uwe Wittstock, Leipzig 1994, 65–77.

BRINKMANN, ROLF DIETER, Die Lyrik Frank O'Haras, in: Frank O'Hara, Lunch Poems und andere Gedichte, Köln 1969, 62–75.

BRINKMANN, ROLF DIETER, Notizen 1969 zu amerikanischen Gedichten und zu dieser Anthologie, in: Silverscreen. Neue amerikanische Lyrik, herausgegeben von dems., Köln 1969, 7–32.

BRINKMANN, ROLF DIETER, Der Film in Worten, in: Acid. Neue amerikanische Szene [1968], herausgegeben von Rolf Dieter Brinkmann und Ralf-Rainer Rygulla, Reinbek bei Hamburg 1983, 381–399.

BROCK, BAZON, Widerstand gegen Widerstandsideologien [1967], in: Ästhetik als Vermittlung. Arbeitsbiographie eines Generalisten, herausgegeben von Karla Fohrbeck, Köln 1977, 828–840.

BROYARD, ANATOLE, American Sexual Imperialism, in: Neurotica 7 (1950), 36–40.

BROYARD, ANATOLE, Kafka was the Rage. A Greenwich Village Memoir, New York 1993.

BÜRGER, GOTTFRIED AUGUST, Von der Popularität der Poesie [ca. 1778], in: Sämtliche Werke, herausgegeben von Günter und Hiltrud Häntzschel, München u. a. 1987, 724-730.

BÜRGER, GOTTFRIED AUGUST, Vorrede, zu: Gedichte. Erster Teil [1789], in: Sämtliche Werke, herausgegeben von Günter und Hiltrud Häntzschel, München u. a. 1987, 9-24.

BÜRGER, PETER, Theorie der Avantgarde, Frankfurt am Main 1974.

BURKE, EDMUND, Betrachtungen über die Französische Revolution [Reflections on the Revolution in France, 1790], Zürich 1986.

BURKE, PETER, Helden, Schurken und Narren. Europäische Volkskultur in der frühen Neuzeit [Popular Culture in Early Modern Europe, 1978], Stuttgart 1981.

CAREY, JOHN, The Intellectuals and the Masses. Pride and Prejudice Among the Literary Intelligensia, 1880-1939, Chicago 1992.

CHAPPLE, STEVEN, und REEBEE GAROFALO, Wem gehört die Rockmusik? Geschichte und Politik der Musikindustrie [Rock 'n' Roll Is Here to Pay, 1977], Reinbek bei Hamburg 1980.

CHRISTIANSEN, BRODER, Das Gesicht unserer Zeit, Buchenbach 1929.

CLARKE, JOHN, Stil [in: Resistance Through Rituals, herausgegeben von Stuart Hall und Tony Jefferson, 1975], in: John Clarke u. a., Jugendkultur als Widerstand. Milieus, Rituale, Provokationen, Frankfurt am Main 1979, 133-157.

CLARKE, JOHN, STUART HALL, TONY JEFFERSON und BRIAN ROBERTS, Subkulturen, Kulturen und Klasse [in: Resistance Through Rituals, herausgegeben von Stuart Hall und Tony Jefferson, 1975], in: John Clarke u. a., Jugendkultur als Widerstand. Milieus, Rituale, Provokationen, Frankfurt am Main 1979, 39-131.

COHN, NIK, AWopBobalooBop AlopBamBoom. Pop History [Pop from the Beginning, 1969], Reinbek bei Hamburg 1971.

COVINGTON, BEN, Crime Against the Bourgeoisie [in: Rebel Worker, No. 6, May 1966], in: King Mob Echo. English Section of the Situationist International, London 2000, 14-15.

CRONER, FRITZ, Soziologie der Angestellten, Köln und Berlin 1962.

DAHLMANN, FRIEDRICH CHRISTOPH, Die Politik auf den Grund und das Maß der gegebenen Zustände zurückgeführt [1835], herausgegeben von Manfred Riedel, Frankfurt am Main 1968.

DE MAN, HENDRIK, Vermassung und Kulturverfall. Eine Diagnose unserer Zeit, München 1951.

DE TOCQUEVILLE, ALEXIS, Über die Demokratie in Amerika [1835/1840], aus dem Französischen von Hans Zbinden, München 1976.

DEBORD, GUY, Rapport über die Konstruktion von Situationen und die Organisations- und Aktionsbedingungen der Internationalen Situationistischen Tendenz [1957], in: Rapport über die Konstruktion von Situationen und die Organisations- und Aktionsbedingungen der Internationalen Situationistischen Tendenz und andere Schriften, Hamburg 1980, 5-58.

DES BARRES, PAMELA, Pamela Des Barres - »Girls Together Outrageously« [Interview von Mike Kelley], in: Texte zur Kunst, Heft 35, 1999, 103-117.

DIEDERICHSEN, DIEDRICH, Nette Aussichten in den Schützengräben der Nebenkriegsschauplätze, in: Staccato. Musik und Leben, herausgegeben von dems., Heidelberg 1982, 85-101.

DRÖGE, FRANZ, und MICHAEL MÜLLER, Die Macht der Schönheit. Avantgarde und Faschismus oder die Geburt der Massenkultur, Hamburg 1995.

DUTSCHKE, RUDI, Die Widersprüche des Spätkapitalismus, die antiautoritären Studenten und ihr Verhältnis zur Dritten Welt, in: Rebellion der Studenten oder Die neue Opposition, eine Analyse von Uwe Bergmann, Rudi Dutschke, Wolfgang Lefèvre, Bernd Rabehl, Reinbek bei Hamburg 1968, 33-92.

ECCLESHALL, ROBERT, British Liberalism. Liberal thought from the 1640s to 1980s, London und New York 1986.

ECO, UMBERTO, Die Struktur des schlechten Geschmacks, in: Apokalyptiker und Integrierte. Zur kritischen Kritik der Massenkultur [1964], Frankfurt am Main 1984, 59-115.

ELEY, GEOFF, Liberalism, Europe, and the Bourgeoisie 1860-1914, in: The German Bourgeoisie. Essays on the Social History of the German Middle Class from the Late Eighteenth to the Early Twentieth Century, herausgegeben von David Blackbourn und Richard J. Evans, London und New York 1991, 293-317.

EWALD, FRANCOIS, Der Vorsorgestaat [L'État-providence, 1986], Frankfurt am Main 1993.

FETZER, GÜNTHER, Wertungsprobleme in der Trivialliteraturforschung, München 1980.

FICHTE, HUBERT, Die Palette [1968], Frankfurt am Main 1978, 256.

FIEDLER, LESLIE A., Überquert die Grenze, schließt den Graben! Über die Postmoderne [Cross the Border, Close the Gap, in: Playboy, December 1969], in: Roman oder Leben. Postmoderne in der deutschen Literatur, herausgegeben von Uwe Wittstock, Leipzig 1994, 14-39.

FISKE, JOHN, »Kampf im Alltagsleben«. Gespräch zwischen John Fiske und Eggo Müller, in: Die kleinen Unterschiede. Der Cultural Studies-Reader, herausgegeben von Jan Engelmann, Frankfurt am Main und New York 1999, 187-201.

FISKE, JOHN, Populäre Urteilskraft, in: Politik des Vergnügens. Zur Diskussion der Populärkultur in den Cultural Studies, herausgegeben von Udo Göttlich und Rainer Winter, Köln 2000, 53-74.

FISKE, JOHN, Understanding Popular Culture, London und New York 1989.

FLUCK, WINFRIED, Populäre Kultur. Ein Studienbuch zur Funktionsbestimmung und Interpretation populärer Kultur, Stuttgart 1979.

FREIDSEN, ELIOT, Communications Research and the Concept of the Mass, in: The Process and Effects of Mass Communication, herausgegeben von Wilbur Schramm, 6. Auflage, Urbana 1965 [1954], 380-388.

FRITH, SIMON, Das Gute, das Schlechte und das Mittelmäßige. Zur Verteidigung der Populärkultur gegen den Populismus [The Good, the Bad, and the Indifferent, in: diacritics 21 (1991)], in: Cultural Studies. Grundlagentexte zur Einführung, herausgegeben von Roger Bromley, Udo Göttlich, Carsten Winter, Lüneburg 1999, 191-214.

FRITH, SIMON, und HOWARD HORNE, Art into Pop, London und New York 1987.

GALBRAITH, JOHN KENNETH, The Affluent Society [1958], third edition, revised, Boston 1976.

GANS, HERBERT J., The Creator-Audience Relationship in the Mass Media: An Analysis of Movie Making, in: Mass Culture. The Popular Arts in America, herausgegeben von Bernard Rosenberg und David Manning White, Glencoe (Illinois) 1957, 315-324.

GEHLEN, ARNOLD, Das Ende der Persönlichkeit? [1956], in: Studien zur Anthropologie und Soziologie, Neuwied und Berlin 1963, 329-340.

GEIGER, THEODOR, Die Masse und ihre Aktion, Ein Beitrag zur Soziologie der Revolutionen, Stuttgart 1926.

GELDZAHLER, HENRY, [Redebeitrag], zu: Peter Selz, Henry Geldzahler, Hilton Kramer, Dore Ashton, Leo Steinberg, Stanley Kunitz, A Symposium on Pop Art, in: Arts, April 1963, 35-45.

GEORG, WERNER, Soziale Lage und Lebensstil. Eine Typologie, Opladen 1998.

GINER, SALVADOR, Mass Society, London 1976.

GOETHE, JOHANN WOLFGANG, Dichtung und Wahrheit, in: Goethes Werke, Band IX, Hamburg 1955 (= Hamburger Ausgabe).

GREENBERG, CLEMENT, Avant-Garde and Kitsch [in: Partisan Review 1939, 378-389], in: Mass Culture. The Popular Arts in America, herausgegeben von Bernard Rosenberg und David Manning White, 5. Auflage, Glencoe (Illinois) 1960 [1957], 98-107.

GREILING, JOHANN CHRISTOPH, Theorie der Popularität [1805], Nachdruck der Erstausgabe Magdeburg 1805, Stuttgart/Bad Canstatt 2001 (= Volksaufklärung, Band 13).

GRIMM, JACOB und WILHELM, Deutsches Wörterbuch, Band 7, Leipzig 1951.

GROSSBERG, LAWRENCE, We Gotta Get Out of this Place. Popular Conservatism and Postmodern Culture, London und New York 1992.

HABERMAS, JÜRGEN, Protestbewegung und Hochschulreform, Frankfurt am Main 1969.

HABERMAS, JÜRGEN, Strukturwandel der Öffentlichkeit. Untersuchungen zu einer Kategorie der bürgerlichen Gesellschaft [1962], 12. Auflage, Darmstadt und Neuwied 1981.

HALL, STUART, Notes on Deconstructing ›The Popular‹, in: People's History and Socialist Theory, herausgegeben von Raphael Samuel, London 1981, 227-240.

HALTERN, ULRICH R., Verfassungsgerichtsbarkeit, Demokratie und Mißtrauen. Das Bundesverfassungsgericht in einer Verfassungstheorie zwischen Populismus und Progressivismus, Berlin 1998 (= Schriften zum öffentlichen Recht, Band 751).

HAMILTON, RICHARD, Letter to Peter and Alison Smith, 16th January 1957, in: The Independent Group: Postwar Britain and the Aesthetics of Plenty, herausgegeben von David Robbins, Cambridge (Massachusetts) und London 1990.

HAUSMANN, RAOUL, Aliterell Deliterell Subliterell [1919], in: Dada Berlin. Texte, Manifeste, Aktionen, in Zusammenarbeit mit Hanne Bergius herausgegeben von Karl Riha, Stuttgart 1982, 54-56.

HEBDIGE, DICK, In Poor Taste [1983], in: Post-Pop Art, herausgegeben von Paul Taylor, Cambridge (Massachusetts) 1989, 79-109.

HEBDIGE, DICK, Subculture. The Meaning of Style, London 1979.

HECKEN, THOMAS, Der Reiz des Trivialen. Idealistische Ästhetik, Trivialliteraturforschung, Geschmackssoziologie und die Aufnahme populärer Kultur, in: ders. (Hrsg.), Der Reiz des Trivialen. Künstler, Intellektuelle und die Popkultur, Opladen 1997, 13-48.

HECKEN, THOMAS, Kunst und/oder Leben. Futuristisches, dadaistisches Varieté, situationistische Aktion, Pop Art, in: Der Reiz des Trivialen. Künstler, Intellektuelle und die Popkultur, herausgegeben von dems., Opladen 1997, 109-140.

HECKEN, THOMAS, Gegenkultur und Avantgarde 1950-1970. Situationisten, Beatniks, 68er, Tübingen 2006.

HECKEN, THOMAS, Gestalten des Eros. Die schöne Literatur und der sexuelle Akt, Opladen 1997.

HECKEN, THOMAS, Pop-Literatur um 1968, in: Text und Kritik, Sonderband X/2003, herausgegeben von Heinz Ludwig Arnold und Jörgen Schäfer, 41-54.

HEIDEGGER, MARTIN, Sein und Zeit [1927], 15. Auflage, Tübingen 1979.

HERDER, JOHANN GOTTFRIED, Alte Volkslieder [1773/74], in: Werke, Band 3, herausgegeben von Ulrich Gaier, Frankfurt am Main 1990, 9-68.

HERDER, JOHANN GOTTFRIED, Haben wir noch jetzt das Publikum und Vaterland der Alten? [1765], in: Werke, Band 1, herausgegeben von Ulrich Gaier, Frankfurt am Main 1985, 40-55.

HERDER, JOHANN GOTTFRIED, Volkslieder. Nebst untermischten andern Stücken, Zweiter Teil [1779], in: Werke, Band 3, herausgegeben von Ulrich Gaier, Frankfurt am Main 1990, 229-430.

HERDER, JOHANN GOTTFRIED, Von Ähnlichkeit der mittlern englischen und deutschen Dichtkunst, nebst Verschiednem, das daraus folget [1777], in: Werke, Band 2, herausgegeben von Gunter E. Grimm, Frankfurt am Main 1993, 550-562.

HERMAND, JOST, Pop International. Eine kritische Analyse, Frankfurt am Main 1971.

HINZ, RALF, Cultural Studies und Pop. Zur Kritik der Urteilskraft wissenschaftlicher und journalistischer Rede über populäre Kultur, Opladen 1998.

HINZ, RALF, Pop-Theorie und Pop-Kritik. Denk- und Schreibweisen im avancierten Musikjournalismus, in: Text und Kritik, Sonderband X/2003, herausgegeben von Heinz Ludwig Arnold und Jörgen Schäfer, 297-310.

HOGGART, RICHARD, A Sense of Occasion [1958], in: Speaking to Each Other, vol. I, London 1971, 28-44.

HOGGART, RICHARD, The Uses of Literacy [1957], London 1992.

HORKHEIMER, MAX, und THEODOR W. ADORNO, Dialektik der Aufklärung. Philosophische Fragmente [1944], Frankfurt am Main 1988.

HÜGEL, HANS-OTTO, Zugangsweisen zur Populären Kultur. Zu ihrer ästhetischen Begründung und ihrer Erforschung, in: Populäre Kultur als repräsentative Kultur, herausgegeben von Udo Göttlich, Winfried Gebhardt, Clemens Albrecht, Köln 2002, 52-78.

HUYSSEN, ANDREAS, The Cultural Politics of Pop [1975], in: After the Great Divide. Modernism, Mass Culture, Postmodernism, Houndmills und London 1988, 141-159.

JÄCKEL, MICHAEL, Wahlfreiheit in der Fernsehnutzung. Eine soziologische Analyse zur Individualisierung der Massenkommunikation, Opladen 1996.

JÜNGER, ERNST, O. S., in: Der Scheinwerfer, 3 (1929), Heft 3, 29-30.

KANT, IMMANUEL, Anthropologie in pragmatischer Hinsicht [1798], herausgegeben von Karl Vorländer, Hamburg 1980.

KANT, IMMANUEL, Aus einer Logikvorlesung [1772], in: Materialien zu Kants »Kritik der Urteilskraft«, herausgegeben von Jens Kulenkampff, Frankfurt am Main 1974, 101-112.

KANT, IMMANUEL, Kritik der Urteilskraft [1790], herausgegeben von Wilhelm Weischedel, Frankfurt am Main 1974 (= Werkausgabe, Band X).

KERR, ALFRED, Wo liegt Berlin. Briefe aus der Reichshauptstadt 1895-1900, herausgegeben von Günther Rühle, 4. Auflage, Berlin 1997.

KILLY, WALTER, Deutscher Kitsch: Ein Versuch mit Beispielen, Göttingen 1962.

KINSEY, ALFRED C., WARDELL B. POMEROY und CLYDE E. MARTIN, Sexual Behaviour in the Human Male [1948], 15. Auflage, Philadelphia und London 1968.

KLONSKY, MILTON, Greenwich Village. Decline and Fall [in: Commentary, 1948], in: The Scene Before You. A New Approach to American Culture, herausgegeben von Chandler Brossard, New York und Toronto 1955, 16-28.

KONDYLIS, PANAJOTIS, Der Niedergang der bürgerlichen Denk- und Lebensform. Die liberale Moderne und die massendemokratische Postmoderne, Weinheim 1991.

KÖNIG, HELMUT, Zivilisation und Leidenschaften. Die Masse im bürgerlichen Zeitalter, Reinbek bei Hamburg 1992.

KÖNIG, RENÉ, Gestaltungsprobleme der Massengesellschaft, in: Soziologische Orientierungen. Vorträge und Aufsätze, Köln und Berlin 1965, 461-478.

KRACAUER, SIEGFRIED, Die Angestellten. Aus dem neuesten Deutschland [1929], Frankfurt am Main 1971.

KRACAUER, SIEGFRIED, Kult der Zerstreuung. Über die Berliner Lichtspielhäuser [1926], in: Das Ornament der Masse, Frankfurt am Main 1977, 311-317.

KREUZER, HELMUT, Trivialliteratur als Forschungsproblem. Zur Kritik des deutschen Trivialromans seit der Aufklärung, in: Deutsche Vierteljahresschrift für Literaturwissenschaft und Geistesgeschichte 41 (1967), 173-191

KUREISHI, HANIF, und JON SAVAGE (Hrsg.), The Faber Book of Pop, London 1995.

LACLAU, ERNESTO, Fascism and Ideology, in: Politics and Ideology in Marxist Theory. Capitalism - Fascism - Populism, London 1979 [1977], 81-142.

LACLAU, ERNESTO, Towards a Theory of Populism, in: Politics and Ideology in Marxist Theory. Capitalism - Fascism - Populism, London 1979 [1977], 143-198.

LANG, KURT, Mass Appeal and Minority Tastes, in: Mass Culture. The Popular Arts in America, herausgegeben von Bernard Rosenberg und David Manning White, Glencoe (Illinois) 1957, 379-384.

LARRABEE, ERIC, und DAVID RIESMAN, Autos in Amerika [1956], in: David Riesman, Wohlstand wofür? Essays, Frankfurt am Main 1966, 202-231.

LAZARSFELD, PAUL F., und ROBERT K. MERTON, Mass Communication, Popular Taste and Organized Social Action [1948], in: Mass Culture. The Popular Arts in America, herausgegeben von Bernard Rosenberg und David Manning White, Glencoe (Illinois) 1957, 457-473.

LE BON, GUSTAVE, Psychologie der Massen [Psychologie des foules, 1895], Stuttgart-Botnang 1951.

LEDERER, EMIL, State of the Masses. The Threat of The Classless Society [1940], New York 1967.

LETHEN, HELMUT, Der Habitus der Sachlichkeit in der Weimarer Republik, in: Literatur der Weimarer Republik 1918-1933, herausgegeben von Bernhard Weyergraf, München und Wien 1995, 371-445 (= Hansers Sozialgeschichte der deutschen Literatur, Band 8).

LEVINE, LAWRENCE W., William Shakespeare and the American People. A Study in Cultural Transformation [1984], in: Rethinking Popular Culture. Contemporary Perspectives in Cultural Studies, herausgegeben von Chandra Mukerji und Michael Schudson, Berkeley u. a. 1991, 157-197.

LINK, JÜRGEN, Versuch über den Normalismus. Wie Normalität produziert wird, 2., erweiterte Auflage, Opladen 1999 [1997].

LIPPMANN, WALTER, Die öffentliche Meinung [Public Opinion, 1922], München 1964.

LÖWENTHAL, LEO, Literatur und Gesellschaft. Das Buch in der Massenkultur [Literature, Popular Culture, and Society, 1961], Neuwied am Rhein und Berlin 1964.

MAASE, KASPAR, Jenseits der Massenkultur. Ein Vorschlag, populäre Kultur als repräsentative Kultur zu lesen, in: Populäre Kultur als repräsentative Kultur, herausgegeben von Udo Göttlich, Winfried Gebhardt, Clemens Albrecht, Köln 2002, 79-104.

MacDonald, Dwight, A Theory of Mass Culture [1953], in: Mass Culture. The Popular Arts in America, herausgegeben von Bernard Rosenberg und David Manning White, Glencoe (Illinois) 1957, 59-73.

MacDonald, Dwight, A Theory of Popular Culture, in: Politics, February 1944.

MacDonald, Dwight, Masscult and Midcult, in: Partisan Review 27 (1960), 203-233.

MacDonald, Dwight, Masscult and Midcult: II, in: Partisan Review 27 (1960), 589-631.

Mahnkopf, Birgit, Verbürgerlichung. Die Legende vom Ende des Proletariats, Frankfurt am Main und New York 1985.

Mannheim, Karl, Mensch und Gesellschaft im Zeitalter des Umbaus [1935/1940], Darmstadt 1958.

Marcuse, Herbert, Der eindimensionale Mensch. Studien zur Ideologie der fortgeschrittenen Industriegesellschaft [One-Dimensional Man, 1964], in: Schriften, Band 7, Frankfurt am Main 1989.

Marcuse, Herbert, Versuch über die Befreiung [An Essay on Liberation, 1968], Frankfurt am Main 1969.

Marinetti, F. T., Das Varieté [Il Teatro di varietà, 1913], in: Umbro Apollonio, Der Futurismus. Manifeste und Dokumente einer künstlerischen Revolution 1909-1918, Köln 1972, 170-177.

Marwick, Arthur, The Sixties. Cultural Studies in Britain, France, Italy and the United States, c. 1958 - c. 1974, New York 1998.

Marx, Karl, Das Elend der Philosophie. Antwort auf Proudhons »Philosophie des Elends« [1847], in: MEW, Band 4, Berlin 1974, 63-182.

Marx, Karl, und Friedrich Engels, Manifest der Kommunistischen Partei [1848], in: MEW, Band 4, Berlin 1974, 459-493.

McGuigan, Jim, Cultural Populism, London und New York 1992.

McLuhan, Marshall, Die mechanische Braut. Volkskultur des industriellen Menschen [The Mechanical Bride. Folklore of Industrial Man, 1951], Amsterdam 1996.

Melly, George, Revolt into Style. The Pop Arts in the 50s and 60s [1970], Oxford 1989.

Meyer, Hannes, Die neue Welt [1926], in: Bauen und Gesellschaft. Schriften, Briefe, Projekte, herausgegeben von Lena Meyer-Bergner, Dresden 1980, 27-32.

MEYER, HANNES, und JEAN BARD, Das Theater Co-op [1924], in: Hannes Meyer, Bauen und Gesellschaft. Schriften, Briefe, Projekte, herausgegeben von Lena Meyer-Bergner, Dresden 1980, 24-26.

MIDDLETON, RICHARD, Musikalische Dimensionen. Genres, Stile, Aufführungs-praktiken, in: Rock- und Popmusik, herausgegeben von Peter Wicke, Laaber 2001, 61-106.

MILL, JOHN STUART, Bentham [1838], in: Collected Works of John Stuart Mill, vol. X, London 1969, 75-115.

MILL, JOHN STUART, On Liberty [1859], in: Utilitarianism. Liberty [...], herausge-geben von H. B. Acton, London 1972, 63-170.

MILL, JOHN STUART, Representative Government [1861], in: Utilitarianism. Liberty [...], herausgegeben von H. B. Acton, London 1972, 171-393.

MILLER, DOUGLAS T., und MARION NOWAK, Fifties. The Way We Really Were, New York 1977.

MILLS, C. WRIGHT, Menschen im Büro. Ein Beitrag zur Soziologie der Angestellten [White Collar, 1951], Köln-Deutz 1955.

MÖDING, NORI, Die Angst des Bürgers vor der Masse. Zur politischen Verführ-barkeit des deutschen Geistes im Ausgang seiner bürgerlichen Epoche, Berlin 1984.

MORIN, EDGAR, Der Geist der Zeit [L'esprit du temps], Köln und Berlin 1965.

MORLEY, DAVID, Medienpublika aus der Sicht der Cultural Studies, in: Die Zu-schauer als Fernsehregisseure? Zum Verständnis individueller Nutzungs- und Rezeptionsmuster, herausgegeben von Friedrich Krotz und U. Hasebrink, Baden-Baden 1996, 37-51.

MÜLLER-BACHMANN, ECKART, Jugendkulturen Revisited. Musik- und stilbezogene Vergemeinschaftungsformen (Post-)Adoleszenter im Modernisierungskontext, Münster u. a. 2002.

NOELLE, ELISABETH, Umfragen in der Massengesellschaft. Einführung in die Me-thoden der Demoskopie, Reinbek bei Hamburg 1963.

NOLTE, PAUL, Die Ordnung der deutschen Gesellschaft. Selbstentwurf und Selbst-beschreibung im 20. Jahrhundert, München 2000.

NUSSER, PETER, Trivialliteratur, Stuttgart 1991.

O'DOHERTY, BRIAN, Art: Avant-Garde Revolt [New York Times, October 31, 1962], in: Pop Art. A Critical History, herausgegeben von Steven Henry Madoff, Berkeley u. a. 1997, 41-42.

ORTEGA Y GASSET, JOSÉ, Der Aufstand der Massen [La rebelión de las masas, 1930], in: Gesammelte Werke, Band III, Stuttgart 1978, 7-155.

PACKARD, VANCE, Die unsichtbaren Schranken. Theorie und Praxis des Aufstiegs in der »klassenlosen« Gesellschaft [The Status Seekers. An Exploration of Class Behaviour in America and the Hidden Barriers that Affect You, Your Community, Your Future, 1959], Düsseldorf 1959.

PEATMAN, JOHN GRAY, Radio and Popular Music, in: Radio Research 1942-1943, herausgegeben von Paul F. Lazarsfeld und Frank N. Stanton, New York 1979.

PELLS, RICHARD, Die Moderne und die Massen. Die Reaktion amerikanischer Intellektueller auf die populäre Kultur in den dreißiger Jahren und in der Nachkriegszeit, in: Zwischen Angstmetapher und Terminus. Theorien der Massenkultur seit Nietzsche, herausgegeben von Norbert Krenzlin, Berlin 1992, 102-117.

POPPER, KARL, Die offene Gesellschaft und ihre Feinde [The Open Society and Its Enemies, 1944], Band 1, Bern 1957.

PROKOP, DIETER, Versuch über Massenkultur und Spontaneität [1971], in: Massenkultur und Spontaneität. Zur veränderten Warenform der Massenkommunikation im Spätkapitalismus, Frankfurt am Main 1974, 44-101.

PRUTZ, ROBERT, Die deutsche Belletristik und das Publikum [in: Die deutsche Literatur der Gegenwart, Band 2, Leipzig 1859], in: Schriften zur Literatur und Politik, Tübingen 1973, 89-103.

PRUTZ, ROBERT, Über die Unterhaltungsliteratur, insbesondere der Deutschen [in: Kleine Schriften, Band 2, Merseburg 1847], in: Schriften zur Literatur und Politik, Tübingen 1973, 10-33.

QUÉTELET, ADOLPHE, Soziale Physik oder Abhandlung über die Entwicklung der Fähigkeiten des Menschen [Physique sociale, 1835], 2. Band, Jena 1921.

RADWAY, JANICE, On the Gender of the Middlebrow Consumer and the Threat of the Culturally Fraudulent Female, in: South Atlantic Quarterly 93 (1994), 871-893.

RADWAY, JANICE, The Scandal of the Middlebrow. The Book-of-the-Month Club, Class Fracture, and Cultural Authority, in: South Atlantic Quarterly 89 (1990), 703-736.

Reichsgericht, Urt. vom 6. November 1893, 367 (RGSt 24, 367).

RESCHKE, RENATE, »Pöbel-Mischmasch« oder vom notwendigen Niedergang aller Kultur. Friedrich Nietzsches Ansätze zu einer Kulturkritik der Masse, in: Zwischen Angstmetapher und Terminus. Theorien der Massenkultur seit Nietzsche, herausgegeben von Norbert Krenzlin, Berlin 1992, 14-42.

REYNOLDS, SIMON, New Pop and Its Aftermath [1985], in: On Record. Rock, Pop, and the Written Word, herausgegeben von Simon Frith und Andrew Goodwin, London 1990, 466-471.

RIESMAN, DAVID (in collaboration with REUEL DENNEY and NATHAN GLAZER), The Lonely Crowd. A Study of the Changing American Character, New Haven 1950.

RIESMAN, DAVID, Listening to Popular Music [1950], in: Mass Culture. The Popular Arts in America, herausgegeben von Bernard Rosenberg und David Manning White, Glencoe (Illinois) 1957, 408-417.

RIESMAN, DAVID, Preface, zu: ders. (with REUEL DENNEY and NATHAN GLAZER), The Lonely Crowd. A Study of the Changing American Character, abridged edition with a new foreword, New Haven und London 1961, XI-L.

RIESMAN, DAVID, und HOWARD ROXBOROUGH, Laufbahnen und Konsumverhalten [1955], in: David Riesman, Wohlstand wofür? Essays, Frankfurt am Main 1966, 18-47.

RILEY, MATILDA W., und SAMUEL H. FLOWERMAN, Group Relations as a Variable in Communications Research, in: American Sociological Review 16 (1951), 174-180.

RINGER, FRITZ K., Die Gelehrten. Der Niedergang der deutschen Mandarine 1890-1933 [The Decline of the German Mandarines, 1969], Stuttgart 1983.

ROBESPIERRE, MAXIMILIEN, Über die Notwendigkeit, das Dekret über die Mark Silber zu widerrufen [1791], in: Ausgewählte Texte, Hamburg 1971, 37-54.

ROSE, BARBARA, Dada Then and Now, in: Art International, January 1963, 23-28.

RÖSING, HELMUT, »Populäre Musik« - was meint das?, in: Das Populäre in der Musik des 20. Jahrhunderts. Wesenszüge und Erscheinungsformen, herausgegeben von Claudia Bullerjahn und Hans-Joachim Erwe, Hildesheim u. a. 2001, 39-60.

ROUSSEAU, JEAN-JACQUES, Vom Gesellschaftsvertrag oder Grundsätze des Staatsrechts [Contrat Social, 1762], in: Sozialphilosophische und Politische Schriften, München 1981, 267-391.

RUBIN, SHELLEY, The Making of Middle Brow Culture, Chapel Hill und London 1992.

RYGULLA, RALF-RAINER, Nachwort, zu: Fuck you (!). Underground-Gedichte [1968], herausgegeben von dems., Frankfurt am Main 1980, 115-120.

SCHELSKY, HELMUT, Die Bedeutung des Schichtungsbegriffs für die Analyse der gegenwärtigen deutschen Gesellschaft [1953], in: Auf der Suche nach Wirklichkeit. Gesammelte Aufsätze, Düsseldorf und Köln 1965, 331-336.

SCHELSKY, HELMUT, Die skeptische Generation. Eine Soziologie der deutschen Jugend, Düsseldorf und Köln 1957.

SCHELSKY, HELMUT, Gesellschaftlicher Wandel [1956/1961], in: Auf der Suche nach Wirklichkeit. Gesammelte Aufsätze, Düsseldorf und Köln 1965, 337-350.

SCHELSKY, HELMUT, Wandlungen der deutschen Familie in der Gegenwart, Dortmund 1953.

SCHILLER, FRIEDRICH, Über Bürgers Gedichte [1791], in: Schillers Werke, Band 22, Weimar 1958 (= Nationalausgabe), 245-264.

SCHILLER, FRIEDRICH, Ueber die ästhetische Erziehung des Menschen in einer Reihe von Briefen [1795], in: Schillers Werke, Band 20, Weimar 1962 (= Nationalausgabe), 309-412.

SCHLEIERMACHER, FRIEDRICH, Vertraute Briefe über Schlegels Lucinde, in: Kritische Gesamtausgabe, Erste Abteilung, Band 3, herausgegeben von Günter Meckenstock, Berlin und New York 1988, 139-216.

SCHNEEMANN, CAROLLEE, Teile eines Körper-Hauses, in: Pop Architektur, Concept Art, herausgegeben von Dick Higgins und Wolf Vostell, Düsseldorf 1969.

SCHNEIDER, NORBERT J., Popmusik. Eine Bestimmung anhand bundesdeutscher Presseberichte von 1960 bis 1968, München und Salzburg 1978 (= Freiburger Schriften zur Musikwissenschaft, Band 11).

SCHNIERER, THOMAS, Soziologie der Werbung. Ein Überblick zum Forschungsstand einschließlich zentraler Aspekte der Werbepsychologie, Opladen 1999.

SCHULTE-SASSE, JOCHEN, Die Kritik an der Trivialliteratur seit der Aufklärung. Studien zur Geschichte des modernen Kitschbegriffs, München 1971.

SCHULZE, GERHARD, Die Erlebnis-Gesellschaft. Kultursoziologie der Gegenwart, Frankfurt am Main und New York 1992.

SCURA, DOROTHY M. (Hrsg.), Conversations with Tom Wolfe, Jackson und London 1990.

SELZ, PETER, The Flaccid Art, in: Partisan Review 30 (1963), 313-316.

SHIACH, MORAG, Discourse on Popular. Class, Gender and History in Cultural Analysis, 1970 to the Present, Cambridge und Oxford 1989.

SILBERMANN, ALPHONS, und UDO MICHAEL KRÜGER, Soziologie der Massenkommunikation, Stuttgart u. a. 1973.

SOLOMON, ALAN R., The New Art, in: Art International, September 1963, 37-41.

SOMBART, WERNER, Technik und Kultur, in: Archiv für Sozialwissenschaft und Sozialpolitik 33 (1911), 305-347.

SONTAG, SUSAN, Anmerkungen zu ›Camp‹ [Notes on »Camp«, 1964], in: dies., Kunst und Antikunst. 24 literarische Essays, Frankfurt am Main 1982, 322-341.

SOREL, GEORGE, Über die Gewalt [Réflexions sur la violence, 1908], Frankfurt am Main 1969.

SPAEMANN, ROBERT, Der Ursprung der Soziologie aus dem Geist der Restauration. Studien über L. G. A. de Bonald, München 1959.

STEIN, LORENZ V., Der Socialismus und Communismus des heutigen Frankreichs. Ein Beitrag zur Zeitgeschichte, Leipzig 1842.

TARDE, GABRIEL, L'Opinion et la foule, Paris 1901.

TOCQUEVILLE, ALEXIS DE, Über die Demokratie in Amerika [De la Démocratie en Amérique, 1835/1840], München 1976.

TÖNNIES, FERDINAND, Gemeinschaft und Gesellschaft. Grundbegriffe der reinen Soziologie [1. Auflage 1887], fotomechanischer Nachdruck der 8., verbesserten Auflage Leipzig 1935, Darmstadt 1963.

TRILLING, LIONEL, Sex and Science: The Kinsey Report [1950], in: The Scene before You. A new Approach to American Culture, herausgegeben von Chandler Brossard, New York und Toronto 1955, 120-137.

TZARA, TRISTAN, FRANZ JUNG, GEORG GROSZ, MARCEL JANCO, RICHARD HUELSENBECK, GERHARD PREISS, RAOUL HAUSMANN u. a., Dadaistisches Manifest [1918, abgedruckt 1920], in: Dada. Eine literarische Dokumentation, herausgegeben von Richard Huelsenbeck, Reinbek bei Hamburg 1984, 31-33.

VISCHER, FRIEDRICH THEODOR, Ästhetik oder Wissenschaft des Schönen, V/VI, Nachdruck der 2. Auflage, München 1923, Hildesheim und New York 1975.

VOGT, LUDGERA, Kunst oder Kitsch: ein »feiner Unterschied«? Soziologische Aspekte ästhetischer Wertung, in: Soziale Welt 45 (1994), 363-384.

WALDMANN, GÜNTER, Theorie und Didaktik der Trivialliteratur, München 1973.

WEBSTER, JAMES G., und PATRICIA F. PHALEN, The Mass Audience. Rediscovering the Dominant Model, Mahwah (New York) 1997.

What Is Pop Art? Answers from 8 Painters, Part I: Jim Dine, Robert Indiana, Roy Lichtenstein, Andy Warhol, Interviews by G. R. Swenson, in: Art News, November 1963, 24-27 und 60-64.

What Is Pop Art? Part II: Stephen Durkee, Jasper Johns, James Rosenquist, Tom Wesselmann, Interviews by G. R. Swenson, in: Art News, February 1964, 40-43 und 62-67.

WHITING, CÉCILE, A Taste for Pop. Pop Art, Gender, and Consumer Culture, Cambridge 1997.

WHYTE, WILLIAM H., Herr und Opfer der Organisation [The Organization Man, 1956], Düsseldorf 1958.

WINTER, RAINER, Die Kunst des Eigensinns. Cultural Studies als Kritik der Macht, Weilerswist 2001.

WOLFE, TOM, Introduction, in: The Pump House Gang [1968], 6. Auflage, New York 1997, 3-14.

WOLFE, TOM, The New Journalism, in: The New Journalism. With an Anthology edited by Tom Wolfe and E.W. Johnson [1973], London 1975, 15-68.

WOLFE, TOM, The Pump House Gang [ca. 1965], in: The Pump House Gang [1968], 6. Auflage, New York 1997, 17-39.

Anhang

Girl und Popkultur

Pop als Mädchen

Fun, Fun, Fun ist ein Ausruf, unter dem die sechziger Jahre als erstes Pop-Jahrzehnt beginnen. Genau diesen Spaß hatten Kritiker der Massenkultur aber schon lange vorher als schal und freudlos abgestempelt. Wenn an die Stelle der tragischen Garbo der harmlose Mädchenschwarm Mickey Rooney oder das »schwachsinnige women serial« trete, dann triumphiere endgültig armselige, normierte Durchschnittsware – so lautet die für lange Zeit maßgebende Einschätzung von Theodor W. Adorno und Max Horkheimer aus dem Jahr 1944. Die Refrains dieser Kulturkritik lassen deshalb an Eindeutigkeit nichts zu wünschen übrig: »Fun ist ein Stahlbad« und »Vergnügtsein heißt Einverstandensein«, schreiben Horkheimer / Adorno in ihrem »Kulturindustrie«-Kapitel der *Dialektik der Aufklärung*. Trotzig steht dagegen die Behauptung eines Hits der achtziger Jahre *Girls just wanna have fun* (Cindy Lauper). Dass die Mädchen diesen Spaß in genau der Popwelt finden werden, zu der andere Kulturindustrie sagen, daran lässt die Schlagersängerin keinen Zweifel.

Nimmt man Lauper und Adorno beim Wort, scheint Pop nicht nur auf weibliche Fans angewiesen zu sein. Nein, Pop ist offensichtlich ein Mädchen. Das überrascht, denn wie viele ganz unterschiedliche Dinge sind nicht bereits populär gewesen ... kurze Haare und lange Haare, Rolling Stones und John Travolta, Willy Brandt und Maggie Thatcher, Arnold Schwarzenegger und Stephen Hawking ... mal bedeutungslose Dinge, mal Helden und Ereignisse, die mit ungeheuren Umwälzungen einhergingen ... mal Favoriten der Mittelschicht, mal Idole der Arbeiterklasse, manchmal auch übergreifende Allianzen ... Doch trotz all dieser Unterschiede wird populäre Kultur nicht allein von ihren Verächtern zumeist auf einen sehr einheitlichen Nenner gebracht: Die Produkte der Popkultur seien oberflächlich und standardisiert, heißt es fast immer abfällig, ihre verführerischen Schlüsselreize zielten auf schnelle, körperlich spürbare Wirkungen.

Bei Mädchen und jungen Frauen sieht es ganz ähnlich aus. Zwar unterscheiden sie sich nach Temperament, Ausbildung, Herkunft selbstverständlich tiefgreifend, dennoch kommt ihr Bild zumeist ohne individuelle

Linien aus. Sobald sie nicht mehr auf ihre andere Rolle als gefühlsinnige, häusliche Person und werdende Mutter festgelegt werden, gelten sie gerne als leichtsinnig und amüsierwillig. Fallen die alten reaktionären Fesseln, stehen Mädchen unmittelbar als Verkörperungen des populären Prinzips da: Sie werden für verführerisch gehalten, andererseits aber hält man sie auch für leicht verführbar; sie sind eben oberflächlich. Oberflächlich wie die Popkultur selbst!

Viele junge Frauen haben diese Zuschreibungen begeistert aufgenommen und zu ihrer Selbstdarstellung genutzt, bieten sie doch Schutz vor ihrer traditionellen Bestimmung als künftige Hausfrau und Mutter. Der Nachteil der neuen Kategorie bleibt jedoch nicht lange verborgen: Oberflächlichkeit steht nicht nur für eine Begeisterung an den Äußerlichkeiten von Mode und Körper, die manchem Mann und vielen Konservativen unheimlich oder unmoralisch vorkommt. Mit solchen Abwertungen allein könnten die angesprochenen Frauen selbstverständlich gut leben, sie dienen ja gerade als willkommene Bestätigung der eigenen modernen Einstellung. Problematisch ist vielmehr, dass Oberflächlichkeit ebenfalls für mangelnde Intelligenz einsteht. Wenn das moderne Mädchen als oberflächliches Mädchen identifiziert wird, bleiben ihm die Türen der Universitäten, Parlamente und Vorstandsbüros genauso kategorisch verschlossen wie seiner braven Mutter.

Vorspiel: Libertäre Boheme und das Problem der Egalität

Auch der hedonistisch unterlegte Affekt der Avantgarde gegen die Familie kann dem Mädchen und der jungen Frau keineswegs helfen, ihre Beschränkung aufs Geschlecht zu überwinden. Wilhelm Reichs Überzeugung, dass der »Geschlechtsverkehr in der Pubertät« ein selbstverständliches Bedürfnis darstellt und dass die »Unterdrückung des kindlichen und jugendlichen Liebeslebens« der »Kernmechanismus der Erzeugung von hörigen Untertanen und ökonomischer Sklaven« sei, steht für ein libertäres Programm, welches zumindest in der Bohemepraxis jedoch jungen Frauen nur sehr begrenzte Chancen bot.

Das verwundert, ist doch allem geschlechtlichen Tun spätestens in der Boheme der zehner Jahre die Überzeugung beigemengt, dass man nicht nur seinen Lüsten nachgeht, sondern eine politische Tat vollbringt. Oskar Maria Graf berichtet in seinem autobiographischen Roman *Gelächter von aussen*, »alle Schwabinger« seien in jener Zeit »- wie ich es unter größtem

Beifall nannte – ›Sexualdemokraten‹« gewesen. Auch in dieser Demokratie
gibt es ein Grundgesetz: sexuelle Leistung ist Pflicht: »Beide Geschlechter
hielten sich in puncto Sexualität an das geflügelte Wort, das seit jeher über
die berühmte Künstlerpension *Führmann* in Umlauf war: ›Beim Tag kann
man und nachts muß man.‹« Die Einhaltung des Gebots wird öffentlich
anerkannt: »Wer es in dieser Hinsicht soweit brachte, daß er ins Gerede
kam, der war hochgeachtet und überall begehrt.«

Zur sozialistisch gemeinten »Sexualdemokratie«, die Graf zweifelsohne
verfolgte, fehlt jedoch bisher in seiner Darstellung der Schwabinger Boheme der entscheidende egalitäre Aspekt. Graf selber will ihn befördern,
indem er auf Parties zu Beginn der zwanziger Jahre in geräumigen Maler-
und Bildhauerateliers die Gäste zu unterschiedsloserem, wahlloserem Tun
animiert: »[Ich] packte ein Mädchen am Hintern oder am Busen, küßte es
lachend ab und wieherte anspornend: ›Erotik, mehr Erotik, bitte!‹«

Graf stößt auf Gehör, der Alkohol hilft dabei. Berauscht, haben sich die
Partygäste, »die sich meistens kaum oder gar nicht kannten, umgirrt und
umschwirrt, in eine hektische Brunst hineingetanzt und schließlich wie
geile Affen ineinanderverkrampft. Die animalische Wucht ihrer sexuellen
Hemmungslosigkeit hatte all ihren Dünkel und ihre Standesunterschiede
zerblasen und fortgeweht, und auf einmal standen sie alle gleich auf gleich.«
Egalität ist erreicht, diesen ›Sozialismus‹ stiftet die freigelegte Triebnatur.

Nicht ins Bild ›animalischer‹ oder gar sozialer Gleichheit passt jedoch
der kommerzielle Charakter der Veranstaltung. Finanziert werden die Feste nämlich von Syndizi großer Firmen und Kaufleuten auf Geschäftsrei-
se, die Graf mit »Mädchen aus wohlbehüteten Bürgerfamilien« zusammenbringt, Mädchen, die »sich mit dem ganzen Elan neugierig-unverbrauchter
Jugend hemmungslos ins Orgiastische« stürzen. Ihre Freiwilligkeit kann
wohl tatsächlich nicht ganz in Abrede gestellt werden, wenn es stimmt,
dass ihre Bezahlung nur aus Alkohol und teuren Delikatessen bestand, wie
Graf schreibt. Graf sieht denn auch das wahre Problem seiner organisierten
Sexualdemokratie woanders. Es tritt am Morgen danach zutage; kaum dass
die Sexualpartner der vergangenen Nacht Grafs Ateliers verlassen hatten,
»sagten sie ›Sie‹ zueinander und versteiften sich ins verspießerte, masken-
haft Wohlanständige.«

Wird auf die ideologische Einkleidung der Feste verzichtet – wie etwa bei
Erwin Blumenfelds Autobiographie *Einbildungsroman* –, bietet der Morgen
danach ein plastischeres Bild: Blumenfeld wacht verfroren in der Badewan-
ne auf, seinen blauen Anzug hat man ihm gestohlen. Vorausgegangen ist

eine Orgie - und zuvor eine Werbeaktion. Auf einem Plakat, mit dem die
einladenden expressionistischen und dadaistischen Schriftsteller und Künstler als Sandwichmänner den Kurfürstendamm auf und ab spazieren, werden »wohlgebaute junge Damen der Gesellschaft mit Filmtalenten« zum
Atelierfest geworben. Den elf Männern - »Mynona [Salomo Friedländer],
Grosz, Piscator, Huelsenbeck, Mehring, das Siebenmonatskind (der spätere Pipi-Dada), Benn, Gumpert, Yomar, Förste, Wieland und Muti Herzfel-
de (Monteur-Dada)« - stehen am Abend tatsächlich mehr als genug ver-
zweifelte und/oder amüsierwütige Frauen gegenüber; da mehr als fünfzig
»auftauchten, mußten wir wegen Überfüllung schließen.« Der Zusammenhang von materiellem und sexuellem Gütertausch wird hier nicht unter-
schlagen: »Der alte Mynona (schon über 40!) hatte angedeutet, daß in seiner
Hosentasche ein halbes Pfund Cacao verborgen sei, und aller Damen Hände waren in seinen Hosentaschen. Ich beneidete diesen Roué!« Doch die
anderen kommen ebenfalls auf ihre Kosten. »Um das Fest in Schwung zu
bringen, schlugen wir vor, man solle sich entkleiden. Wir Männer zogen uns
in die Küche zurück und beschlossen, unentkleidet zu bleiben. Als wir ins
Studio zurückkamen, war die Damenwelt nackend und die Orgie begann.
Alles besoff sich, die leeren Flaschen flogen durchs Glas des Atelierfensters
auf die Straße. Scherben, Schreie, Krach.« Vom Abend bleibt die mehrfache
literarische Beschreibung und zumindest eine belegte Geschlechtskrankheit:
»Während alle jubelnd Takt schlugen, holte sich Grosz auf einer Chaise-
longue in der Mitte des Studios bei Mascha Beethoven n Trippa. Mynona
hat diesen historischen Abend in einem Roman, dessen Titel mir entfallen
ist, verewigt.«
    Von der zynisch-realistischen zurück zur weltanschaulich intensivierten
Boheme-Erotik. Bei ihr fällt die Angabe, wie ein richtiges Sexualleben aus-
zusehen hat, leichter als ihre Verwirklichung. Bei Graf also die auf Dauer
gestellte unterschiedslose Orgie. Die alternative Sexualmoral vergisst trotz
aller Abwehr repressiver Normen nicht, neue, eigene Gebote aufzustellen.
Zuerst heißt es: »Jedem von uns [ihm und seiner Frau]« sei die »Freiheit«
verblieben, »sich das zu nehmen, was ihn gelegentlich sexuell anzog.« Wie
gesehen, ist aber mit der neu eingeräumten Freiheit die Aufforderung verbunden, sie tatsächlich entsprechend zu gestalten. Grafs Frau fügt sich der
Verschränkung von Verbotsaufhebung und Neugebot; sie rettet jedoch die
romantische Liebe, indem sie Einzigartigkeit und Alleineigentum an etwas anderes als den ›exklusiven Gebrauch der Geschlechtswerkzeuge‹ (Kant)
knüpft: »[E]ins nahm sie ernsthaft übel: wenn ich [Graf] einer solchen Zu-

fallsliebhaberin ein Gedicht widmete. Nach ihrem Dafürhalten verschleu-
derte ich damit etwas vom Besten und Teuersten, was einzig und allein nur
ihr gehören mußte.« Seine Feste sind auch als ein Versuch zu werten, solche
individuellen Ansprüche momentan zu übertönen.

Erich Mühsam bietet in seinen *Unpolitischen Erinnerungen* eine andere
Sicht der Atelierfeste an; freilich spricht er über Feste mit einer anderen Zusammensetzung von Leuten. Dort treffen im Münchener Karneval Künstler
auf Aktmodelle. Mühsams Schilderung der Konstellation steht trotz ihrer
Anrüchigkeit in direktem Gegensatz zu der Grafs. Er habe im Fasching
glücklich erfahren, »wie in sich freie Menschen, wenn sie ihre Freiheit un-
befangen hervorquellen lassen, nicht roh, unappetitlich und geschmacklos
werden wie der Spießbürger, der sich in Gier auf Vergnügungen stürzt, die
ihn Sünde dünken, sondern die Lust als ihr Recht betrachten und in der
Freiheit der Lust schöner, besser und reiner werden.« – »Es war eine selbstverständliche Zusammengehörigkeit der Teilnehmer einer solchen Münchener
Gaudi; jeder tat, was ihm gefiel, befreundete sich, mit wem ihm die Unterhaltung paßte und gab sich, wie er war.« Zur Klasse »freier Menschen«
zählen nach der Auffassung Mühsams sicher auch die Akademiemodel-
le, schließlich spricht er allgemein davon, dass zur Zusammengehörigkeit
»jeder« mit seinem individuellen Handeln und authentischen Ausdruck beiträgt. Im Besonderen werden die Modelle jedoch lediglich summarisch als
»vergnügt, gesellig und zärtlich« beschrieben; außerhalb des »Modellballs«
seien sie »in ihrer Mehrzahl alles andere als leichtsinnige oder gar schamlose
Geschöpfe« gewesen.

Als Individuen – selbst wenn sie als »Freundin« firmieren – tauchen
die »Faschingsbräute« in dem Rückblick aber nicht auf. Da fällt das ganze
strahlende Licht auf Franziska Reventlow, die zur Feier egalitärer Haltung
von der Masse der Tanzenden abgehoben wird: »Wahrhaftig, es wäre der
Gräfin Reventlow nicht beigekommen, sich in irgendeiner Weise über die
Modelle, die den Tanzsaal füllten, zu überheben.« Dieser Widerspruch steht
nicht allein. Er wird aber genauso wenig wahrgenommen wie jenes andere
Paradox: Aus dem Handeln nach dem Lustprinzip – »jeder tat, was ihm
gefiel« –, aus der Geselligkeit nach eigenem Gutdünken – jeder »befreundete
sich, mit wem ihm die Unterhaltung paßte« – soll sich »selbstverständliche
Zusammengehörigkeit« ergeben. Noch interessanter schillert der Widerspruch, wenn man an ein Ursprungstheorem der freien Marktwirtschaft
erinnert: Das Profitstreben Einzelner, der Konkurrenzkampf untereinander
trage zum Wohlstand aller am besten bei. Die sozialistisch gedachte egali-

täre Zusammengehörigkeit der sich anarchisch verhaltenden Faschingsteil-
nehmer beruht auf dem gleichen Prinzip wie das wichtigste kapitalismus-
theoretische Paradoxon.

Wiederum am Beispiel Reventlow beschreibt Mühsam an anderer Stelle das Prinzip solidarischer Selbstgesetzgebung genauer. Die Gräfin lebte
aus »natürlicher Notwendigkeit« in den »Formen freiheitlicher Moral«, sie
gab sich »die Gesetze ihres Verhaltens nach den Bedürfnissen ihres ange-
borenen Wesens«. Nun kann bereits der angegebene Grund der Freiheit –
»Natur«, »Notwendigkeit«, »angeborenes Wesen« – das Freiheitsgefühl verstören, vollends zunichte gemacht wird es aber erst vom Folgesatz, nach
dem das »angeborene Wesen künstlerischer Menschen« sich »immer im Einklang mit sozialer Gesamthaltung« befinde. Bei einer solch konsequenten
Ausrichtung der Freiheit auf ganz bestimmte Haltungen verliert das Wort
beinahe gänzlich seine Bedeutung.

Man findet etwas von der Bedeutung wieder, wenn Mühsam über die
sexuelle Einstellung der Gräfin zu Reventlow spricht. Wie gewohnt, geht er
zuerst von einem Wesensbegriff – »ihrer lebenshungrigen und künstlerisch
bewegten Natur« – aus, um dann auszuführen, dass sie sich »unbedenklich
den Launen ihres sinnlichen Begehrens« überlassen habe. An der Stelle un-
terlässt es Mühsam allerdings anzugeben, inwieweit jene Haltung sozial wir-
ke.

In den Tagebüchern von Franziska Gräfin zu Reventlow bleiben die erotischen Launen tatsächlich nicht ausgespart. Gleich auf der zweiten Seite
ihres Tagebuchs, im Alter von 25 Jahren, schreibt sie: »Ich wollte Walter
behalten und die andern auch – was habe ich in der kurzen Zeit alles erlebt
– einen nach dem andern. Warum fühle ich das Leben herrlich und intensiv, wenn ich viele habe? – immer das Gefühl, eigentlich gehöre ich allen.
Und dann wieder der haltlose Jammer, daß ich dadurch gerade den Einen
verliere, der mich liebt. Warum gehen Liebe und Erotik für mich so ganz
auseinander?«

Auf der ersten Seite ist der »Jammer« bereits vorangestellt gewesen und
ganz traditionell ausgemalt worden: »Seit ich ihn nicht mehr habe, fühle
ich eine ganz wahnsinnige Liebe zu ihm und eine nagende Sehnsucht.« Zu
einer sozialen Gemeinschaft fehlt da jeglicher Bezug, es handelt sich um
die Klage von jemandem, dessen Vorlieben von den anderen, auf die sich
die Neigungen richten, nicht in gleicher Weise geteilt werden. Mit den Jahren dann findet das eigene, schwer zu vermittelnde Bedürfnis gelasseneren
Ausdruck; die Reaktion der anderen darauf bleibt in dem Zusammenhang

wohl nicht zufällig unerwähnt: »Ich habe mein Leichtsinnsquartal – wo ich
›sie alle‹ lieben könnte.«

Die Gelassenheit stellt aber nur eine Seite der gewonnenen Reife dar.
Reventlow geht später manchmal noch weiter in die andere Richtung, die
Richtung verzweifelter Intensität, und lässt nicht einmal mehr die geglück-
ten Momente für sich stehen. Zuerst schreibt sie: »Der Abend war zu schön,
um ihn auch nur für sich selbst aufzuschreiben«, um sofort anschließend
das Schöne ununterscheidbar mit dem Unglück zu vermischen: »Warum
nur jeder Lebensrausch soviel Schmerz und Sehnsucht und Wollust in einem zurückläßt.« Ein so verspürter Mangel wird nie gestillt werden können.
Er dürfte jedoch im Selbstgefühl stets tief empfunden werden. Das Selbstgefühl dient bei Reventlow allerdings noch nicht zur öffentlichen Selbstdarstellung. Ihr Intensitätsquell bleibt den anderen verborgen, von denen
sie vielleicht annimmt, dass sie bei einer Frau das Angenehme dem Sub-
limen vorziehen. Ganz grundsätzlich am Prinzip offenen Selbstausdrucks,
als behaupteter Voraussetzung gelungenen gemeinschaftlichen Austauschs,
vorbei: »Was für Unruhe trag' ich in mir selber. Für die andern allerdings
bin ich immer lächelnde und heitere Oberfläche.«

Wenigstens scheint der äußere Grund der Unruhe gleich zu bleiben:
»Wenn ich liebe, ist es immer ein Unglück für alle beide, immer, immer,
unweigerlich. – Ich liebe einen und begehre sechs andere, einen nach dem
andern. Mich reizt nur gerade der Wechsel und der ›fremde Herr‹.« Diese
Einstellung kann im Unterschied zum Beginn des Tagebuchs mittlerweile
manchmal behauptet und gegen widerstrebende Haltungen angeführt werden. Auf die »bitterböse« Feststellung eines sicherlich eifersüchtigen Freun-
des hin, dass niemals ein Mensch bei ihr bleiben werde und könne, stellt
sich bei ihr zuerst »das versteinerte Gefühl« ein. Dann geht sie jedoch in die
Offensive: »Ich weiß es ja, aber warum? Weil alle, die mich einmal haben,
mich ganz für sich haben und auffressen wollen.«

Doch erst im Roman (*Von Paul zu Pedro*) gelingt die Rhetorik der freien
Liebe sorgloser und gelöster wie auch ideologisch sicherer. Als Voraussetzung dafür muss gegeben sein, dass die Rednerin weder eigene starke Gefühle zulässt noch sich vom Leid der anderen beeindruckt zeigt. Alles dreht
sich darum, die romantische Liebe und mit ihr die Eifersucht zu verneinen.
Was bei anderen jedoch als Weltanschauung vorgetragen wird, soll bei der
Heldin des Romans Neigung und natürliches Bedürfnis sein: »Auch habe
ich nie das Verlangen gehabt, einen Menschen ganz zu ›besitzen‹ oder ihn
über Gebühr festzuhalten. Dazu ist das Leben zu kurz. Und wer mich fest-

halten wollte - es kam hier und da vor -, ist niemals sehr zufrieden mit dem Erfolg gewesen. Meine Unbeständigkeit ist also eigentlich ein schöner und altruistischer Zug, es macht mir gar kein Vergnügen, anderen Leiden zu verursachen. Ebensowenig gereicht es mir zur Freude, wenn man mich mit Eifersucht plagt, ich habe nie recht begriffen, warum die Menschheit diese unangenehmen Emotionen so kultiviert.« Hier irrt die Romanfigur allerdings; die wirkliche Welt wird unmittelbar in den Jahren danach den Beweis antreten wollen, dass diese kühle Einstellung gleich ganzen Teilen der »Menschheit« eigentümlich sei. Die Überraschung dabei: es soll sich weder um Männer noch um ihre besonders unromantische Avantgarde einzelner Bohemezirkel handeln. Von einer ›natürlichen Neigung‹ kann darum keine Rede mehr sein.

Zwanziger Jahre - Das Mädchen wird zum neuen Girl

Erst in dem Moment, in dem etwas verbreitetere materielle Sicherheit auch unverheiratete Frauen erreichen darf, kann die Lockung der ›freien Sexualität‹ für junge Frauen mehr als nur eine weitere zweifelhafte Sackgasse oder eine literarische Attitüde bedeuten. Die libertären, hedonistischen Vorbereitungen der Boheme, der »Sexualdemokratie« und -avantgarde können dann einen egalitären Zug bekommen, der seitens der jungen Frauen vielleicht sogar etwas weniger einer von männlicher Warte aus betriebenen Reduzierung auf rein sexuelle Möglichkeiten entspringt. Der Augenblick ist erreicht, als in den zwanziger Jahren erstmals Mädchen und Kulturindustrie ganz eng zusammen kommen. Das Mädchen wird dabei zum »Girl« umbenannt (statt ›Pop-Zeitalter‹ sagte man damals noch »Jazz Age«). Es ist zudem das erste Jahrzehnt, in dem einige Intellektuelle und Schriftsteller das Lob der Massenkultur und der Zerstreuung anstimmen. Das kommt auch dem Girl zugute, wenigstens scheint es so. Tatsächlich hoffen nicht wenige junge Frauen in den zwanziger Jahren, ihre selbstbewusste Lust an erotischen und modischen Oberflächen könne dem Rest der (männlichen) Welt mehr bedeuten als ein weiterer Sexualreiz.

Die neuen Frauen lassen sich zuerst nicht beirren, obwohl sie beide Seiten der patriarchalischen Medaille kennen sollten: Ist die Frau keine Jungfrau oder Ehefrau und Mutter, dann ist sie eine (in wenigen Momenten hoch attraktive, grundsätzlich aber ausgeschlossene) Hure. Dieser Logik wollen nicht wenige junge Frauen der zwanziger Jahre entgehen, indem sie ihre Körper und Lüste versachlichen. Die Kleidung wird sportlicher, die Einstellung zur Liebe nüchterner: Die Aufmerksamkeit verlagert sich vom Dekolleté auf die Beine; gerade Schnitte überspielen zusätzlich Taille und Becken; die Kostümjacke steht dem Sakko an Strenge nur wenig nach; auch weibliche Frisuren (der »Bubikopf«) nähern sich dem männlichen Vorbild des Kurzhaarschnitts. Zugleich äußert sich die allmähliche optische Verwischung klar herausgestellter Geschlechterunterschiede in einer unsentimentaleren Einstellung der Liebe gegenüber.

Ihre Bestimmung erfahren die Frauen so zwar wiederum erotisch und modisch, sie glauben aber trotzdem dadurch weder auf dem Platz der Mutter zu landen (das ohnehin nicht!) noch auf dem der Hure. Schlichtere Kleiderformen, von denen der Körper in seiner Bewegung weniger gehemmt wird, und eine unromantische Einstellung der Sexualität gegenüber sollen nicht allein erotische Freizügigkeit beweisen. Sie sollen zudem ein Zeichen dafür sein, dass Frauen zu selbständiger Arbeit an jedem Orte bereit sind. Die Zeichen der Freiheit entstammen jedoch nicht der Arbeitswelt: Der kürzere Rock, die Zigarette, die Pagenfrisur führen schwerlich aus der Sphäre der Freizeit, der Unterhaltung, des Flirts hinaus.

Geprägt wird der neue Trend in Amerika Ende der zehner Jahre. Bereits 1920 kann F. Scott Fitzgerald das zeitgenössische Mädchen, den *flapper*, in seiner Erzählung *Bernice Bobs Her Hair* als Typ herausstellen. Bevor Bernice ihr Haar kurz schneiden lässt, ist sie noch das alte, tugendsame Mädchen, »unpopular«, »out of style«, ganz das Gegenteil des »modern girl«. »She was no fun on a party«, heißt es knapp und mitleidlos über sie. Darum wird sie von ihrer Cousine Marjorie umerzogen. Im Gegensatz zu Bernice hat Marjorie fast nur männliche Freunde. Das moderne Mädchen gewinnt seine Popularität offensichtlich unter Männern; kichernde Freundinnen meidet es. Den Vorwurf, es sei hart und selbstsüchtig, nimmt es als Kompliment. Am Ende der Erzählung muss es dafür noch büßen – es verliert Haare und Freunde –, trotzdem kann sein Erfolg über die Geschichte hinaus nicht mehr aufgehalten werden.

›Bobbing one's hair‹ steht dann in einer Reihe mit ›drinking, smoking, dancing the Charleston, driving her own little sport car‹ (manchmal kommt auch ›sniffing cocaine‹ hinzu). Es steht in einer Reihe mit dem Bewusstsein, sich selbstbewusst und direkt wie ein Mann zu verhalten. Ein *flapper* ist stolz darauf, schamlos, egoistisch und ehrlich zu sein – so steht es als Bekenntnis in der *New York Times* vom 16. Juli 1922. Eine seiner intellektuellen Wortführerinnen, die Schriftstellerin Dorothy Parker, bestätigt das Bild mit teilweise brüsken, zynischen Versen, in denen die Absage an die romantische Liebe ohne Bedauern daherkommt: »By the time you swear you're his,/Shivering and sighing,/And he vows his passion is/Infinite, undying -/Lady, make a note of this: /One of you is lying.«

Selbst der vollkommen charakterlosen älteren Stiefschwester des *flapper* kann dank der unromantischen Grundeinstellung einiges an Witz abgewonnen werden. Die Heldin von Anita Loos' *Gentlemen Prefer Blondes. The Illuminating Diary of a Professional Lady* (1925) ist nämlich ebenso naiv wie zielstrebig, ebenso dumm wie lebensklug. Wenn Männer Blondinen bevorzugen, schätzt diese blonde Frau Männer mit Geld. »Kissing your hand may make you feel very good but a diamond and safire bracelet lasts forever«, ist Lorelei Lees Wahlspruch; im Marylin Monroe-Film wird daraus der Refrain »Diamonds Are a Girls Best Friend«. Das materialistische Prinzip bewahrt die Heldin des Buchs davor, sich an die arme romantische Liebe zu verschwenden. Trotzdem ist sie keine leichte Beute reicher Männer. Das Leben ist zu kurz, um es mit der Familie solch eines begüterten Ehemanns zu verbringen, lautet ihre zweite Einsicht. Darum hält sie sich nicht nur an einen wohlhabenden Sohn aus guter Familie, sondern zusätzlich an Mr. Montrose, eine zwielichtige Gestalt aus der Filmwelt, die Geld für ihre Projekte sucht. Der Mann aus Hollywood wird es bekommen - von der blonden Heldin, besser gesagt: natürlich von ihrem vermögenden Mann Henry Spoffard. Das wird noch nicht einmal zum Schaden des Ehemanns sein. Kunstanspruch, Sex und Tiefsinn gehen in den Filmstudios auch für ihn eine attraktive Mischung ein. Sehr beeindruckt von den hoch seriösen Filmplänen notiert Lorelei Lee in ihr Tagebuch einen Ausspruch Montrose': Hollywood müsse endlich erkennen, dass eine fünfundzwanzigjährige Frau genauso viele Liebesverwirrungen (»sex problems«) durchlebe wie ein *flapper* von 16 Jahren. Da irrt der Filmmann jedoch. Der etwas ältere *flapper* Lorelei Lee hat keinerlei Probleme, nicht einmal vordergründige erotische Probleme. Sigmund Freud (»Mr. Froyd« in der Diktion Loreleis) untersucht sie - und kann nichts finden. Er staunt über ein »girl«, das ganz offensichtlich immer das tut, was es tun möchte. Am Ende rät er ihr, sich ein paar Hemmungen und Verdrängungen anzuschaffen: »So then Dr. Froyd said that all I needed was to cultivate a few inhibitions and get some sleep.«

Dass derart eklatante Problemlosigkeit vielen Männern Sorge bereitet, kann man immer wieder bemerken. Nicht nur Konservative empfinden die Unmoral des *flapper* als Bedrohung: Wie ein Mann fordert der *flapper* sein Recht auf »smoking and drinking, swearing, petting and disturbing the community peace«. Auch liberale Männer können darin nicht immer nur einen Freibrief für die eigene sexuelle Freizügigkeit entdecken. Spätestens am Ende des Jahrzehnts finden sie den offensiv auftretenden *flapper* ebenso unangenehm wie die »hysterischen« Frauen, die immer noch für die Frauenrechte eintreten (*New York Times*, 28.7.1929). Gleiches Wahlrecht und geteilte Zigaretten scheinen ihnen den Kampf um Gleichberechtigung erledigt zu haben.

In Deutschland kommt der *flapper* in Gestalt des Filmstars Lilian Harvey von Beginn an gezähmt mit lockigen blonden Haaren und schwingender weiblicher Kleidung daher. Trotzdem muss sich Harvey gegen den Vorwurf amerikanisierter, oberflächlicher Weiblichkeit verteidigen: Die zeitgemäße junge deutsche Frau orientiere sich zwar an dem in Amerika geschaffenen Typ, es sei aber doch »ein wohltuendes Plus an Individualität, Geistigkeit und Selbstverantwortung zu bemerken«, gibt der deutsche Star ideologisch beredt im Artikel *Flapper* Auskunft (*Die Woche*, 9.3.1929).

Fünf Jahre zuvor hatte man noch auf andere Art und Weise versucht, den amerikanischen *flapper* einem konservativeren deutschen Publikum erträglich zu machen. In einem der ersten Artikel über *Das neue Geschlecht. Jugend in Amerika* (*Uhu*, November 1924) gibt Fritz Zielesch sein Bestes, um das moderne New Yorker Mädchen nicht allzu befremdlich erscheinen zu lassen. Zwar fallen beim »Hudson-flapper« »sorgfältig rot schattierte Wangen, eine wohlgepuderte Nase, ein kirschrot in geschwungener Klammerform ausgemalter Mund«, stark gezupfte Augenbrauen und der »Bubikopf« auf – doch seien jene jungen Frauen letztlich »zahme, harmlose Kinder«. Trotz der neuen massenhaften, durch Schminke und Puder gestifteten Künstlichkeit finde man keinerlei Anzeichen von Dekadenz. »Erotik? Keine Spur«, heißt es in der Reportage kurz und bündig.

»Jazzklang und Jazzschritt, Lollipop und – nicht zu vergessen – der Kaugummi« können an dem braven Bild nichts ändern. Im Gegenteil, diese Klänge und Genüsse der ersten Populärkultur, die von den standardisierten Waren einer Freizeit- und Konsumgüterindustrie bestimmt wird, tragen für den Autor der Illustrierten *Uhu* (*Das Neue Ullstein Magazin*) genau zum harmlosen Eindruck bei. Künstlichkeit, Standardisierung und Massenhaftigkeit verhindern gerade »Ausgelassenheit«. Die New Yorker Lebensfreude sei »mechanisiert zwischen Kochtopf, Baseball und Grammophon«, deshalb müsse sie ohne Erotik bleiben.

Die meisten anderen Autoren werden diese Einschätzung jedoch nicht übernehmen, selbst wenn sie ebenfalls traditionelle Formen der Erotik mit

Lebensfreude und Natürlichkeit identifizieren. Um so stärker rechnen sie darum aber angesichts der unnatürlichen Girls mit einer kälteren Erotik, die exakt jener Künstlichkeit und Mechanisierung entspringt. In seinem Büchlein *Das Gesicht unserer Zeit* aus dem Jahr 1929 charakterisiert Broder Christiansen die amerikanischen *flapper* zuerst auf nun schon vertraute Weise: Diese Mädchen seien »eines wie das andere, keß, selbstbewußt, schlank und niedlich, unbedeutend, normierte Schönheit, mit Puppenlächeln, mit Puder und Lippenstift, unpersönlich, und glatt vertauschbar wie Maschinenprodukte«. Aber ganz im Gegensatz zum *Uhu*-Artikel fünf Jahre zuvor verbindet Christiansen – wie fast alle seine Zeitgenossen – mit der standardisierten Glätte der jungen Frauen eine Lösung des »Sexus« von Liebe und Mütterlichkeit: »Wert hat nur der Augenblicksgenuß; man will nicht eine Bindung in die Zukunft hinein.« Das »Gegennatürliche« setzt sich durch: »Die Frau wird künstlich entmuttert«. Das gewohnte Verhältnis der Geschlechter scheint sich umzukehren: »der Mann ist zurückhaltender, die Frau bietet sich dringlicher an.« Christiansen zitiert Otto Flake, um deutlich zu machen, wie »entpersönlicht, entweiblicht, versachlicht« der neue Frauentyp gerade sexuell agiert: »Man sieht heute bei einem Gang durch die Stadt tausend Mädchen, die gleichsam ein kleines, grundsätzliches Fähnchen schwenken, worauf etwa steht: ›Ich mache alles mit!‹«

Dieses neue Mädchen unter den Bedingungen der Unterhaltungsindustrie wird in Deutschland nicht *flapper*, sondern einfach Girl genannt. Der angloamerikanische Ausdruck zeigt nicht nur an, dass das neue Phänomen mit der Sprache des alten Deutschland gar nicht mehr zu fassen ist. Er weist auch deutlich auf die Verschränkung von neuer Frau, Unterhaltung, Sex und Standardisierung. Dies gilt von Beginn der Begriffsverwendung an. Bevor es den modernen Typ junger Frau bezeichnet, steht Girl nämlich ursprünglich für die Tänzerinnen der englischen und amerikanischen Revuen – Tiller-Girls, Ziegfeld Follies –, die stets im Gleichschritt ihre Beine zeigen. Erst die konsequente Standardisierung macht die altbekannte Zurschaustellung weiblicher Reize zu einem neuen Phänomen.

Die ungeheure, verblüffende Aufmerksamkeit, die den exakten Choreographien halbnackter Frauenkörper gezollt wurde, kann man u. a. daran ablesen, dass jeder bedeutende Feuilletonist sich mindestens einmal zu dem Thema äußern musste. Dabei bleibt es einer Frau vorbehalten, den Tänzerinnen auch im Feuilleton ihren eindeutigen sexuellen Barwert zuzubilligen: »Zweimal neunhundert Augen, davon mehr als die Hälfte männliche, starrten aus dem Dunkel. Nackte Beine als Massenerscheinung sind ungemein peinlich. Lächeln als Massenerscheinung ist schamerregend, weil unverhüll-te Prostitution« (Gabriele Tergit, *Varieté*).

Alle männlichen Autoren geben hingegen vor, keine Lust verspürt zu haben. Alfred Polgar bleibt ganz nüchtern: »Girls nennt man Gruppen von jüngeren Frauen, die bereit sind, ziemlich entkleidet auf einer Bühne ge-nau vorgeschriebene parallele Bewegungen zu machen.« (*Prager Tageblatt*, 11.4.1926) Siegfried Kracauer fügt an: »Sie sind nicht von militärischer Exaktheit, sie entsprechen dem Ideal der Maschine.« (*Frankfurter Zeitung*, 26.5.1931) Joseph Roth bleibt darum der Genuss versagt: »Ihre Nacktheit dient nicht der Lust, sondern der Anatomie: Experiment des Anschauungs-unterrichts von der Entwicklung der weiblichen Muskulatur.« (*Frankfurter Zeitung*, 28.4.1925) Später denkt Roth bei weiblicher Gesundheit gleich an den Zahnarzt: »Der Gedanke lag immerhin nahe, daß sie eine Art Varieté-Nymphen sind, wie sie sich ein amerikanischer Polytheismus vorstellen mag: kerngesund, für Schönheitswettbewerbe geeignet, Töchter der Artemis (die in Hollywood seßhaft ist), und zweimal in der Woche beim Dentisten.« (*Das Tagebuch*, 5.4.1930) Etwas humaner kommt dem Feuilletonisten das Girl nur in abgesunkener Form, auf dem Rummelplatz, vor: Dort »steht ei-ne Bude, mit bunten Fähnchen behängt«, davor »stauen sich die Menschen, was gibt es denn«, fragt Hans Kafka in seinem Artikel *Lunapark. Ein Stück Amerika, versuchsweise* ... (*Berliner Tageblatt*, 7.8.1928) Antwort: Es gibt die Beine von »vier Mädchen« zu sehen; wer darüber Reifen wirft, kann eine Puppe aus Stoff, »einen Bonzo oder einen Tiger«, gewinnen. Der Anreiz zum Reifenkauf sind aber natürlich nicht die Puppen, sondern die jun-gen Frauen: »[W]ie amerikanisch überhaupt diese vier Mädchen aussehen: Girls, Flappers, wenn auch aus Berlin NO. Die Strümpfe sind aus irgendei-ner durablen Kunstseide angefertigt. Zwischen den Zähnen wird ein Stück Kaugummi aus der Welt geschafft. Echter als die Perlenschnüre und Ohrge-hänge ist jedenfalls das Lächeln. So sieht Bebé Daniels aus oder Clara Bow, im zweiten Akt einer Attraktion der letzten United-Spitzenproduktion«.

Die Beschränkung auf ausländische Schauspielerinnen und abgetrennte Vergnügungsplätze bleibt jedoch nicht das letzte Wort. Verlässt die Tänzerin das Varieté, wird aus dem deutschen Mädchen endgültig ein internationaler Typ. Girl steht dann für jede junge Frau, die »zeitgemäß« ist. Schminke und Kunstseide werden massenhaft nicht nur in Amerika produziert. Mit den Produkten breitet sich ebenso ihr symbolischer Gehalt aus: Das Maschinelle gewährt dem Girl Schutz vor der Mütterlichkeit. Girls können darum emanzipatorisch wirken, falls ihnen nicht - wie von manchem Feuilletonisten - gleich alle Menschlichkeit bestritten wird.

»Girlkultur« meint dann nicht nur eine Tanzform, obwohl all ihre Prinzipien den »Bewegungsmaschinen« abgeschaut werden können, wie es Fritz Giese in seinem Buch vormacht (*Girlkultur*, veröffentlicht 1925). »Girlkultur« ist ebenfalls nicht allein eine Form amerikanischer Kultur, obwohl all ihre wichtigen Ausprägungen ursprünglich amerikanisch sind. Die »tanzenden Girls« gelten weit darüber hinaus als ein allgemeiner »Ausdruck der Zeit«; sie stehen für »unklassische Rhythmen«, für »oberflächlichen« »Flirt«, für »meßbare Leistung«, für den »kollektiven Menschen«, für den »Massenmenschen« - darunter auch die »berufstätige Frau«. »Girl« steht für den »echten Sportsgeist der Frau«, wie sie »in elegantem Sprunge auf die Straßenbahn, vom Automobil herunter, in schneller Reaktion zum Telefon eilt«. Sieht man diesen »Jünglingstyp der Frau«, bleibt für den Betrachter kein Zweifel bestehen: »Girl und Berufsmensch passen zusammen, Girl und Arbeit, Girl und Großstadt«.

Um diesen Kurzschluss vornehmen zu können, muss Giese allerdings mit dem Girl sogar die Tänzerin von aller Sexualität reinigen. Die »versportlichte« und »maskulinisierte« Kleidung der Frau symbolisiert für ihn: »Meiden des Sexus in jeder Form«. Der »Buben- und Pagenkopf« hat für ihn zuerst praktischen Zweck und hygienischen Wert. Unter der Vorherrschaft von »Muskelkultur« und »Aktivität« verliert gleichfalls das sparsam bekleidete Tiller-Girl an Reiz; es erscheint Giese dadurch ›neutralisiert‹.

Folgte man Giese, könnten nur reine Liebhaber des androgynen Typs mehr als »Neutralisierung« empfinden. Die »Verkleidung« wirkt »absolut echt«, notiert Stephan Ehrenzweig verblüfft angesichts der Attraktionen eines Berliner Nachtlokals, das dem Publikum »Homosexuelle in Damenkleidern« bietet. Das kurze Haar macht es noch einfacher möglich, dass »Jungen« aussehen wie »Mädchen«. Der Reporter versteht jedoch den Sinn des Angebots nicht. »Diese Transvestiten spielen Damen, täuschen also vor, was nicht zu sein, sie erst zum besonderen Liebesobjekt macht.« Der »Gipfel der Frauenähnlichkeit, die vollkommene gelungene Täuschung«, sei aber doch die »Frau selbst«, wozu brauche man dann die »mädchenhaften« Jungen? »Oder sollte der Reiz darin liegen, daß der Liebende resigniert mit einer Frau zu Bett geht und erst dort mit freudiger Überraschung die Pointe genießt, in dem Mädchen ein Ganymedchen zu finden?« Ehrenzweig jedenfalls vermutet (und hofft wohl zugleich) am Ende seines Artikels über *Das*

Paradies der Herren, dass in einigen Jahren »langes Haar und Virginität die große Mode« sein werden. (*Das Tagebuch*, 31.3.1928)

Solange aber kurzes Haar dominiert und der Garconne-Stil nicht allein lesbische Frauen anzieht, bleibt die Verwirrung auch außerhalb bestimmter Szenebars – freilich in stark abgeschwächtem Maße – bestehen. Beim neuen Girl geht es ja gerade nicht um eine subkulturelle Erscheinung. Es geht ebenso wenig um eine intellektuelle Ausprägung der Neuen Frau, die den ersten Akademikerinnen und einigen Künstlerinnen vorbehalten bleibt. Girl steht für Massenhaftigkeit, steht für die Angebote und Verlockungen einer nun in Schwung kommenden Kulturindustrie. Die »kleinen Ladenmädchen« bilden nicht nur einen wichtigen Teil des Kinopublikums – sie sind auch das Gesicht, das Symbol des neuen Vergnügungsgeistes und seiner Produkte.

Das ist zum einen frauenfeindlichen Klischees geschuldet: Selbstverständlich fällt zuerst an den Frauen Standardisierung und Künstlichkeit auf, nicht an den Männern, als seien diese kein Teil des großen städtischen Publikums. Das ist aber zum anderen ein direkter emanzipatorischer Ausdruck: Weil die arbeitstätige junge Frau außerhalb von Haushaltungen, landwirtschaftlichen Betrieben und Textilfabriken ein relativ neues Phänomen darstellt, weil ihre sachlicheren Kleidungs- und Liebesformen ungewohnt anmuten, wird diese Neue Frau mit der aufkommenden Vergnügungsindustrie zusammengedacht. Beide sind gleichermaßen neu und stehen dem alten Pflichtenrigorismus entgegen.

Die unübersehbare Tatsache der weiblichen Angestellten bildet den Boden, auf dem sich die Vermutungen und Anschauungen über das standardisierte, unromantische Girl erheben. Die Statistik spricht eine deutliche Sprache: Mitte der zwanziger Jahre gibt es fast 1,5 Millionen angestellte Frauen – Verkäuferinnen, Stenotypistinnen, Sekretärinnen –, 1907 war es nur ein Drittel davon. Die überwiegende Mehrheit der weiblichen Angestellten ist jünger als 25 Jahre, über 90 % ledig. Ihre Zahl ist so groß, dass sie zu den wenigen berufstätigen Frauen gehören, die sogar im Unterhaltungsfilm porträtiert werden: »[V]ergnügte junge Privatsekretärinnen oder Stenotypistinnen, die eigentlich nur zum Spaß Diktate aufnehmen und ein wenig tippen. Sie sind hübsch, weil sie Zeit haben, sich zu pflegen, singen zur Arbeit, die keine ist, einen Schlager und werden am Schluß von ihrem Chef oder einem reichen Amerikaner geheiratet«, bilanziert Siegfried Kracauer in seinem Artikel *Mädchen im Beruf* (*Der Querschnitt*, 1932).

Die Wirklichkeit sieht selbstverständlich anders aus: Oft ist die Arbeit anstrengend und der Lohn niedrig. Trotzdem bleibt gegenüber der Bäuerin, die aus dem Familienbetrieb nicht herauskommt, und der Arbeiterin, die von der Maschine abgenutzt wird, ein entscheidender Vorteil: Wenigstens gibt es einen geringen Freiraum zur Selbstdarstellung, zumindest ein kleiner Schritt in die Öffentlichkeit ist getan; zudem öffnet sich dank des wenn auch knappen eigenen Gehalts für die ledige Angestellte eine Zeit lang ein begrenztes Experimentierfeld (und ein größerer Phantasieraum), bevor sie spätestens Ende zwanzig als Ehefrau in die Küche zurückkehrt.

Gestützt wird dieses Experimentierfeld, dieser Phantasieraum von dem in Artikeln und Bildern zurechtmodellierten Stereotyp des Girls. Selbst in der konservativen Kritik des Girls wird ihm nicht abgesprochen, dass es zeitgemäß sei. Broder Christiansen beispielsweise will zwar die Frau zu ihrem »Weibtum« wiederbekehren; als Zeitdiagnostiker jedoch leuchtet es ihm vollkommen ein, dass Girl, unproblematische Libertinage, Masse, Maschine und Kapitalismus zusammenpassen. Der »heutige« Stil sei eben der Stil der »neuen Sachlichkeit«; es gelte einzig das Rationalisierbare, das »Greifbare«, »Meßbare«, »Könnbare«: »Geld und Maschinen beherrschen, denn sie sind verdichtetes Können.« Die Lust am Funktionieren ersetze darüber hinausweisende Wertangaben. Der Augenblick gerate deshalb zwar »intensiv«, das Leben insgesamt schwebe aber im »Sinnlosen«. Auf die Frage, »wozu wir Mittel und Können häufen, wofür wir Zeit ersparen und so schnell sind«, habe die neue Sachlichkeit keine andere Antwort als die Phrase »to have a good time«.

Beim Girl findet man - in der Sicht Christiansens - diese Bestimmungen sofort wieder. Die Hingabe des Girls an den Augenblicksgenuss, seine - dank der Produkte der Kosmetikindustrie - maschinenartige »normierte Schönheit« sowie die »fest konturierte Eleganz« seiner Kleidung machen es zur exakten Verkörperung der »neuen Sachlichkeit«. Zum ersten Mal in der Geschichte wird die junge Frau zu weit mehr als zu einem Sexsymbol erklärt. Ihr Bild verknüpft sich sogar mit den rational organisierten, kapitalistischen Funktionsabläufen.

Ganz kann das Girl diese traditionell vollkommen ›unweiblichen‹ Bereiche als kollektives Symbol dann aber doch nicht besetzen (im Arbeitsalltag ohnehin nicht). Die Nähe des Girls zum Kapitalismus wird bezeichnenderweise nicht dadurch begründet, dass dem Kapital gleichgültig sein kann, welches Geschlecht zur Profitmaximierung antritt. Die Nähe wird auch nicht alleine damit erklärt, dass die neue Frau sich besonders frühzeitig von den hinderlichen bürgerlichen oder noch weiter zurückreichenden Fesseln sentimentaler, idealistischer Ideologien lösen konnte. Nein, das Girl ist doch nur eine private Beziehungskapitalistin: »Das moderne Mädchen von U.S.A. berechnet sehr genau die Affektion ihres Partners nach dem Dollaraufwand, to give her a good time.«

In der Literatur der Neuen Sachlichkeit selbst trifft man Girls auf der Höhe von kapitalistischem Genuss, funktionaler Kulturindustrie und materieller Selbstständigkeit ebenfalls nicht an. Nicht einmal »good time« oder »fun« wird egoistischeren oder sexuell aktiven Girls gewährt. Die Heldinnen der literarischen Neuen Sachlichkeit - etwa Erich Kästners Cornelia im *Fabian* oder Irmgard Keuns Doris im *Kunstseidenen Mädchen* - handeln bereits unter den niederdrückenden Bedingungen der Weltwirtschaftskrise Ende der zwanziger Jahre. Mädchen, die so »wesenlos wie Photographien in illustrierten Zeitungen« erscheinen, gehören aber sogar in Joseph Roths Roman *Die Flucht ohne Ende* aus dem Jahr 1927 strikt der reichen mondänen Welt an. Das ökonomische Argument dürfte darum nicht das ausschlaggebende sein. Den männlichen Autoren - neben Roth besonders Erich Kästner - ist die selbstbewusste, sachlich-unromantische, aktive junge Frau schlicht unheimlich: Sie denunzieren sie darum als vollkommen leer oder grob materialistisch. Einzig Irmgard Keuns *Gilgi - eine von uns* kommt dem (positiven) Bild des angestellten, hedonistisch-emanzipierten Girls einigermaßen nahe.

Äußerlich entspricht Gilgi dem vorgeschriebenen Typ ohnehin. Sie hat schmale Hüften, dünne Beine und Schultern, auf dem Kopf sitzt ein »winziges Modekäppchen«. Ihr Zimmer ist nüchtern eingerichtet, sportlich ist sie auch. Sie schminkt sich, allerdings bleiben Rouge und Lippenstift dem Abend vorbehalten. Bei ihrer Arbeit als Stenotypistin belässt sie es bei ein bisschen Creme auf den Brauen und Puder auf der Nasenspitze. Abends küsst sie jemand im Auto, seinen Namen hat sie tags darauf vergessen. »Der Junge war nett. Der Kuß war nett. Nicht mehr. Er brennt nicht nach. Gut so.«

Am liebsten liest Gilgi die dicken Sonntagsausgaben der Zeitungen und den *Uhu*. Sie ärgert sich über ältere Feuilletonisten, die »von moderner Sportjugend, Autofahren, kurzen Kleidern, kurzen Haaren und Jazzmusik« schreiben, aber am Ende ihrer ›verständnisvollen‹ Artikel über die neue Generation »hin und wieder eine konservative Träne« zerdrücken. Gerade am »Mädchen Gilgi« zeigt sich allerdings die - von konservativen Zeitgeistautoren herausgestellte, wenn auch negativ bemerkte - Nähe von Girl und liberalem Kapitalismus. Ganz im Einklang mit den Idealen der formalen Gleichheit und individuellen Leistung, wähnt sich die Stenotypistin Gilgi

auf dem Weg nach oben. Mit der Schreibmaschine ist sie eins: Ihre Hände
»gehören zu der Maschine, und die Maschine gehört zu ihnen.« Was soll
sie also stoppen, wenn Leistung entscheidet und nicht das Geschlecht?

Die notwendigen Sätze, um sich selbst von ihren Möglichkeiten zu überzeugen, sagt sie sich beständig vor; »modernem Weltschmerz« erteilt sie
eine klare Absage. Auf dem Weg zur Arbeit in der Straßenbahn distanziert
sich die kleine Angestellte von ihren Kollegen und Schicksalsgenossen. Sie
mustert die Fahrgäste und ist davon überzeugt, dass sie dem monotonen
Arbeitsalltag falsche Hoffnungen entgegensetzen: »Braves Fräulein aus guter Familie, nicht wahr, Sie würden die bunte Halskette nicht umbinden,
wenn Sie nicht wünschten, daß einer kommt, der findet, daß sie Ihnen
hübsch steht? Kleiner Rotkopf, hättest du die zwanzig Mark für die Dauer-
wellen ausgegeben, wenn du nicht von Schönheitskonkurrenz und Filmengagement träumtest? Auch Greta Garbo ist einmal Verkäuferin gewesen.
Fahrt ins Geschäft. Tag für Tag. Wird etwas kommen, was das Gleichmaß
der Tage unterbricht? Was? Der Douglas Fairbanks, der Lotteriegewinn, das
Filmengagement, die märchenhafte Beförderung, der Sterntalerregen vom
Himmel? Wird das kommen? Nein. Keine Aussicht auf Wechsel und Unterbrechung? Doch. Welche? Krankheit, Abbau, Erwerbslosigkeit. Aber man
fährt ja noch. Ja, man fährt. Wie gut.«

Gilgi jedoch gibt sich mit der Fahrt nicht zufrieden. Sie hofft aus dem
wenigen mehr machen zu können, ohne in illusionäre Träume abgleiten zu
müssen. In der Berlitz-School möchte sie Spanisch, Englisch und Franzö-
sisch lernen. »Wenn man drei fremde Sprachen perfekt kann, ist man gegen
Stellungslosigkeit wohl so ziemlich gesichert«, lautet ihre Rechnung. Vor allem weil sie jung ist, glaubt sie noch über viele Chancen zu verfügen. Außer
»Ehe, Filmschauspielerin und Schönheitskönigin« scheint ihr jede Existenz-
möglichkeit attraktiv zu sein und in Reichweite zu liegen. Den Trostlosen
in der Straßenbahn fühlt sie sich darum nicht zugehörig; diese fahren aus
ihrer Sicht selbstverschuldet in die Sackgasse: »Sie sind grau und müde und
stumpf. Und wenn sie nicht stumpf sind, warten sie auf ein Wunder.« Gilgi
dagegen meint, weder stumpf noch wundergläubig zu sein: »Sie glaubt nur
an das, was sie schafft und erwirbt. Sie ist nicht zufrieden, aber sie ist froh.
Sie verdient Geld.«

Wieder ist gut zu sehen, dass sich hinter dem Girl der zwanziger Jahre keineswegs ein bloßes Opfer der Kulturindustrie versteckt. Zum einen
ist das Girl nicht allein eine Konsumentin, die den Moden und Attitüden
von Film und Design ausgeliefert ist, sondern gibt zugleich das Vorbild der

ganzen Kulturindustrie ab. Wegen seiner behaupteten Künstlichkeit und Standardisierung stellt das Girl geradezu das Prinzip der modernen Fabrikationsweise dar. Zum anderen tritt das Girl, weil es so in Entfernung zu seiner ›natürlichen‹, häuslichen Bestimmung gerät, in den allgemeinen Wettbewerb ein, nicht nur in eine Schönheitskonkurrenz. Schminke, Geld und Küsse, die nicht »brennen«, lösen es zumindest vorübergehend aus Liebe, Ehe und Familie heraus. An die Stelle der Privatbeziehungen sollen entsprechend sachlichere, öffentlichere Bewertungen und Laufbahnen rücken.

Die Identifizierung von Girl und Kulturindustrie hilft dabei zunächst, da das »oberflächliche«, »wesenlose«, künstlichen Reizen verpflichtete Girl dem tiefen Wesen vorgeblich ewig weiblicher Natur entgeht. Der hedonistische, modische Zug der Girl-Bestimmung führt jedoch – besonders von männlicher Seite – schnell zur Frau als schönem, erotischem Wesen zurück. Auch Gilgi muss das leidvoll erfahren. Zuerst möchte ihr Chef mit ihr schlafen, ihn kann sie noch hinhalten; als sie sich selbst dann doch verliebt, verausgabt sie sich im Dienst an der romantischen, ›brennenden‹ Liebe und verliert darüber schnell ihre Stelle. Im Roman war der Verlauf selbstverständlich vorherzusehen, als Gilgi sich über die anderen Leute in der Straßenbahn erhob. Wer die Konkurrenz untereinander bejaht, setzt unvermeidlich auf das Scheitern – und darf sich nicht wundern, dass nicht nur die verlieren, die von einer plötzlichen Entdeckung als Filmstar träumen. Allerdings überzeugt die Logik der Handlung nicht vollständig. Denn ohne Antwort bleibt im Roman die Frage, ob Gilgi Erfolg gehabt hätte, wenn sie sich nicht an die Liebe verloren hätte und oberflächlicher, künstlicher, neusachlicher geblieben wäre.

Screamager

Die zwanziger Jahre waren ungewöhnliche Jahre: Die neuen Produkte der Kulturindustrie – vor allem Illustrierte und Kino – präsentieren erstmals einen massenwirksamen Frauentyp, der weit abseits mütterlicher Ideale liegt. Geschlechterdifferenzen werden dadurch nicht mehr ganz so eindeutig herauspräpariert wie stets zuvor. Kurzhaarschnitt und gerade Linie entsprechen einem allgemeinen Konkurrenz- und Erfolgsdenken, das Frauen von der Verpflichtung auf eine romantische Einstellung befreit. Vor allem die jungen Frauen werden als Modell einer neuen, künstlichen Vergnügungswelt angesehen. Die Gleichsetzung von Girl und Kulturindustrie hat allerdings

zur Folge, dass Frauen erneut auf den Bereich von Mode, Erotik, Freizeit
verwiesen bleiben. Nur Losungen der avantgardistischeren Neuen Sachlichkeit weisen einen anderen Weg: Für sie besteht die Berufung der Frau nicht
darin, als Filmstar entdeckt zu werden – ihr Beruf sei vielmehr die Arbeit
an Maschinen.

Nicht wenige der Frauen, die an der Kasse oder als Stenotypistin arbeiten, schwärmen jedoch ganz unsachlich für unerreichbare Vorbilder – da
sind die zwanziger Jahre wieder ganz gewöhnliche Jahre. Neu ist daran nur,
dass die Hingabe im Zeitalter der technischen Reproduzierbarkeit besonders schnell massenhaften Charakter annehmen kann. Gerade die Bilder
der Filmstars erreichen in einem Moment alle Kinosäle und als Illustrier-
tenfotos die Kioske und Haushalte.

Diese verstreute Masse wird nur noch bei bestimmten Anlässen sichtbar,
äußerst spektakulär etwa beim Begräbnis des Hollywood-Stummfilmstars
Rudolph Valentino. Nach der Nennung der großen Zahl an Zuschauern –
mehrere zehntausend –, die zum gläsernen Sarg Valentinos drängen, heben
die Zeitungsartikel sofort die überwältigenden Reaktionen einzelner Frauen
und Frauenansammlungen hervor. Vollkommen unsachlich, ist es immer
das weibliche Geschlecht, das den stärksten Resonanzkörper der Kulturindustrie abgibt. Das ist die andere Seite der Medaille: Werden die jungen
Frauen im Zeitalter von Fotografie, Kino und automatisierter Produktion
nicht als standardisiert und glatt dargestellt, präsentiert man sie im öffentlichen Bild sogleich als gefährdete, hysterische Wesen. Es scheint, als ob
man dem kontrollierten Körper nicht zutraue, funktional zu bleiben, als
ob man hinter der geschminkten Oberfläche doch immer wieder das ewig
weibliche Wesen vermuten müsse. Schreie, Konvulsionen, Tränen sollen das
Bild umwenden.

Auch bei den neuen Tänzen des Jazz Age – Charleston, Twinkle, Vampire,
Shimmy – fällt der Berichterstattung nicht ein geregelter Ablauf expressiver
Gesten auf, sondern eine wilde, unkontrollierte Verausgabung. Sicherlich
ist es kein Zufall, dass als Beispiel solcher Manien fast immer Mädchen
herhalten müssen, wie hier in einem Gerichtsartikel des *Daily Mail* aus
dem Jahr 1927: »Victims of the dancing craze multiply almost with the
frequency of adapted jazz ›melodies‹. Alice, a girl of 19, skimpily clothed but
profusely powdered, a typically dancing mad girl, and the type becoming
only too common in the police courts, admitted that she had stolen a
coat«. Verantwortlich für die kriminellen Handlungen des Mädchens ist

selbstverständlich der diabolische Tanz: »Nowadays there are more young people dancing to the devil than ever drank themselves into gaol.«

Einen plakativen Namen erhalten die gefährdeten, übermäßig begeisterten Anhänger von Stars der Populärkultur Ende der dreißiger, Anfang vierziger Jahre: »Screamager«. Das Wort setzt sich aus »Schrei« und »Teenager« zusammen. Die Geschlechtsneutralität des Wortes täuscht jedoch; gemeint sind mit ihm stets weibliche Fans. Auf Fotos der Konzerte weißer Swingstars – vor allem Frank Sinatras – kann man sie sehen: Mit halblangen, ondulierten Haaren, Kostümen, hellen Blusen sehen sie sehr sittsam aus, wäre da nicht der begeisterte Ausdruck auf den Gesichtern mit den offenen Mündern.

Bevor sich Rhythm 'n' Blues in Form des Rock 'n' Roll auf dem weißen Markt durchsetzt, ist es zu Beginn der fünfziger Jahre interessanterweise ein exaltierter Sänger, der die größte Aufregung verursacht: Johnny Ray. Aus seinen konventionellen Balladen macht er auf der Bühne Akte der Verzweiflung. Der dünne Entertainer schluchzt und weint, seine Bewegungen geraten vollkommen außer Kontrolle, »a twitching bundle of nerves from every toothache in the world«, wie es in der Poesie einer Boulevardzeitung über den »Massenhypnotiseur« Ray heißt. Was bleibt da den zuschauenden Mädchen anderes übrig, als es ihm gleich zu tun? Sogar »normal girls who hear and see him break into uncontrollable body-twisting, sobs and grasps«!

Auch in den sechziger Jahren ist es wiederum kein eindeutig verführerisches Gebaren – oder gar eine Demonstration männlicher Körperlichkeit wie bei Presley –, das die weiblichen Fans in Raserei versetzt (äußerst eindrucksvoll zu hören bei frühen Auftritten der Beach Boys, wenn einzelne besonders wohlklingende Passagen des Harmoniegesangs von einem tausendköpfigen Schrei ›beantwortet‹ werden). Wahrscheinlich macht das die beistehenden Beobachter noch verwirrter – wenn es doch wenigstens eine Reaktion auf klar identifizierbare maskuline Sexualreize wäre! Hatte man schon bei Elvis – vor seiner Militärzeit – die Wahl, ihn als aggressiven jugendlichen Delinquenten oder eben vielleicht doch als homosexuelles Pin-up zu betrachten, irritiert bei den frühen, eigentlich brav aussehenden Beatles ohne Zweifel die Haarlänge: Die Pilzköpfe galten als Zeichen der Verweiblichung.

Die Deutung der Schreie fällt den Zeitgenossen darum nicht leicht. Klar ist nur, dass sie mit dem Ideal sittsamer Mädchen keineswegs in Einklang zu bringen sind. David Riesman, Amerikas führender Soziologe und Zeitgeistautor, charakterisiert die Schreie der Mädchen denn auch als Ausdruck des

Protests gegen erwachsene Normen (*U.S. News & World Report*, 24.2.1964). Die Frage bleibt dann noch, wie subversiv dieser Protest ausfällt. In einem Artikel des *New York Times Magazine* (*Why the Girls Scream, Weep, Flip*, 23.2.1964) beantwortet man die Frage unter Berufung auf frühere Einschätzungen Theodor W. Adornos strikt negativ: Nur vordergründig handele es sich um abweichendes Verhalten, tatsächlich sei das Einverständnis mit der modernen Massengesellschaft aber unübersehbar; die Beatles-Fans gäben ihre eigene Identität in einer »automatisierten, insektenartigen Aktivität« auf.

Berichten kann man also über diese ›Aktivitäten‹ nur, wenn man seine Identität angesichts der überwältigenden Ereignisse nicht wie ein schreiendes Mädchen verliert und ihrem Druck standhält. Wie so viele Reporter angelockt von den sensationellen, ekstatischen Geschehnissen, setzt sich auch der deutsche Feuilletonist Rolv Heuer dem Ereignis aus: »Am Abend des dritten Advents lag Liverpool in London, genau: im Odeon-Hammersmith-Palast: 8000 Teenager hören in zwei Vorstellungen je 30 Minuten lang die Beatles. Der Platz vor dem Theater ist angefüllt mit Beteiligten: Die Mädchen zwischen 12 und 16, die Jungen älter. Fanatische Fans haben sich aus Bettbezügen (Bett-Bezügen) Umhänge geschneidert und mit allerlei Liebeserklärungen betextet: lebende Plakate ihrer Begeisterung. Ich bin schon am Ende der ersten Vorstellung drin und erlebe den Einbruch der Fans von innen: der Druck der Masse ist so stark, daß sich die ersten Hunderte wie eine plündernde Armee in das Gebäude ergießen: Mädchen, die sich gerade in die letzten Volksschuljahre hochgedient haben, ängstlich und wütend, im Innersten vielleicht erstaunt über die kinetische Energie, die in ihnen sitzt, aber, der Mod-Mode sei Dank, sieht diese hochgespannte Erwartung nicht ganz reizlos aus.« Dann kommen die Beatles: »Dieser Augenblick ist nicht beschreibbar. / Die Ohren erblinden. / Man vertauscht den Ofen mit dem Feuer, / das Trommelfell wird zum Hymen. Einer der seltenen Augenblicke, in denen man tatsächlich etwas erleben kann; ohne den Vorwand eines Schädels. Irgendeine Sicherung hinderte irgendein Relais, einzurasten – sonst würde ich mich an diese Sekunden nicht erinnern können. Diese Leute hatten auf ihren Lippen einen raren Schrei, den man sonst nur bei fanatisierten Ratten und Menschen hören kann, wenn die letzte mögliche Flucht der Angriff ist.« Auch der Reporter spürt den Angriff: »Ich versuchte noch, meinen Platz zu verteidigen, umsonst. Die Publikumsamoebe schob mir vorsichtig zwei Füßchen auf die Füße: ich wich; man sickerte weiter in die nachgebende Stellung, ich tat mein Bestes (mit unbeteiligter Miene, versteht sich), man drückte, ich rückte, eine Hand legte sich um meine

Schulter, ich sah mich vorsichtig um: ein Masseteilchen stand auf meiner Stuhllehne und trachtete nach Gleichgewicht: sie war süß und ich hielt aus«. Einige Minuten später:»Mädchen, endlich in den Schallwellen ertrunken oder im Stadium der Wolke, die in Regen zerfällt. Auch das kleine Mädchen, das meine Schulter gemietet hatte, erreichte den Resonanzanfall, die Amplituden von Aktion und Reaktion addierten sich, ihre Begeisterung zersplitterte wie Glas, sie schraubte sich Finger in die Ohren, krümmte sich schon vor Angst, und versuchte, in ihren Stuhl zu kriechen. - Auch bei der Nationalhymne war es noch nicht still: Mädchen saßen auf den Treppen und weinten im Kollektiv vor sich hin, gingen, schmerzverkrümmt, mit Leib- und Ohrenschmerzen nach Hause, zeigten sich glücklich, erschöpft«. (*Konkret*, Februar 1966)

Kann es etwas Eindrucksvolleres geben? Exzess und Überwältigung - nicht irgendwo, sondern in der rationalisierten, verwalteten Welt! Noch wunderbarer mutet die Ekstase an, wenn man in die Zeitschriften hineinschaut, die genau diesen passionierten Mädchen von ihren Idolen berichten. Auf einmal findet man sich in einer Welt der Vertrautheit, ja des Biedersinns wieder, kein Schrei durchgellt die beschauliche Szenerie. Die erste Zeitschrift ihrer Art kommt 1957 heraus, der Titel: *16*. Im Gegensatz zur ersten Teenager-Zeitschrift überhaupt - *Seventeen* (seit September 1944 auf dem Markt) - kommt *16* allein mit Popstars aus und richtet sich ausschließlich an junge Mädchen (unter sechzehn). *16*s redaktionelle Maßgabe ist einfach zu beschreiben: Den Mädchen alles Wissenswerte über ihre angebeteten Filmstars und Sänger mitzuteilen. Die Schreie gehen also keineswegs ins Leere, sie sind ganz im Gegenteil das äußerst merkwürdige Echo intimer Kenntnisse.

Wie alt der Star ist, was er im Fernsehen sieht, welche Lieblingsfarbe er hat, ob er noch zu Hause lebt, was er zum Frühstück isst, welche Eigenschaften er an Freunden schätzt, was er an seinem Aussehen ändern möchte, wo er den Urlaub verbringt, was er am liebsten anzieht - all das bekommt man bei der Lektüre von *16* beantwortet. Der »favorite boy« erteilt im Interview bereitwillig Auskunft: Frankie Avalon, Dion, Rick Nelson, Cliff Richard, The Beatles, The Rolling Stones, Kurt Russell, The Monkees. Ab Ende der sechziger Jahre sind die Berichte häufig mit einem Foto versehen, auf dem der Star seinen nackten Oberkörper zeigt, zuerst noch manchmal in einer häuslichen Szenerie, vor dem Spiegel, auch beim Zähneputzen, später aber ganz unverhohlen als jugendlich-männliches Pin-up: Tom Jones, David Cassidy, The Bay City Rollers, Leif Garrett, Matt Dillon ... In vielen anderen Zeitschriften hat sich das Schema seitdem bewährt; die Boygroups der neunziger Jahre werden nicht anders porträtiert.

Auch die Spanne zwischen der befremdlichen Ekstase – die Schreie, der Fanatismus – und dem beruhigenden Interesse an den Alltagsgewohnheiten der Stars ist erhalten geblieben. Um etwas anderes zu erfahren, muss man sich den Teenie-Zeitschriften und den Feuilleton-Artikeln über sie abwenden. Zum Glück gibt es einige seltene Veröffentlichungen von Tagebüchern und Jugenderinnerungen, in denen man die spielerische Seite und die vielfältigen Bedeutungen des Fantums kennen lernen kann.

Zwar notiert der Beatles-Fan Pamela Des Barres natürlich ebenfalls gewissenhaft seine Liebe zu Paul McCartney: »Es ist 2 Uhr 21 in Pauls Haus. Er schläft. Ich bin froh. Ich wünschte, ich könnte ihn schlafen sehen, wirklich. Ich wünschte, ich könnte bei ihm schlafen (nur Spaß). Ich hoffe, er las mein Gedicht, bevor er seine wunderschönen braunen Augen schloß.« (Eintrag vom 2.3.1964) Doch bei solchen privaten Phantasien bleibt es nicht. Als weiblicher Fan ist man nicht allein, da öffnet sich eine eigene Welt, die wenig von den Stars, sondern stärker von den Aneignungen ihrer Anhänger bestimmt ist: »Linda war meine John-Freundin. Wir verbrachten viele Wochenenden im Haus meiner Tante Edna, damit wir auf neutralem Boden sein und so tun konnten, als wäre es geheiligter Beatles-Boden. Wir waren zwei Mädchen in einem Zustand chronischer Beatles-Parodie. Ich spielte John und mich selbst, und sie spielte Paul und sich selbst. Wir konnten die Personen nur mit der Andeutung eines Akzents wechseln. Wir nahmen einander zu Partys und Konzerten mit, wir aßen auf Tante Ednas Patio in prachtvollen Restaurants zu Abend und schworen mit halbperfektem Liverpooler Arbeiterakzent ewige Liebe. Nachts spielten wir alle vier Personen gleichzeitig, wenn wir uns ineinander verschlungen in den Armen lagen und unsere zwei Lippenpaare in einer immerwährenden Beatles-Liebesbezeugung aufeinanderpreßten.«

Wie bei einem Bay City Rollers-Fan mag darüber sogar das Bild des Idols verblassen. Entscheidend seien die Beziehungen der Roller-Fans untereinander gewesen, ihre gemeinsamen Aktivitäten, nicht der äußere Anlass dieser Treffen und Unternehmungen, meint Sheryl Garratt im Rückblick auf ihre *Teenage Dreams*: »Part of the appeal is desire for comradeship. With the Rollers at least, many became involved not because they particularly liked the music, but because they didn't want to miss out. We were a gang of girls having fun together, able to identify each other by tartan scarves and badges. Women are in the minority on demonstrations, in union meetings, or in the crowd at football matches: at the concerts, many were experiencing mass power for the first and last time. Looking back now, I hardly remember the gigs themselves, the songs, or even what the Rollers looked like. What I do remember are the bus rides, running home from school together to get to someone's house in time to watch Shang-a-Lang on TV, dancing in lines at the school disco, and sitting in each others' bedrooms discussing our fantasies and compiling our scrapbooks. Our real obsession was with ourselves; in the end the actual men behind the posters had very little to do with it at all.«

Trotz des behaupteten Selbstbewusstseins bleibt es jedoch dabei, dass auch die Screamager der siebziger Jahre mit den Starpostern jeden freien Fleck ihrer Jugendzimmer bekleben, ihre Fantasien und Sammelalben aber nirgendwo veröffentlicht werden, auch oder schon gar nicht in Schülerzeitschriften. In einem weiteren Rückblick einer Akademikerin auf ihre Teenie-Bopper-Zeit – Ilana Nash: *The Politics of Teen-Idol Fandom* – kann darum die dreizehnjährige Bubblegum-Music-Anhängerin wie eine feministische Widerstandskämpferin erscheinen. Die Phalanx ihrer Unterdrücker ist groß: »Films, radio and television programs, newspapers, magazines, and every other form of mass cultural discourse over the last seventy years have constructed young teenage girls as silly, hyperbolic creatures who don't really know their own minds (if they have any).«

Vielleicht sogar noch stärker als Frauen in der Öffentlichkeit muss der weibliche Teenie-Fan deshalb um Gehör kämpfen; selbst sein musikalisches Urteil ist nicht das Geringste wert: »I can state without reservation that the single worst element of being teenage girls was that nobody gave us any credit for meaning what we said, for being serious, or for having a right to our tastes. Stupid little girls liked this music; that alone explains why it had to be ›bad‹. If girls' perspectives received any respect from their culture, this charge would not be leveled so uniformly.« Für den Teeniefan mag darum der Kampf um die Anerkennung der eigenen Musik, der eigenen Rituale den Anliegen der Frauenbewegung gleichkommen: »That is why teen-idol fandom can feel like a feminist project for its participants: it asserts the values of an oppressed group and demands that girls' subjectivities be heard. Often, adults hear without listening; they dismiss girls' impassioned cri de coeur by constructing it within the old paradigm of females and their ›hysteria‹.«

Der andere Gegner, dem die Teenie-Bopper-Girls widerstehen müssen, stammt nicht allein aus den Reihen der Erwachsenen, sondern in erster

Linie aus dem Lager der jugendlichen Rockkultur und ihrer Männlichkeits-
kulte, dem vorgeblich authentischen, harten, unpolierten, lauten Auftreten
und ihren musikalischen Entsprechungen. Gegen die Aggression des Rock
halten die Teeniefans folgerichtig ganz andere Idole. Ihre Stars verzichten
auf rebellische, aber auch auf fordernde Posen; sie setzen dagegen auf Harmonie und Glätte, musikalisch wie textlich. Ilana Nash erkennt darin nicht
nur in ihrer Teenagerzeit das Versprechen einer selbstbestimmteren weiblichen Sexualität, ermöglicht von geteilter Romantik. Nashs Favorit Shaun
Cassidy singt von den Sternen und gemeinsamen Nächten, kaum von Eroberung und Vollzug: »He sang of walking girls home or asking them
to ›come out tonight‹ to look at the stars. Even when he celebrated sex,
which he did, the veiled lyrics suggested mutual participation instead of
subject/object tension (›This will be our night / And I know that we can
do it / Do it till we get it right‹). Call me crazy, but that sounded more
girl-friendly to me than the hunger for power demonstrated by the males
around me and represented in hard rock.«

Es geht aber nicht nur um romantischere Texte und sanftere Musik.
Auch die weicheren Gesichtszüge der männlichen Teenie-Stars der siebziger Jahre, ihre gepflegteren Haare und bunteren Kleidungsfarben dienen als
feministisches Signal, jedenfalls für den begeisterten Teeniefan. Zwischen
männlichem »cock rock« und traditioneller »Fraulichkeit« tut sich ihm eine neue »Unisex«-Möglichkeit auf; das leicht ›feminine‹ Aussehen der jungen Popsänger erzeugt bei ihren weiblichen Fans das Gefühl von Nähe
und Übereinstimmung: »Couched in this context, the somewhat androgy-
nous appearance of teen idols took on another positive signification; it
signaled that they were ›just like us‹, our equals in appearance as well in
relationships.«

So entsteht in diesen Erinnerungen ein überraschendes Bild. Die Begeisterung der Mädchen erscheint plötzlich als eine Begeisterung an sich selbst.
Ein Fanatismus, der sogar widerständige Züge trägt, wenn er als bewusste
Absetzung von männlicher Aggression gesehen wird. Dieses Bild könnte
gar nicht weiter von der gängigen Einschätzung, man habe es mit unreifen,
manipulierten Mädchen zu tun, entfernt sein. Zweifellos handelt es sich
um ein attraktives Gegenbild; allerdings gerät dabei oft allzu schnell aus
dem Blickfeld, dass Romantik, Gefühlsüberschwang und die Bewunderung
männlicher Idole Eigenschaften sind, die sich einem traditionellen Frauen-
bild sehr gut einfügen lassen. Ob der Fanatismus, die Maßlosigkeit diese
Anpassung verhindern, muss ebenfalls fraglich bleiben; das Stereotyp vom

weiblichen Irrationalismus setzt möglichen feministischen Interpretationen einen schweren Riegel vor.

Ganz unstrittig jedoch zeigen die Erzählungen der Teeniefans, in welch hohem Maße sie sich um ihren Star eine eigene Welt bauen. Gerade weil das Idol immer abwesend ist, wird diese Welt viel stärker von den starfixierten Freundinnen geprägt, als sie es selbst bemerken können. Sie blicken immer auf die Fotos und Geschichten des Popidols; erst im Nachhinein - wie etwa bei Carol Bedford in ihrem Erinnerungsbuch *Waiting for the Beatles* - tritt ihr lautes Gerede an die Stelle der Platten- und Fernsehtöne: »The living room was like the scene of a natural disaster. Young girls dressed in pyjamas were scattered all over the floor, pouring over the latest Beatles' magazines, dreaming out loud. There were crisps, sandwiches, crackers and lots of Coca Cola. We were a happy group of young girls, all chatting loudly so as to be heard above the non-stop Beatles' music.«

Pop-Mode

Die traditionelle Trennung von Männern und Frauen bleibt in der Populärkultur aufrechterhalten. Bei den Formen der populären Musik dient die Unterscheidung von Pop und Rock, die seit dem Ende der sechziger Jahre vorgenommen wird, genau diesem Zweck. Pop ist weiblich, Rock männlich. Die Unterscheidung beinhaltet zugleich eine Wertung, wie die Teenie-Bopper-Anhängerin Ilana Nash und ihre Freundinnen oftmals erfahren mussten. ›Ehrliche‹, ›expressive‹ Rockmusik zählt lange mehr als ›oberflächliche‹, ›glatte‹ Popmusik.

Auf dem Feld der Mode wird die Trennung zumeist bestätigt - Jeans und Leder gegen Kunststoff und Seide -, allerdings in abgeschwächter Form. Die Moden der Populärkultur eint nämlich eine geteilte Frontstellung sowohl gegen Bürokleidung als auch gegen Muster, Stoffe und Schnitte der alten Haute Couture. Lässigere Formen und direktere Körperbetonung prägen sie gemeinsam, über alle Unterschiede hinaus. Anfang der sechziger Jahre wird die Mode zugleich schlichter und sexbetonter. Entscheidend ist dabei, dass der anlaufende Poptrend schnell über subkulturelle Kreise hinausdringt. Vorbereitet von manchem Modetanz, der ebenfalls die High Society erfasst - vor allem der Twist -, werden dann die Maßstäbe des Stils nicht länger ausschließlich von der mondänen Welt diktiert.

Swinging London ist seit Beginn der sechziger Jahre der Ort und das Kürzel dieses neuen Stils. Mary Quant, die ›Erfinderin‹ des Minirocks, identifi-

ziert Swinging London genauer mit bestimmten Illustrierten und den ersten
Discotheken, mit »pop records and expresso bars and jazz clubs«; kurze Zeit
später kommen einige wenige Fernsehsendungen, vor allem aber Boutiquen
hinzu. Das alles gilt ebenfalls für die anderen westlichen Länder; die USA
mit minimalem zeitlichen Rückstand – bis die amerikanische Szene ab 1965
mit der psychedelischen Welle wieder die Vorreiterrolle übernimmt –, und
mit einem großen, ungefähr fünfjährigen Abstand in Ländern wie Deutschland. Erst im Oktober 1967 ist in der Zeitgeistillustrierten *Twen* von einem
»Boutiquen-Boom« die Rede. »Popfarbenfröhlich« – dominierende Farbe:
Orange – und »beatmusikgetränkt«, gebe es etwa in München zwanzig neue
Modegeschäfte. Deutschlands Boutiquen sind jung, freut sich *Twen* und
macht die Distanz zur alten Welt klar: »Alles was es vorher unter diesem
Namen gab, wohlsortiert vom Bikini bis zum Ballkleid, war nach französi-
schem Vorbild aus- und eingerichtet und stets einer gutsituierten Minderheit
vorbehalten.«

»Once only the rich, the Establishment, set the fashion«, bringt es Mary
Quant 1965 bereits in ihrer Autobiographie *Quant by Quant* auf den Punkt,
»now it is the inexpensive little dress seen on the girls in the High Street.«
Die modernen »Girls« betrachteten Kleidungsstücke nicht als Statussymbo-
le, meint Quant, sie hätten den Klassendünkel hinter sich gelassen. Konsequenterweise sei auch die Mode klassenübergreifend, Frauen aus dem Adel
zögen das gleiche schlichte Kleid an wie Sekretärinnen. Quant vergisst jedoch herauszustellen, dass der neue Stil dafür einen anderen Unterschied
einzieht: Der jugendlich schlanke Körper setzt sich mit seiner leichten,
knappen, erschwinglichen Bedeckung gegen den reichen, schweren Stoff
und seine aufwändigen Verzierungen durch.

Quant vergisst ebenfalls zu erwähnen, dass Machart und Accessoires
selbst aus einem »little dress« schnell wieder ein sichtbar teures Kleidungs-
stück machen können. Ausgerechnet Patti Smith, eine der ganz wenigen
Frauen in der Welt der Pop- und Rockmusik, die nicht nur als Sängerin und
Blickfang agieren musste, liefert das Gegenbild zu Quants Vorstellung vom
Pop-Girl als Modedemokratin. Auch in Smiths Jugenderinnerung aus dem
Jahr 1965 geht es um ein Minikleid, diesmal nicht von Twiggy, sondern von
Edie Sedgwick, einem *Vogue*- und Warhol-Starlet bester Ostküstenherkunft
getragen: »Edie was coming down this staircase«, steht Patti Smith zwanzig
Jahre später noch deutlich vor Augen, »she had ermine wrapped around
her; her hair was white, and her eyebrows black. She had on this real little
dress.« Zum »little dress« kommen die weißen Haare und der Hermelin, da

sieht das Bild gleich ganz anders aus. »I think she had these two ... unless I dreamed it ... big white afghan hounds on black leashes with diamond collars«. Smiths Erinnerung wird glamouröser, phantastischer, angetrieben von der Bewunderung für den luxuriösen Lebensstil: »People think it's all superficial, but I thought and still do that my consciousness about it was great. I always thought that the world of the upper class was really fantastic. I was from a working-class family with no affiliation ever with the middle class. So I really didn't resent the upper class. I thought they were great, their style, and the way they moved«.

Gegen Smiths Lob der Lebensweise reicher Leute muss allerdings einge-wendet werden, dass sich ihre Begeisterung an einer jungen Frau entzündet, die den neuen Popstil vertritt, also keineswegs generell als Repräsentantin der *upper class* fungieren kann. Der Zeitpunkt, dass etwa ein Mick Jagger geradezu als Verkörperung des Jet Set angesehen und im Zuge dessen über die Unterhaltungsszene hinaus gesellschaftsfähig wird, ist Mitte der sechzi-ger Jahre noch lange nicht erreicht. Die neue, leicht rebellische Attitüde der Jugendmode – »little dress«, Minirock, Parka – muss erst stärker ›männlich‹ aufgeladen werden, um sich dann später ungestrafter als Mode einfangen zu lassen. Anders gesagt: Die populäre Musik der Jugend darf erst, nach-dem sie sich als Rock etabliert hat, offen mit Anteilen der ›weiblichen‹ Mode operieren, wie Anfang der siebziger Jahre spektakulär im Glam Rock vorgemacht.

Die Unterscheidungen müssen allerdings 1964 noch eingeschliffen wer-den. Nicht nur die adretten Beatles erscheinen wegen ihrer längeren Haare zuerst als weiblich, als effeminiert. Selbst ihre direkten Kontrahenten, die wilden Rolling Stones, gelten in der Anfangsphase keineswegs als schlagen-de Beispiele männlicher Potenz, dazu fehlen ihnen die Muskeln und eine gesunde Gesichtsfarbe. Der dünne Mick Jagger, mit seinen aufgeworfenen Lippen, seinen Schals und Blusen, wirkt stillgestellt wie ein Mannequin. Sein Role-Model, der Manager der Stones Andrew Oldham, hatte seine Laufbahn als Schaufensterdekorateur bei Mary Quant, der führenden Desi-gnerin von Swinging London begonnen. »He slabbed his face with make-up und wore amazing clothes and hid his eyes behind eternal shades. He was all camp«, fasst Nik Cohn in der ersten Rockgeschichte *AWopBobalooBop AlopBamBoom* zusammen.

Gleichgültig aber, wie die Rockstars im Einzelnen aussehen, entschei-dend ist bereits, dass über ihr Aussehen so viel geredet wird. Weil sie über ihre Kleidung und ihre Frisuren bestimmt werden, rücken sie automatisch

in die weibliche Welt, so will es die Logik der Geschlechterstereotype. Nach
dem kleineren Vorspiel der weiten Zoot Suits der BeBop-Hipster rücken in
den fünfziger Jahren die englischen Teds in den Blickpunkt der Öffentlichkeit. Sie fallen mit ihrem Edwardian Look, der Wiederaufnahme überkom-
mener Kleidungsvorlieben des Gentleman durch proletarische männliche
Jugendliche, auf. Sichtbar werden danach auch die Mods mit ihren unge-
wohnten Kombinationen – italienischer Anzug und Parka –, sichtbar wird
ebenfalls der Anti-Stil der Beatniks. Sie alle eint, dass der auffällige Stil,
der sie prägt, von Männern getragen und durchgesetzt wird. Zwar gibt es
weibliche Abwandlungen – die schwarzen Strumpfhosen der Beatnik-Frauen,
das dunkle Augen-Make-up der Mod-Mädchen –, die ganze Richtung wird
jedoch zuerst vom Aussehen der Männer bestimmt (bis dann via Quant,
Chelsea Girl und *Biba* Elemente der weiblichen Modkleidung zur allgemeinen Popmode der mittsechziger Jahre aufsteigen).

Die ›feminine‹ Stilisierung und vor allem Wahrnehmung durchdringt
die Populärkultur und ihre subkulturellen Ausläufer so stark, dass Ideen,
Musik, Texte zeitweilig hinter dem Look verblassen. Pop-Journalismus ist
keine reine Form der Musikkritik, wie man einem frühen Bericht Tom
Wolfes über einen Auftritt der Rolling Stones 1964 in New York ablesen
kann – »und sie breiten sich über die Bühne aus, die fünf Rolling Stones aus
England, die auf Beatles zurechtgemacht sind, nur leicht auf Arbeiterklasse
getrimmt.« Im Mittelpunkt der Aufmerksamkeit steht schnell Mick Jagger:
»In der Mitte der Bühne ein kleiner dünner Junge mit einem Trikothemd,
dessen Halsausschnitt fast über seine Schultern fällt, sie sind so schmal und
alles ist überdeckt von diesem – enormen Haupt … das Haar fällt über Stirn
und Ohren, und dieser Junge hat außergewöhnliche Lippen. Sie hängen aus
seinem Gesicht wie Gänseklein. Langsam und weich wie Karo-Sirup gleiten
seine Augen über die Horde entflammter Knospen und schließen sich dann,
und die Lippen schürzen sich zu dem trägsten, vertraulichsten, feuchtesten
und lippigsten Beischlaf-Grinsen, das man sich vorstellen kann. Nirwana!
Die Knospen fangen an zu kreischen und drängeln sich zur Bühne.«

Wolfe macht am Ende deutlich, dass sein Konzertbericht aus weiblicher Sicht geschrieben ist. Die schreienden »Knospen« sind natürlich die
Mädchen. Interessant ist jedoch, dass Wolfe die Perspektive beibehält. Auch
bei einem zweiten Konzert – der Party nach dem Stones-Auftritt – fallen
ihm besonders Stil und Kleidung auf. Pop ist offensichtlich eine ›weibliche‹
Welt: »Goldie and the Gingerbreads stehen auf einem Podium an dem einen
Ende des Ateliers, alles ist elektrisch, elektrische Gitarren, elektrischer Baß,

Trommeln, Lautsprecher und ein paar Scheinwerfer explodieren auf dem Goldlamé. Baby, baby, baby, where did our love go. Die Musik füllt den Raum plötzlich wie ein gigantischer Eierschneider. Sally Kirkland jr., eine junge Schauspielerin, tanzt draußen auf dem Flur in einem Kleid, das mit einem Leopardenmuster bedruckt ist, und mit riesiger, fliegender Mähne Frug mit Jerry Schatzberg.« – Nach dem Auftritt geht es noch weiter: »In den Montagsausgaben wird man lesen, daß es der Mods- and Rockers-Ball, die ›Party des Jahres‹ war, aber erst am Montag, und das ist noch lange hin. So beschließen sie alle, zur Brasserie zu gehen.« Der Eingang der Brasserie liegt höher als der Saal mit den Tischen, hebt Wolfe hervor, »fast wie bei einer Modenschau«. »Alle sehen auf, und als das erste lachsfarbene Licht des Morgengrauens durch die Fenster scheint, kommen vier Teenager in Goldlamé-Trikots und ein Knabe in einer Tigerfellweste und Blue Jeans und ein Gentleman, der ein Hemd à la 42nd Street zu tragen scheint, in einem englischen Anzug, und ein Bursche mit lockigem Haar in einem Sweater … und dann ein Girl mit einer unglaublichen Mähne, einer riesigen gelb-braunen Korona, und in einem schwarzen Hosenanzug aus Samt.«

Es sind also nicht allein die Mädchen, die der Mode verfallen, auch wenn es sich bei Goldie and the Gingerbreads um eine der ganz seltenen weiblichen Rockgruppen handelt. Poseure, Camp-Freunde und Modeabhängige von Andy Warhol bis Dexys and the Midnight Runners hätten umsonst gelebt, wenn Francoise Cactus' Beschreibung des Koffers einer Rockmusikerin dreißig Jahre später nur Frauen betreffen würde: »Dieses Wunder wog nicht mehr als zehn Kilo: rote Stiefel, Steven Steve, japanisches Make-up, T-nager T-Shirt, ›Jingle Bells‹-Socken, Holzsohlensandalen (›Made in Italy‹), Miniradio, ›Diary‹-Tagebuch, Colettes Kindheitserinnerungen, Brigitte-Bardot-Postkarte, Glücksbringerhund, weiße Plastikboots, dunkelbrauner Nagellack (mit Fragezeichen – auch kleine Objekte wiegen allerhand), ein ungewöhnliches Foto von Minouche, auf dem sie wie Jeanne Moreau in einem Bunuel-Film aussah, eine alte Nummer vom ›Elle‹-Magazin, mit Ex-Fan der Sixties auf dem Cover, Strümpfe mit Laufmasche – durch Perlmuttnagellack gestoppt –, amerikanische Rosenmuster auf einem amerikanischen Kleid, dessen Schnitt fraglich war, als Gegenstück das Markenkrokodil für Tennismädchen aus der Bourgeoisie, eine handgehäkelte Handtasche – Summum der Lächerlichkeit, doch sehr liebenswert –, die gewagte Kombination Synthetiksöckchen mit Tante Marlenes Pumps (oder sollte sie lieber Bergschuhe mitnehmen?), ein finnischer Pullover, Sonnenbrillen in jeder Form, jeder

Farbe, ob es Sonne gab oder nicht, extradicke Wimperntusche, Creme gegen Orangenhaut, Orangenhautcreme gegen Pickel und Haarspray.« David Bowie und die New York Dolls hätten an vielen dieser Stücke sicher ebenfalls Freude gehabt, auch wenn im Koffer die Drogen fehlen. Über das Aussehen bestimmt zu werden – dieses traditionelle weibliche Schicksal bleibt in der Popkultur nicht mehr allein Frauen und einigen Homosexuellen vorbehalten. Doch selbst hier gibt es wiederum starke geschlechtsspezifische Trennlinien, von »Perlmuttnagellack« nur selten überdeckt. Fast ohne Ausnahme gilt die Regel, dass männliche Schauspieler und Bühnenakteure wesentlich weniger dem Diktat jugendlicher Schönheit unterliegen. Make-up und unübersehbare Kleidungsmoden stehen zudem in männlicher Version stärker im Zusammenhang eines – mindestens vorgeblichen – Gesamtkunstwerks, das weit mehr als schöne Oberflächen und erotische Reize präsentieren soll (genau der stark geschminkte Bowie muss selbstverständlich Konzeptalben machen!).

Vor diesem Hintergrund gewinnen die Schreie angesichts Mick Jaggers eine andere Qualität; sie schmeicheln dem Popstar extrem, dürfen dem Rockidol aber nicht zu sehr zu Kopfe steigen. Er muss sie sogar latent als Warnsignal begreifen: Rebellische Attitüde, Zynismus und Rhythm 'n' Blues-Tradition können nicht verhindern, dass auch er momentan zum Mädchenschwarm degradiert wird – die Musik geht in der Begeisterung unter.

Tom Wolfe vergisst deshalb nicht, einen Satz Jaggers zu dokumentieren: »Geht von der Bühne runter, ihr albernen Hühner!« Von nun an trägt die Rockmusik einen andauernden Kampf aus, der ›weiblichen‹ Umarmung zu entgehen, selbst wenn einige Rockstars durchaus in Versuchung stehen, sich dem Lockruf modischer, glamourös stilisierter Oberflächlichkeit ganz hinzugeben. Die Entsagung gelingt den meisten, weil sie immerhin auf Gegengifte zurückgreifen können, die aus ihrer Sicht kaum weniger attraktiv erscheinen: Aggressivität und Sex sind die probaten Abwehrmittel.

Groupies

Für die Trennung der Jazz- von der Popmusik geben die kreischenden Fans seit den Auftritten Frank Sinatras in den vierziger Jahren das sinnfälligste Bild ab. Aber die Fans der Popstars schreien nicht nur, sie reden auch gerne untereinander über ihre Begierden. Doch erst in den sechziger Jahren hört man vereinzelt ihre Stimmen, ohne dass die stilisierten Originaltöne gleich als Dokument verfehlter Jugend ausgegeben werden. Der Reporter - hier Stefan Aust in der Zeitschrift *Konkret* - gibt wieder: »Ich will nur meinen Spaß haben‹, sagt Evelyn ehrlich, wobei sie in den neuesten Langspielplatten blättert«. Der Reporter sieht: »enge Pullover in grellem Feuerwehr-Rot«, »durchsichtige Strumpfhosen«. Der Reporter träumt: »Die dunklen Haare fallen ihr ins Gesicht, und die Box spielt noch einmal den Hit: Love, love, love.« (Oktober 1967)

Man sieht, selbst in einer progressiven Zeitschrift, auf dem Höhepunkt des Pop-Jahrzehnts, bleibt die Zweiteilung erhalten: Man berauscht sich an der Schönheit, der Stilisierung, dem modischen Wagemut der jungen Frauen, behält jedoch so weit die Kontrolle, dass Rederecht und Meinungsmacht keineswegs auf die Mädchen übergehen. Ironie der Popgeschichte: Waren die bis 1964 sehr erfolgreichen Girl Groups - Gesangstrios wie die Shirelles oder die Ronettes - ohnehin fest in der Hand der Produzenten, Komponisten und Musikverlage, verlieren sie mit dem Durchbruch der rein männlich besetzten Beatbands, die ihre Stücke zunehmend selbst schreiben, sogar ihre Chartspositionen.

Die männliche Macht über Einschätzungen und Wunschträume ist so stark, dass selbst die schönsten Mädchen sich nachsagen lassen müssen, bloße Geschöpfe eines wissenden Mannes zu sein. Nach dem Dirigenten und dem Regisseur triumphiert erneut die Fiktion des potenten Führers, hinter dessen ästhetischem Gespür und kreativer Kraft alle anderen verblassen. In der Modewelt der Swinging Sixties ist es nun der Fotograf, dem zugestanden wird, dass er seine Modelle forme, also etwas ganz anderes tue, als die Lebendigkeit und den Hedonismus der Mädchen zu dokumentieren (die Rohheit der entsprechenden Attitüde eines erfolgreichen Hip-Fotografen bekommt man in Antonionis Film *Blow up* vorgeführt). Ähnliches gilt für den neuen Kunstzweig der sechziger Jahre, die Pop Art, und mit ihr vor allem für die oftmals durch Aktfotografien aufgepeppten Seiten der so genannten Pop-Literatur. Auch hier prägt sich der Name des fast immer männlichen ›Schöpfers‹ seinen Vorlagen auf, selbst wenn er nichts anderes macht, als Produkte der Populärkultur zu übernehmen oder sie leicht zu verfremden.

Von Emanzipation kann darum 1968, in der Gemengelage von Pop und Underground, kaum eine Rede sein. Der deutsche Pop-Schriftsteller Rolf Dieter Brinkmann hofft zu dieser Zeit auf Gedanken, die die »Attraktivität von Titten einer 19jährigen« haben. Die Verleger machen sich ihren eigenen, noch eindeutigeren Reim darauf. Den ersten weiblichen Stimmen, denen

man im engeren Bereich der Popkultur - ausgenommen also erfolgreiche Liebesromane - einen Autornamen zugesteht, sind die von Groupies.
Der Befund ist natürlich von hoher Aussagekraft. Ausgerechnet Frauen, deren Begierde sich auf erfolgreiche, von vielen umschwärmte Männer richtet, lässt man zu Wort kommen - damit noch Ohnmächtigere (oder Voyeure) an der (sexuellen) Macht wenigstens im Leseakt teilhaben können. Eine ganz alte Geschichte wird mit neuen Pophelden wirkungsvoll wiederaufgenommen: Die Frau verlangt nach öffentlichem Status, den sie allein auf dem Wege geschlechtlicher Unterwerfung erlangen darf (und auch will!). Selbst im Zeichen einer stark männlich ausgerichteten sexuellen Revolution 1968 kann dies nicht einfach als Moment erotischer Emanzipation ausgegeben werden. Um den Eindruck zu zerstreuen, dass hier nur ein geradezu archaisches Geschlechterklischee modern zelebriert wird, muss das Groupie in höherem Maße als Handelnde erscheinen, nicht als Getriebene oder Gefangene.

Eine Einschätzung wie die von Gail, spätere Mrs. Zappa, Groupies hätten die Musiker 1966 in Los Angeles fast als »Priester« verehrt - »it was almost religious with the girls« -, hilft in der Hinsicht selbstverständlich nicht weiter (es geht hier, das sei ausdrücklich betont, nicht um individuelle Wahrheiten, sondern um öffentliche Bilder). Die führende amerikanische Rockmusikzeitschrift *Rolling Stone* gibt darum 1969 in einem ersten Büchlein zur amerikanischen Groupieszene eine andere Losung aus: »Groupie is an attitude«. Die porträtierten Frauen wollen das ähnlich sehen; sie setzen sich kritisch von »star-fuckers« ab. Cynthia Plaster Caster - die Gipsabdrücke von den Schwänzen der Rockmusiker nimmt - wehrt sich gegen den Vorwurf, sie würde sich den Musikern andienen, weil sie berühmt seien; deren Attraktivität komme vielmehr daher, dass sie gute Musik spielten: »Music really moves me«.

Die Argumente überzeugen allenfalls zur Hälfte. Richtig an ihnen ist allerdings, dass eine Frau am Rockleben nur dann teilhaben kann, wenn sie den Musiker nach dem Konzert oder der Plattenaufnahme begleitet; Produzentinnen oder Gitarristinnen sucht man um 1970 herum vergeblich. In die Szene hinein gelangt man nur über den erotischen Weg. Jenny Fabian berichtet darüber 1969 in *Groupie*. Ihre Laufbahn beginnt beim Friseur: »Nachdem ich die Bürotür zum letztenmal hinter mir zugeschlagen hatte, wurde mir klar, daß ich irgend etwas mit meinem Haar machen mußte. Ich ging zu Gavin und ließ mich beraten. Er sagte, meine Zotteln hätten sowieso schon bessere Tage gesehen und außerdem liefen viel zu viele Leute mit

einer Jimmy Hendrix-Frisur durch die Gegend. Deshalb schlug er mir eine
Brian Jones-Frisur vor. Gavin ist immer einige Schritte voraus. Er arbeitet
in einem der besten Londoner Haarsalons. Jetzt hatte ich also eine Brian
Jones-Frisur, und zum erstenmal seit Monaten konnte ich spüren, wie mir
mein Haar ins Gesicht fiel, wenn ich den Kopf schüttelte.«
    Mit der neuen Frisur trifft sie einen bekannten Boulevard-Journalisten.
»Obwohl er nicht aus dem Musik-Business war, konnte er doch ziemlich
nützlich für mich sein«, glaubt Jenny. »Vielleicht könnte ich mich durch
ihn auch an irgendwelche brauchbaren Typen ranmachen.« Die Hoffnung
ist nicht unbegründet. »Reginald führte mich ins ›Cosimo‹ in der King's
Road, einem Restaurant, in dem es nur wichtige Leute gab.« – »Der Raum
vibrierte von den Gesprächen, und die Kellner schwirrten mit Nachrichten
von den Gästen herum, die sie den Mädchen anderer Gäste bringen sollten.
Jeder wollte jeden aufreißen. So leben diese Typen. Um cool zu erscheinen,
trug Reginald eine Sonnenbrille. Ich machte es noch besser. Ich hatte eine Brille mit Spiegelgläsern, so wie sie die amerikanischen Motorrad-Cops
tragen. Niemand konnte sehen, wohin ich blickte, und das brachte sie alle
irgendwie durcheinander.«
    Tatsächlich lernt sie in einem anderen Club den Gitarristen einer Acid
Rock-Gruppe kennen. »Eine Weile flirten wir uns zu. Er macht mich neu-
gierig. Als die Band wieder spielt, nehme ich ihn genauer unter die Lupe.
Ich setze mich an den Rand der Bühne, um ihn dauernd betrachten zu
können, ohne daß er es merkt. Was ich sehe, gefällt mir. Er wirkt wie ein
Mädchen, und sein blondes Haar fällt bis auf die Schultern herab. Er ist
der Leadgitarrist, und seine mageren Arme, die aus seinem T-Shirt zum Vor-
schein kommen, haben es mir besonders angetan. Als die Band mit ihrer
Nummer fertig ist, kommt er direkt auf mich zu und starrt mich wieder
an. Plötzlich sagt er: ›Hallo.‹«
    Sie verabreden sich zur Eröffnung einer neuen Boutique. »Es war mir
wichtig, daß die Leute Davey erkannten, als ich mit ihm in der Boutique
war. Wir standen abseits an eine Wand gelehnt und beobachteten ziemlich
stoned, was um uns herum geschah. Für einen Moment legte er seinen Arm
um meine Taille, und ich muß zugeben, daß ich nichts dagegen hatte. Dann
brachen wir auf. Wir aßen in einem Restaurant und gingen hinterher in
mein pad. Unsere Vibrationen paßten sich einander an. Davey hatte keine
Komplexe, er war sehr selbstsicher. Wenn er sprach, sah er mich mit seinen
blaugrünen Augen direkt an. Ich fragte mich, was er wohl sah.« Der nächste
Satz offenbart aber, wie sie sich selbst sieht, bevor der Blick dann doch

weiterwandert: »Als wir ins Bett gingen, war ich nervös. Seine Sicherheit machte mich irgendwie unsicher. Ich fühlte mich trocken, verkrampft, von Initiative keine Rede. Die Anmut seines Körpers und seiner Geschlechtsteile verblüfften mich: zierlich und wunderbar symmetrisch. Zum erstenmal stellte ich fest, daß es die Genitalien eines Mannes wert sind, genauer betrachtet zu werden.«

Groupies schauen genau hin. Ein anderes, Pamela Des Barres, berichtet aus Los Angeles: »Das größte Wunderwerk bei Iron Butterfly war Daryl, der Leadsänger. Er kleidete sich in glänzendes Rosa und Weiß, und im hellen Scheinwerferlicht entblößte er seine magere Brust und durchtränkte seinen Satin mit Schweiß, was ein wesentlicher Bestandteil seiner feuchten Anziehungskraft war. Er liebte es, bewundert zu werden, und er bewunderte vor allem sich selbst; direkt gegenüber der Bühne, auf der anderen Seite der Tanzfläche, war ein Spiegel, und es war schwer, seine Aufmerksamkeit von seinem eigenen prächtigen Spiegelbild abzulenken.«

Natürlich gelingt das Pamela Des Barres beim Iron Butterfly-Sänger (und bei Gram Parsons, Jimmy Page, Mick Jagger ...) ebenso wie Jenny Fabian bei Mitgliedern der Londoner Undergroundszene. Groupies ohne Erfolg wären keine Groupies. Sie werden über den Vollzug definiert. Allerdings ist der Erfolg immer nur begrenzt, die Stars ziehen im Regelfall auf ihrer Tour zu anderen Bewunderinnen weiter. Deshalb müssen die Groupies den Moment feiern (oder, wie Gail Zappa zur Ehefrau avanciert, die ehemaligen Mitstreiterinnen fürchten). Paradoxerweise sind sie aber nicht selten bereits dafür verantwortlich, dass auf dem Konzert der Star überhaupt als solcher sichtbar wird, dass er seinen gefeierten Augenblick erleben darf. Was wäre der Auftritt ohne ihre körperliche Präsenz?

Das deutsche Underground-Starlet Rosy Rosy beim Konzert von Frank Zappa und den Mothers of Invention: »Die Musik war so stark, daß ich fast mit dem Tanzen nicht mehr mithalten konnte. Ging mit den Bewegungen etwas zurück, doch sie kamen von selbst wieder gelaufen. Schaute immer hinter den Verstärkern zu den einzelnen Musikern. Mit allen lief da was. Frank konnte ich nicht merkbar erreichen. Auf dem Weg von der Bühne blickten sie mich an. Die Halle schrie, sie kamen noch einmal wie das im Krone so üblich ist. Noch ein Stück. Die wollten das Licht wieder auf dunkel stellen, doch Mothers wollten Licht. Jetzt standen alle Leute. Frank sah mich und lachte mir zu. Kletterte über sämtliche Stühle zu meinem Mantel. Schlug mir die Federboa um den Hals.« Später, im Hotelzimmer, die umgekehrte Abfolge: »Mein Rock fiel, setzte mich auf die Bettkante und

fuhr Rad mit den Beinen. Zog geräuschvoll die Reißverschlüsse der weißen
Stiefeln. Frank sprach: ›You know, movies about boots?‹ und: ›You going
quick!‹ Er griff unter meinen Wollpullover, öffnete den BH, den Margret
geklaut hat. Die Strumpfhose ließ ich an, weil sie lila war.«

Liest man die ganzen Stellen, die mit der Eroberung des Stars enden,
fragt man sich im ersten Augenblick verwundert, wer denn der Star war.
Wiegen verspiegelte Brille, Enthusiasmus, lila Strumpfhose, Beobachtungs-
schärfe nicht die Attraktion der Rockidole mehr als auf? Bei Pamela Des
Barres kann man etwas davon spüren, allerdings setzt sich dann doch immer wieder der Star-»Komplex« durch: »Die Mädchen und ich verbrachten
viel Zeit ganz für uns in dem Gewölbe und stellten Listen von allen hinreißenden Knaben in Bands auf, die wir nicht von der Bettkante stoßen
würden«. Die Idee, im Rückstoß gerade die Starqualitäten auszumachen,
kann darum nicht aufkommen, obwohl das Auftreten von Pamela und ihren Freundinnen sonst konsequent darauf ausgerichtet ist, sich im Spiegel
der Öffentlichkeit zu erblicken und nicht im Auge des Idols: »Dem Gewölbe direkt gegenüber lag eine große Kammer, wo ganz zurückgezogen
Christine Frka hauste. Sie war mit Sandra aus San Pedro emigriert, zog
es jedoch vor, sich von dem sextollen Treiben fernzuhalten; sie behauptete beharrlich, sie sei frigide. Sie war gepflegt, hochgewachsen und extrem
dünn, mit einer verkrümmten Wirbelsäule, was sie leicht exzentrisch aussehen ließ. Ich bin sicher, daß sie deswegen einen Komplex hatte und daher
auf einem sexlosen Dasein bestand. (Nur ein einziges Mal erzählte sie mir,
daß sie mit irgendeinem Popstar geschlafen hatte, und da sagte sie: ›Ich lag
eine Weile unter ihm und fragte ihn dann, ob er fertig wäre.‹)« - »Eines
Tages wollte sie uns zu unserem bevorzugten Secondhand-Shop begleiten,
dem Glass Farmhouse, wo wir alle unsere Extras erstanden. Er war in Sil-
verlake, und um dort hinzukommen, mußte man einmal quer durch die
Stadt, und alle fünf trampten wir händchenhaltend, sogar Christine. Na
ja, sie hielt deine Hand nicht wirklich, aber sie ließ dich, immer Distanz
wahrend und ein wenig mißtrauisch, ihre Hand halten. Wir wurden ein
Quintett, das bei allen Ereignissen, Partys, Konzerten, Love-ins, in Clubs,
bei allen nur möglichen Festivitäten als verschworene Gemeinschaft auftrat.
Die einheimischen Mädchen fingen an, unsere hinreißenden Ensembles zu
kopieren, einschließlich der Extras zu fünfzig Cent: Bänder um Hand- und
Fußgelenke, schmuddelige Seidenblumen, Spitzen an strategischen Stellen,
antike, über anderen Kleidungsstücken getragene Höschen, Tücher mit Kla-
viertastenmuster, hautenge Teddys, handbestickte Tischdecken und der Sei-

denschirm für besondere Anlässe. Wir erregten derartiges Aufsehen, daß
wir innerhalb von Wochen unsere eigene Komparserie hatten, aber immer
standen wir fünf im Mittelpunkt, blieben unzertrennlich und hofften, die
Zuschauer zu inspirieren oder zu ärgern.« Die Hoffnung ist nicht unbegründet. Tatsächlich bleibt es die Aufgabe des Zuschauers bzw. des Lesers,
die Pointe zu der Geschichte zu formulieren: Dass die Mädchen mit verschiedenen Schichten alter Kleider genau die Aufmerksamkeit erzielen, die
der Rockstar ihren jungen Körpern im unbekleideten Zustand gewährt.

Pointe Nr. 2 aus der ganz neuen Welt des Underground-Rock und der
ganz alten Welt der Geschlechtertrennung: Die Mädchen wollen sich Laurel
Canyon Ballet Company nennen, übernehmen aber einen anderen Vorschlag: Girls Together Only (GTO). Die Abkürzung bleibt, das O soll dabei aber verschiedenen Deutungen offen stehen: obscene, original, orga-
nic, outrageously … Der Vorschlag kommt von – Frank Zappa, bei dem
Christine zeitweilig als Kindermädchen und Haushaltshilfe arbeitet. Er
bringt von den Mädchen auf seinem Label eine Mini-LP heraus, produziert von ihm selbst. Auch Pamela ist oft Gast bei den Zappas und bewundert Ehefrau Gail. Im Bericht Pamelas erstrahlt sie in einem völlig anderen
Licht, nicht mehr in dem des Groupies, sondern dem der Hausfrau – als
»Teekannenkönigin«. Groupies Together Outrageously!

Das gefährdete Mädchen

Die Hochzeit des Groupies fällt in die Jahre um 1968, in die Zeit der
Hippie-Bewegung und der antiautoritären Opposition. Sexuelle Liberalisie-
rung und Politisierung des Privaten sind der Grund für seine Anerkennung.
Das Groupie macht seine Lüste öffentlich, und es ist Teil einer Szene, deren
unbürgerliches Verhalten eine Zeit lang als befreiende politische Praxis ange-
nommen wird. Selbst angesichts dieses einmalig vorteilhaften ideologischen
Rahmens jedoch bleibt der Rang des Groupies prekär. Für die Hippies geht
es zu zielgerichtet vor, für Anarchisten ist es viel zu machtfixiert und für
einen Linken ein weiteres Symbol der Konsumkultur.

Das Groupie rückt deshalb in seine öffentlich publizierte Rolle als alternatives Sexsymbol, ohne dem reduzierten Status des Sexobjekts jemals
entrinnen zu können. In Deutschland wird das an der Person Uschi Ober-
maiers besonders gut sichtbar. Sie beginnt ihre Laufbahn im Stile der swin-
genden mittsechziger Jahre als Diskotheken-Schönheit (Platz zwei bei der

Wahl zum »Schwabinchen«), gewinnt dann problemlos Anschluss an den Underground als Begleiterin der experimentellen Münchener Rockgruppe Amon Düül – bei Konzerten darf sie schon einmal die Maracas rütteln –, bevor sie als Freundin von Rainer Langhans der Kommune I zu noch mehr Fotostories verhilft.

Die Alternative zur Rolle der Begleiterin, ›Freundin von …‹ und erotischen Attraktion sieht allerdings während der Hippiezeit in feministischer Sicht kaum besser aus. Das andere öffentliche Bild eines jugendbewegten Mädchens am Ende der sechziger Jahre ist zwar wesentlich weniger sexdominiert, beschränkt sich im Gegenzug aber auf eine Neuauflage des Stereotyps vom sensiblen, gefährdeten Geschlecht. Nach der hochgetriebenen Sorge, die stets das Gewaltpotential der stärker proletarischen Teds, Rocker, Mods umkreiste, nimmt angesichts der Mittelschichtsbewegung der Hippies die oft maßlose Angst vor den Gefahren der Subkulturen gerne weibliche Züge an. Das Hippie-Mädchen erscheint ebenso sensibel wie orientierungslos, den Einflüsterungen von Drogen, Gurus und traurigen inneren Stimmen wehrlos ausgeliefert. Seine gefürchtete Aktivität – dass es sich von der bürgerlichen Welt abwendet, Eltern und Schule verlässt – verwandelt sich dadurch in eine beklagenswerte Passivität. Es war zu schwach, sich gegen schlechte Einflüsse zu wehren; immerhin ist darum seine Rückkehr stets möglich, falls es sich nicht endgültig im Taumel der alternativen Verführungen verliert.

Eine gewisse Hoffnung bleibt demnach. In einem *Twen*-Artikel aus dem Juni 1969 versucht man sogar, das Mannequin Obermaier zu einer Hippie-Gestalt zurechtzudeuten, die stets sie selbst, sprich: harmlos bleibt. Zuerst einmal ist sie für *Twen* die »Miss Kommune«, also »unpolitisch«. Als Fotomodell sei sie bereits vor der Kommune-Phase zum beherrschenden »Mädchentyp der Zeit« geworden: »kindlich-schlank, durch und durch unverbildete Naturschönheit«; »man sah ihren Fotos an, daß sie nicht posierte.« Selbst als Topmodel kann man ein unverdorbenes, reines Hippie-Mädchen bleiben! Aber noch besser: Obermaier ist nicht nur ungefährlich, sondern auch ungefährdet: »›Repression‹ ist die einzige Vokabel, die Uschi aus dem linken Wörterbuch entlehnt. Viel häufiger taucht das Wort ›Zärtlichkeit‹ auf. Und am Ende nur noch ›Sehnsucht‹. Uschi fährt nach Hause, weil sie solche Sehnsucht nach den Ihren hat.«

Wahrscheinlich könnte *Twen* die öffentliche, bindungslos angelegte Sexualitätspraxis der Kommune I sogar ohne das sehr forcierte familiäre Ende hinnehmen, solange die ›freie Liebe‹ wie bei Obermaier »Zärtlichkeit« heißt.

Zwar darf die skeptische Frage nach der Eifersucht nicht fehlen, aber Ober-maiers Antwort wird nicht weiter bestritten: »Wenn er mit einer anderen schläft, wird mir ja nichts weggenommen.« Allgemeiner gesagt: »Liebe und Zärtlichkeit sind eine Kraft, die man unendlich steigern kann.«

Dabei war Skepsis angebracht. Ein anderes kurzzeitiges Mitglied der Kommune I, Mascha Rabben, erzählt 1981 in ihren Erinnerungen *Begegnung mit niemand* von heftigen Eifersuchtsszenen. Zugleich gibt Rabbens Bericht zu allen elterlichen Befürchtungen Anlass. Der Untertitel des Buches lautet nämlich »Die Geschichte eines Weges nach Poona«, das Copyright hält das »Chidvilas Rajneesh Meditation Center«, und Rabben trägt mittlerweile den Namen Ma Hari Chetana. In der Kommune I jedoch heißt Rabbens Bhagwan noch Dieter Kunzelmann. Der spöttische Ideologe und Lebenskünstler versucht sie mit treffenden Anwürfen herauszufordern. »Ich halte diese Hippiewirtschaft nun wirklich nicht mehr lange aus!«, gehört zu seinen höflicheren Bemerkungen. Rabben hält nicht lange durch, eines Abends läuft sie beleidigt und verletzt mit Selbstmordgedanken aus dem Moabiter Loft der Kommune in die kalte Winternacht. Ausgekühlt und verzweifelt kehrt sie nach einigen Stunden zurück und schläft – wie die Anekdote es will – endlich mit Rainer Langhans, zum Entsetzen von Uschi Obermaier, die am nächsten Morgen tatsächlich ihre Eltern anruft. Dieser Trip führt wirklich nicht allzu weit!

Aus dem prosaischen Geschehen heraus findet Rabben – nach der Kommune-Phase, vor der Indienfahrt – konsequenterweise dann nicht durch Sex, sondern durch LSD. In ihrer eigenen Erinnerung klingt das zugleich dramatisch endgültig und beruhigend alltäglich – es ist ja bereits Teil der eigenen Geschichte, auch wenn die verneint wird: »Danach gab es nichts mehr. Nur noch Bewußtsein ohne jeden Inhalt. Zeitloses, raum-loses Bewußtsein. Wachheit in ihrer absoluten Reinheit, ohne irgendeinen Gedanken, irgendein Gefühl.«

Eigentümlich genug – Rabben benutzt zur Beschreibung des überwäl-tigenden LSD-Erlebnisses einige der Worte, mit denen die besorgte Öf-fentlichkeit um 1968 immer wieder die Hippie-Mädchen auf den Begriff bringt: sie müssen zugleich wach, rein, gefühlsselig und apathisch, gedan-kenlos, gefühlsschwach sein. Bereits die Vorfahren der Hippies, die Beat-niks, fallen unter das Muster. John Clellon Holmes, einer aus dem kleinen Kreis der New Yorker Beat-Literaten, markiert schon im November 1952 in seinem Aufsatz *This Is the Beat Generation* (*New York Times Magazine*) den entsprechenden Standard. Angeregt ist Holmes' Essay von einem *Youth*

betitelten Artikel einer großen amerikanischen Zeitschrift. Der Tenor des
Artikels ist eindeutig: Stellvertretend für diese »Jugend« stehen Marihuana-
Konsumenten. Holmes ist besonders von dem Porträtfoto eingenommen,
das den Artikel illustriert: Es zeigt ein »blasses, aufmerksames Gesicht« mit
»sanften Augen und einem intelligenten Mund.«. »Warum lassen die Leute
uns nicht in Ruhe?«, liest Holmes als Frage und stillen Vorwurf aus diesem
Gesicht heraus. Holmes ist sich sicher:»It was the face of a beat generation.«
Das Foto zeigt ein Mädchengesicht, die Haschisch-Delinquentin ist eine
Achtzehnjährige – jene frühe, blasse, sanfte, abgewandte Beat Generation ist
weiblich.

17 Jahre später veröffentlicht der deutsche *Twen* ein ganz ähnlich ausse-
hendes Bild »einer verlorenen Tochter«. Kathlen ist zu Hause ausgerissen,
Twen begibt sich auf ihre Spur. Wer war Kathlen? Natürlich neu-sensibel,
keine Politdoktrinärin:»Kathlen liebte Mickey Mouse, während ihre Freunde Marx und Marcuse diskutierten, – liebt Camus, Dostojewskij, Rilke, Baudelaire, Beethoven.« (*Twen*, November 1969) Aufzuspüren ist sie nicht:»Sie
flüchtete dahin, wo gehascht wird und jeder dichthält.« Auch in »Frankfurts
top-pop-postershop Pudding Explosion«, wo sie ihre Mutter nach ihrem
»ersten, zweitägigen Off« wiederfand, trifft man sie nicht. Angesichts des
autoritären Vaters ist *Twen* sogar froh, dass sie erst einmal verschwunden
bleibt; Gefahr besteht nämlich nicht, da Kathlen in einem Brief an die Eltern ironisch deren Drogen-Angst widerlegt:»Zu eurer enttäuschung kann
ich dem brief keine kostproben von den Drogen (sprich: droooschen) bei-
legen, weil ich, unter der teuflischen beeinflussung ganz ganz böser menschen, diesen gefährlichen giften abgeschworen habe.« Das erlaubt auch
Twen, eine liberale Haltung einzunehmen; Drogen, die man nicht nimmt,
können getrost verharmlost werden.

In San Francisco wird die Liberalität auf eine härtere Probe gestellt. Die
Reporterin Gisela Bonn begibt sich für einige Wochen in das Zentrum der
Aussteigerszene und kehrt 1968 mit ihrem Buch *Unter Hippies* zurück. Am
dritten Tag lernt sie dort Burgess und »seine Freundin Virginia« kennen –
»eine schlanke, zerbrechlich wirkende Silhouette in hautnahen roten Ho-
sen und mit einem engen schwarzen Pullover. Hinter den beiden tauchten,
vom Zigarettenrauch ein wenig umnebelt, die Gesichter von Doris, Frank,
Kenneth, Allin, Jack, George, Ray, Kathy und Alberto auf. Doris im gelben
Minirock und giftgrüner Bluse – Kathy in langen schwarzen Netzstrümp-
fen – darüber ein orangefarbenes Hängekleidchen. Alle Mädchen trugen die
gleichen Ketten aus weißen, blauen, roten und schwarzen Holzperlen, fünf-

fach um den Hals geschlungen. Jeder, ob Junge oder Mädchen hatte seinen Knopf angesteckt, auf jedem stand ein anderer Hippy-Slogan: ›Make love, not war‹, ›Ich bin ein Staatsfeind‹, ›Gebt LSD eine Chance‹, ›Legalisiert die Droge‹, ›Wer keusch ist, hat selber Schuld‹, ›Experimentiert mit dem Nichts‹, ›Süß ist es, alle zu lieben‹.«

Immerhin, bei Gisela Bonn überzeugen die Hippiemädchen nicht nur modisch, sondern auch ideologisch.»›Hip‹, erklärte Virginia, ›bedeutet aufrichtig sein, das wahre Selbst entdecken, sich vervollkommnen, glücklich werden, aber nicht auf Kosten von anderen, es heißt vielmehr den Mitmenschen lieben, alle Menschen lieben, und sie allein durch Liebe von einem neuen Leben der Gewaltlosigkeit, der Freundschaft, der Anständigkeit, des Glaubens, der absoluten Freiheit, der Zusammenarbeit, der Bewußtseinsausweitung und der Toleranz zu überzeugen.‹«

Die Reporterin hört sich das humanistische Credo ruhig an, erst als sich das Gespräch um Rauschgifte dreht, erhebt sie Einwände: Drogen seien wohl kaum notwendig, um die angestrebte »Weisheit« zu erlangen. »Gewiß nicht‹, antwortete Allin, ›aber sie verkürzen den Weg zur Selbstverwirlichung, zur Erkenntnis. Natürlich sind sie ein Trick, aber ein Trick, der uns Jahrzehnte der Suche nach Wahrheit erspart.‹«

Wie die ›Wahrheit‹ des Drogengebrauchs aussieht, zeigt Bonn dann wieder am weiblichen Beispiel. »Sechs Pärchen bildeten einen Kreis und ließen eine ›joint‹, eine Marihuana-Zigarette, von Hand zu Hand gehen. Neben ihnen stöhnte eine junge Frau. Ihr Kopf, auf den Knien eines schlafenden Mannes, taumelte haltlos hin und her. ›Sie macht ›a bad trip‹ – eine ›schlechte Reise‹‹, flüsterte Johnny. Mich packte das Grauen. Die Augen der Unglücklichen waren weit aufgerissen – ihr Blick hatte etwas von einer Irren oder jedenfalls bis an den Rand des Wahnsinns Verzweifelten.« Johnny ist jedoch der bessere Stereotyp-Psychologe; er weiß, die Droge ist nicht die Ursache der hysterischen Wirkung, nein, die allseits bekannte Schwermut des Mädchens ist der Auslöser des schlechten Trips: »›Sie ist auch im normalen Zustand eine Melancholikerin‹, erzählte Johnny, ›das macht ihren Fall so schwierig.‹«

Im Nachbarraum stößt Bonn auf ein Pärchen, das LSD genommen hat. »Elys Kopf lag auf der Schulter des Jungen, in der kleinen Beuge unter dem Kinn. Er lächelte, lächelte immer wieder, wenn seine Hand über das lange schwarze Haar strich, das wirr und ungekämmt bis fast zu den Hüften des Mädchens hinabhing. Ihr bleiches Gesicht verriet keine Erregung, es war vielmehr von einer Stille, wie sie von Menschen ausgeht, die fest und traumlos schlafen.« Als die Stille jäh unterbrochen wird, kann der Blick nicht mehr auf dem Gesicht des Mädchens verweilen: »Beide fuhren zusammen, bäumten sich auf, als wären sie von einer Peitsche getroffen worden. Mit schmerzverzerrten Gesichtern und einem heiseren Aufschrei fielen sie einander in die Arme und zu Boden.« Sofort anschließend wendet sich die Aufmerksamkeit der Reportage aber wieder dem unschuldigen heimatlosen Mädchen zu: »Ich betrachtete das Mädchen, die faltenlose Stirne, den kindlichen Mund, und dachte an eine unglückliche Mutter, die irgendwo weinte.«

Die Eindrucksmuster gehen keineswegs auf ein besonderes deutsches, provinzielles Raster zurück. Bei Joan Didion, der bekannten Essayistin und Reporterin des amerikanischen New Journalism, löst der Aufenthalt in San Francisco sogar gleich apokalyptische Visionen aus. Die »vermißten Kinder«, die sich im Haight Ashbury-Viertel sammeln, weisen für sie auf ›vermisste Eltern‹ zurück. In San Francisco, bei den Hippies, trete der allgemeine »gesellschaftliche Blutsturz« deutlich zutage, schreibt Didion gleich zu Beginn. Danach kann sie sich weitgehend wertender Passagen enthalten, die Beschreibungen sollen für sich selbst (bzw. für die eingangs aufgestellte These) sprechen: Die Reportage *Slouching Towards Bethlehem*, 1967 veröffentlicht in der *Saturday Evening Post*, setzt sich aus lauter kleinen Impressionen und Porträts zusammen. Wahrscheinlich wird Didion selbst gar nicht bewusst, dass in all diesen Episoden die Männer wenigstens vor sich hin reden oder pseudophilosophisch schwadronieren, die meisten Hippie-Mädchen hingegen äußerst sprachlos und reduziert erscheinen:

»Heute nachmittag sind sie zu dritt hier in Sausalito, wo die Grateful Dead proben. Sie sind alle hübsch, zwei haben noch Babyspeck, und eine tanzt allein mit geschlossenen Augen. Ich frage zwei der Mädchen, was sie machen. ›Ich komm einfach ziemlich oft her‹, sagt die eine. ›Ich kenn die Dead halt so‹, sagt die andere. Das Mädchen, das die Dead halt so kennt, macht sich daran, ein französisches Stangenbrot auf der Klavierbank aufzuschneiden. Die Jungs machen eine Pause, und einer erzählt, wie sie im Los Angeles Cheetah gespielt haben, der im alten Aragon Ballroom ist. ›Genau da, wo Lawrence Welk immer gesessen hat, haben wir Bier getrunken‹, sagt Jerry Garcia. Das kleine Mädchen, das allein getanzt hat, kichert. ›Die Härte‹, sagt sie leise. Sie hat die Augen noch geschlossen.«

Auch solch harmlose Szenen wirken wegen der Darstellungsweise unvermeidlich ganz und gar traurig. Richtig deprimierende Geschichten wie die folgende braucht es fast gar nicht mehr: »Die ganze Zeit über sehe ich mir Gerrys Gedichte an. Es sind die Gedichte eines sehr jungen Mädchens, jedes sauber hingeschrieben und mit einem Schnörkel abgeschlossen. Das Morgengrauen ist rosenrot, der Himmel silbergetönt. Wenn Gerry in ihren Heften ›Kristall‹ schreibt, dann meint sie nicht Meth. ›Du mußt wieder anfangen zu schreiben‹, sagt Deadeye liebevoll, doch Gerry überhört das. Sie erzählt mir von einem, der sie gestern gefragt hat, ob sie mit ihm schlafen will. ›Hat mich einfach auf der Street angesprochen, mir sechshundert Dollar geboten, wenn ich mit ihm nach Reno geh und es mache.‹ ›Da bist du nicht die einzige‹, sagt Deadeye. ›Wenn eine mit ihm will, okay‹, sagt Gerry. ›Bloß versau mir nicht meinen Trip.‹ Sie leert die Thunfischdose, die wir als Aschenbecher benutzen, und geht hinüber, um ein Mädchen zu betrachten, das auf dem Fußboden schläft. Es ist dasselbe, das auf dem Fußboden schlief, als ich das erste Mal zu Deadeye kam. Seit einer Woche ist sie nun krank, seit zehn Tagen. ›Meistens, wenn mir einer auf der Street mit so was kommt‹, ergänzt Gerry, ›hau ich ihn wegen Kleingeld an.‹ Als ich Gerry am nächsten Tag im Park sah, fragte ich sie nach dem kranken Mädchen, und Gerry sagte heiter, daß sie jetzt im Krankenhaus sei, Lungenentzündung.«

Die spektakulär kranken Mädchen werden ihre Anziehungskraft behalten. Die öffentliche Assoziation von Drogenschicksalen mit gefährdeten jungen Frauen stellt sich weit über die sechziger Jahre hinaus ein. Einen unglaublichen Erfolg hat 1978 in Deutschland die Reportage über ein rauschgiftsüchtiges Berliner Mädchen. Erst werden ihre Interviewaussagen in einer Illustriertenserie leicht bearbeitet dokumentiert und zusammengefügt, dann erscheinen sie in Buchform: Christiane F., *Wir Kinder vom Bahnhof Zoo* (nach Tonbandprotokollen aufgeschrieben von Kai Hermann und Horst Rieck). Darin geht es nicht um kiffende Jugendliche aus der Hippie- und Alternativszene der siebziger Jahre – der größten Jugendbewegung, die die westliche Welt jemals gesehen hat –, sondern um verlorene Kinder, die ihre Heroinabhängigkeit als jugendliche Prostituierte bezahlen müssen.

Die unglaubliche Dramatik und Exotik der Einzelschicksale gleicht das Buch durch eine greifbare Erklärung wieder aus. Im Gegensatz zu den ideologisch und vom Zeitgeist erfaßten Hippiekindern der sechziger und siebziger Jahre, die aus vielleicht entfremdeten, aber doch gut situierten Mittelschichtsfamilien kommen, kann man Christianes Sucht mit fassbareren Gründen verbinden. Die Ehe der Eltern ist unglücklich, der Vater aggressiv, das Viertel, in dem sie wohnen – eine Hochhaus-Trabantenstadt – kinderfeindlich. »Die Betonwüsten vieler moderner ›Sanierungsgebiete‹ stapeln Menschen in einer ganz und gar künstlichen, kalten, maschinenhaften

Umwelt, die alle Konflikte, welche die meisten Familien ohnehin hierher mitschleppen, katastrophal verschärft«, weiß der bekannte Sozialpsychologe in seinem Vorwort zum Buch.

Christiane kennt natürlich auch diesen Sound und kontrastiert auf den ersten Seiten ihrer Erinnerung in anklagendem Ton Baumhütte und Betonsilo. Als Erklärung, wieso Christiane ihren ersten Joint zu den Klängen einer David Bowie-Platte raucht (und Heroin zum ersten Mal im Anschluss an ein Bowie-Konzert nimmt), taugt das aber kaum. Vielleicht hält man sich doch besser an die unkommentierten Beschreibungen: »Ich betrank mich zum ersten Mal in meinem Leben, während die anderen an der Wasserpfeife nuckelten. Sie sprachen über Musik. Über eine Musik, von der ich noch nicht viel verstand. Ich hörte gern Sweet. Ich stand auf die ganzen Teenie-Bopper-Gruppen. Ich konnte also sowieso nicht mitreden, und da war es gut, daß ich betrunken war und nicht so wahnsinnige Minderwertigkeitsgefühle kriegte. Ich bekam dann schnell mit, was für Musik die stark fanden, und war auch sofort voll drauf auf deren Musik. David Bowie und so. Für mich waren die Jungs selber Stars. Von hinten sahen sie alle original aus wie David Bowie, obwohl sie erst so um die 16 waren. Die Leute in der Clique waren auf eine für mich ganz neue Art überlegen. Sie waren nicht laut, sie prügelten sich nicht, sie gaben nicht an. Sie waren sehr still. Ihre Überlegenheit schienen sie einfach aus sich selber zu haben. Sie waren auch untereinander unheimlich cool.«

Cool möchte Christiane F. auch sein. Sie erzählt, wie Heroin das gewünschte Gefühl erzeugt. Das ganze Buch spricht aber eine andere Sprache. Christiane ist gar nicht cool, sondern das typische sensible Mädchen, das in der Hippie-Zeit seinen jugendkulturellen Ausdruck fand. Der Typ überdauert alle Moden. 1980, in der Zeit von Punk und New Wave, der ausdrücklichen Gegenströmung zur Alternativbewegung, sieht er zwar ganz anders aus, hat aber die gleichen Gefühle wie immer. Silvia Szymanski beschreibt sich in ihrem stark autobiographisch gefärbten Roman *Chemische Reinigung* als randständiger Teil der neuen Szene: »Man hört jetzt experimentelle, kühle Untergangsmusik. Düster, mysteriös, mit Synthesizern. Man trägt die Haare rechts kurz, links lang. Oder ganz kurz und scharf.« Das »man« ist jedoch kein identischer Ausdruck des »ich«. Die Heldin der *Chemischen Reinigung* – hier einmal vom Alkohol angetrieben – stellt das genaue Gegenteil zum ›Kühlen‹ und ›Scharfen‹ dar. Wie alle ihre Vorgängerinnen befindet sie sich auf einer ahnungsvollen, nie zum Abschluss kommenden Suche, auch wenn die romantische Liebe nun zeitgemäß zurücktritt: »Ich bekam wieder

Schwierigkeiten, meine Sehnsucht unter Kontrolle zu halten. Ich bemerkte den Unterschied zwischen den Gesprächen und meinem Körper. Ich merkte meine Haut und meine von Mücken zerstochenen Beine, ich merkte, ich bin ein betrunkenes Mädchen und kein Geist. Ich fühlte mich sexuell, aber konnte nichts damit anfangen. Ich bin einfach schlecht eingestellt. Ich bin unbeschreiblich dumm und werfe alles durcheinander, wie ein kaputter Regler am Mischpult.«

Der Vergleich täuscht allerdings: Auch in der technoiden New Wave-Zeit verschwendet das sensible, gefährdete Mädchen in Wirklichkeit keinen Gedanken daran, dass es besser eingestellt sein könnte – und selbst wenn solch ein Regler existierte, würde es sich dagegen wehren, dass er zum Einsatz käme. Zumindest das Benennen der Probleme (wahrscheinlich aber auch das Erleben) fühlt sich nämlich gar nicht schlecht an: »Ich bin traurig aus zwei Gründen: weil alles hier so langweilig ist und weil ich nicht weiß, wie ich mich ausdrücken soll. Musik kann helfen, Menschen nicht so. Menschen sind zu normal. Trotzdem sind sie komplizierte Persönlichkeiten, die alle denken, sie wären anders als die anderen ›Idioten‹. Ich habe große Sehnsucht, wenn ich innehalte. Ich erschrecke vor mir in diesen Pausen, über die Unmäßigkeit, die in mir ist. Und mache schnell wieder den Deckel zu über meinem wuchernden Unterbewußtsein. Denn wohin käme ich sonst?«

High Theory und Low Camp

Auf dem Weg vom Girl der zwanziger Jahre bis zum gedankenverlorenen Mädchen der Hippie- oder New Wave-Zeit durchmisst man fast sechs Jahrzehnte. Ein Fortschrittsgefühl stellt sich dabei jedoch schwerlich ein. Zwar ist auch das Zwanziger Jahre-Girl viel stärker mediale Realität statt Straßenwirklichkeit: Noch die sachlichste Kleidung weist stets geschlechtsspezifische Details auf, das Ideal der Selbständigkeit bleibt immer von romantischer Phantasie und ökonomischer Zwangslage bedroht. Trotzdem bringt die Verbindung von Girl-Konstrukt und Kulturindustrie einen neuen Frauentyp hervor: Das massenhafte Girl gilt als oberflächlich, vergnügungswillig, zielorientiert und seelenlos, die klassische Bestimmung als unschuldiges Mädchen, verführbares Ding, Lolita oder dämonische Versuchung ist dadurch erstmals überwunden.

Screamager, Groupie, sensibles Hippie- und depressives New Wave-Mädchen bilden dagegen nur moderne Verkörperungen der alten Rollenbilder. Eins haben sie aber mit dem Girl gemeinsam: Sie eignen sich ebenfalls gut dazu, als Symbol der Populärkultur eingesetzt zu werden. Mit ihnen allen wird populäre Kultur auf je eigene Weise modelliert: Mit dem Girl der zwanziger Jahre betont man Standardisierung, Künstlichkeit und Funktionalität; die sexuelle Attraktion der Filmstars, Fotomodels, Diskothekenschönheiten und Groupies legt die Popkultur als Reizkultur fest; Screamager und verlorene Hippie-Mädchen wiederum sollen die populäre Kultur als Manipulationsmedium sichtbar machen, das auf ein leicht beeinflussbares, orientierungsloses Publikum trifft.

All diese Bestimmungen bilden in bildungsbürgerlicher Sicht zugleich negative Einschätzungen. Gemessen an den Werten der Persönlichkeit, der Tiefe und der Originalität fällt die Popkultur gegenüber der Hochkultur stark ab. Ähnlich stellt sich das Bild aus ›männlicher‹ Warte dar: Aktivität, Stärke, Weltaneignung sind hier die Maßstäbe, an denen die ›weiblich‹ definierte populäre Kultur versagt. Allein der neusachliche Ansatz passt erneut nicht in den vorgegebenen Rahmen. Zweckdienlichkeit ist kein ›feminines‹ Ideal; das Girl - und mit ihm das »Jazz Age« - trägt darum ›maskuline‹ Züge.

Der neusachliche Gestus bringt sogar eine noch weitergehendere Möglichkeit zur Umwertung hervor. Einigen avantgardistischen Vertretern der Neuen Sachlichkeit erscheint der bildungsbürgerliche Idealismus längst überholt, in polemischer Manier feiern sie deshalb mit dem vorgeblich künstlichen, oberflächlichen, funktionalen Girl zugleich die Produkte der neuen Kulturindustrie. Ihre Bestimmung von Girl und Populärkultur ist also überhaupt nicht originell - dafür ihre Wertung um so mehr.

In größerer Zahl findet man solche radikalen Umwertungen erst wieder ab den sechziger Jahren. Pop Art und die beginnende Wertschätzung der Popmusik durch Literaten und Theoretiker sind zusammen Ausdruck und Grund dieser Umwertungen. Bereits 1964 feiert Susan Sontag in ihren *Notes on »Camp«* einen Geschmack, dem es besonders um »Kunstmäßigkeit« und »Stilisierung« geht und gar nicht um Inhalte und Botschaften. Der gute schlechte Stil des Camp verwirrt nicht zuletzt die etablierte Geschlechterwahrnehmung. Bei der Beurteilung von Personen favorisiere der Camp-Geschmack konsequent ihre Art und Weise, mit den primären Geschlechtsmerkmalen zu spielen, hält Sontag fest. Camp bestehe einerseits darin, die Geschlechterteilung zu übergehen, andererseits darin, deren herkömmliche Anhaltspunkte übertrieben herauszustellen.

Als Beispiel für das erste Phänomen nennt Sontag die »geisterhafte, androgyne Leere hinter der vollkommenen Schönheit der Garbo«. Auf der

anderen Seite sieht sie die »sentimentale, grelle Weiblichkeit einer Jayne
Mansfield oder Gina Lollobrigida«, die »übersteigerte Supermännlichkeit
eines Steve Reeves oder Victor Mature« sowie die »großen Meisterinnen des
überzogenen, manierierten Stils, wie Bette Davis, Barbara Stanwyck, Tallu-
lah Bankhead«.

Auf dem Höhepunkt des antibildungsbürgerlichen Affekts, 1968, kann
selbst die Schönheit und Leere von Stars und Models gebraucht werden.
Im Nachwort zum Underground-Reader *Acid* begeistert sich Rolf Dieter
Brinkmann für »Photos von Vogue-Beauties«, weil sie für ihn den ganzen
Albtraum der schlechten Erinnerungen auslöschen (u. a. die Geschlechter-
stereotype). Die »Oberfläche« dieser Bilder bewahrt – in Brinkmanns Sicht –
nachhaltig vor falscher Tiefe, denn »wo sollte sich Tradition als vergessener
Rest überlebten Bewußtseins in den Photos von Vogue-Beauties festsetzen?
Es ist nur Glätte ...«

Glätte kann in anderem Zusammenhang bei Brinkmann auch für die
Propagierung von »Inter-Sex« stehen, für das Gefallen an Figuren, die nicht
auf ein Geschlecht zurückweisen. Der Camp-Geschmack springt jedoch im
Pop-Underground besonders schnell wieder auf eindeutige weibliche Ge-
schlechtsreize an. Brinkmann selbst montiert in seine Gedichte gerne Bilder
von Raquel Welch oder Kalender-Pin-ups; und in einem anderen Buch des
März-Verlags – *Made in USA* von Jan Cremer – folgt auf die Frage »Wer
träumt nicht von einer Frau mit den Brüsten einer Jayne Mansfield, Diana
Dors, Elizabeth Taylor, Janet Leigh, Doris Day oder Anita Ekberg?« eine 27-
seitige Reihe von Busen-Fotos: »Die Schönheit der Formen, Maße und Farben. Mit runden, harten, weichen, spitzen, kleinen oder großen Warzen auf
hochragenden, hängenden, runden oder länglichen Brüsten.« In den USA
erscheinen mehrere hundert »Girlie-magazines«, weiß Cremer. »Junge blonde Mädchen, die ihr Möglichstes tun, um Diana Dors oder einer Sexbombe
ähnlich zu sehen. Alle die gleichen Gesichter, alle die gleichen Haltungen,
alle das gleiche Lächeln, alle die gleichen Fotoateliers oder gemütlichen
Wohnzimmer mit Stehlampen und ins Büfett eingebauten Plattenspielern.«

Das Gefallen des Camp am schlechten Geschmack und die distanziertere
Bejahung der Pop Art von Oberflächen und Serien macht es möglich, dass
man hinter solchen Beschreibungen keine kritische Haltung mehr annehmen muss. Bewusst enttäuschte ›Originalität‹ und die kühle Hingabe an
vordergründige Reize bilden das Muster des neuen Geschmacks. Sogar weit
entfernt von dem kleinen Kreis der Popavantgarde, in der großen, populären Welt der Rockmusik, kann diese Einstellung im Gefolge von Punk und

New Wave einige Anhänger gewinnen. Ein Kritiker wie Lester Bangs, der Patti Smith, Velvet Underground, Pere Ubu, die Stooges schätzt, verzweifelt zwar 1980 noch in seinem *Blondie*-Buch an der »synthetischen« Gefühllosigkeit der erfolgreichen New Yorker Band und an der ›Ungefährlichkeit‹ ihrer Sängerin Debbie Harry – andere Kritiker mit dem gleichen Bildungshintergrund können sich nun aber neben dem Rock-Underground für wesentlich weniger existentiell aufgeladene Stilisierungen begeistern.

Ein Hedonismus, der sich an modischen Äußerlichkeiten orientiert und nicht am körperlichen Vitalismus, kennzeichnet diesen Stil. Angeregt vor allem von Roland Barthes, wollen sich Musikjournalisten und Pop-Intellektuelle wie Paul Morley, Ian Penman und – in Deutschland nur mit kurzem zeitlichen Rückstand – Diedrich Diederichsen trotzdem nicht ›Harmlosigkeit‹ nachsagen lassen. Diederichsen etwa möchte Anfang der achtziger Jahre in Grace Jones den »Skandal einer Inszenierung« erkennen, »die sich keinen stehenden Sinn aufoktroyieren läßt.« Jones verweigere sich als »Repräsentationsfigur«, ihre Show kann man nicht als Ausdruck einer angeblich bestimmenden sexuellen oder sonstwie authentischen Identität lesen. Grace Jones sei »weder Frau noch Neger, noch Tier, noch Disco, noch Reggae, noch alles zusammen. Sie ist nicht Sex (obwohl sie von der Bühne einen Arschfick simuliert) noch nicht Sex, nicht schwul, hetero, sado.« (*Sounds*, Januar 1982)

Diederichsen zitiert die Filmkritikerin Frieda Grafe, die fünfzehn Jahre zuvor, 1967, ebenfalls beeinflusst vom französischen Poststrukturalismus, zu ähnlichen Ergebnissen gelangt. Ihr damaliges Beispiel: Marlene Dietrich, gesehen als »androgyne Erscheinung«, die »als erotisches Fanal heterosexuell, lesbisch und narzistisch [sic] in einem ist.« Im Unterschied zu Diederichsen hat Grafe keine Scheu, das modische und hedonistische Wesen dieser Erscheinung Marlene Dietrichs zu benennen: »In *The Devil Is A Woman* gibt es eine Einstellung, die zusammen mit ihrer Replik eine ideale Momentaufnahme ihrer ganzen Person ist: ausgesucht elegant, statuarisch, unter einem riesigen schwarzen Hut, dessen Schatten, ein Auge fast verdeckend, eine Diagonale über ihre rechte Gesichtshälfte zieht, während parallel dazu links ein schwarzer Spitzenschal über ihrem Kinn liegt, gesteht sie einem Zollbeamten, der nach Wie und Warum ihrer Reise nach Paris fragt, augenzwinkernd: ›Single, pleasure trip‹. Das eben unterscheidet sie von der Morbidität der Garbo. Die Garbo ist eher noch ein Bild der Verdrängungen des vergangenen Jahrhunderts, während in Marlenes Freimütigkeit das Bessere vom zwanzigsten sich inkarniert.« (*Filmkritik*, 1/1967)

Die Pop-Theorie fünfzehn Jahre nach Grafe schätzt solche Bilder weniger wegen ihrer erotischen Libertinage. In einer liberalen Gesellschaft scheint sexuelle Freizügigkeit kein subversives Potential mehr in sich zu bergen. Modische Oberflächlichkeit hingegen ist nach wie vor ein allzu ›weiblicher‹ Wert, um allgemein unwidersprochen zu bleiben. Ein anderer *Sounds*-Autor, Kid P., verzichtet darum – im Gegensatz zu Diederichsen – ganz auf avancierte Absagen an Identitätszwang und Authentizitätszumutungen. Er weiß, dass in der männlich dominierten Rock-Welt jede bunte Reihe der Äußerlichkeiten verstörend wirken muss. Noch der »Marlene-Dietrich-High-Camp-Stil« kommt ihm deshalb zu ambitioniert vor, er setzt gleich auf »grellkitschigen Kim-Novak-Low-Camp-Pop«. (*Sounds*, Mai 1982)

Ein anderer Unterschied ist mindestens genauso wichtig: Anders als die Pop-Literaten 1968, deren Bekenntnis zur Oberflächlichkeit sich fast ausschließlich auf weibliche Geschlechterstereotype richtete, schätzt die neue Pop-Mode in den Zeiten nach New Wave konsequent Männer, die traditionell weibliche Vorlieben annehmen. Gruppen wie ABC, B.E.F., Spandau Ballet präsentieren sich eher als Anzugmodeaddicts denn als Musiker; über Styling wird häufiger gesprochen als über Musikstile. Als sei aus *Sounds* über Nacht ein Modejournal geworden, dekretiert Kid P.: »Dieses Jahr sollte man tragen: Hollywood-Freizeit-Anzüge-Glamour und/oder Farben-Sommer-Pop – 1964 bis 1967.« Der Ton ist damit für die ganzen achtziger Jahre gesetzt; New Wave geht in der Hinsicht in eine ›feminisierende‹ Welle über; Subkulturzeitschriften wie *i-D* oder in Deutschland *Elaste*, gefolgt von vielen neu gegründeten Zeitgeistmagazinen, porträtieren die auffälligen Mitglieder der Musikszene kaum mehr als allumfassende Role-Models, sondern vorwiegend in ›oberflächlicher‹, ›äußerlicher‹ Manier als männliche Mannequins. Dass damit in wortlastigeren Weltanschauungsartikeln regelmäßig eine ganze Pop-Theorie verbunden wird, zeigt allerdings auf paradoxe Weise, in welch geringem Maße Männer einfach als Objekt modischer Schönheit fungieren dürfen.

Girl Power

Beständig verwiesen auf die Welt der Schönheit und der Erotik, kommen nicht einmal die theoretisch hochfliegenden Bejahungen popkultureller Äußerlichkeit von Frauen. Objekt bleiben sie selbst, wenn die ihnen zugeschriebene modische Oberflächlichkeit hochgewertet wird. Seltene Ausnahmen bestätigen die Regel. Valerie Solanas' Manifest *S.C.U.M* (»Society for Cutting Up Men«) aus dem Jahr 1968 – das nach Solanas' Attentat auf Andy Warhol auch sofort ins Deutsche übersetzt wurde – ist eine solche halbe Ausnahme. Weil zu dem von Solanas verachteten männlichen Prinzip der Arbeitszwang gehört, muss sie im Gegenzug die ›weibliche‹ Freizeit zumindest so lange zur richtigen Beschäftigung erklären, wie Frauen weitergehende Möglichkeiten versperrt sind. »Unable to relate or to love, the male must work«, hält Solanas fest; Frauen hingegen hätten das »Bedürfnis nach ausfüllenden, emotionalen und sinnvollen Tätigkeiten; da aber hierzu alle Voraussetzungen fehlen, tun sie lieber nichts oder vertrödeln ihre Zeit auf selbst gewählte Art – mit Schlafen, Einkaufen, Kegeln, Pool spielen, Karten- und anderen Spielen, Kinderkriegen, Lesen, Spazierengehen, Tagträumen, Essen, Mit-sich-selbst-Spielen, Pillenschlucken, Kinogehen, eine Analyse machen, Reisen, Hunde und Katzen halten, am Strand liegen, Schwimmen, Fernsehen, Musikhören, das Heim verschönern, Gärtnern, Nähen, in Nachtlokale gehen, Tanzen, Besuche machen« . . .

Wenn man den beinahe tödlichen Anschlag von Solanas auf Andy Warhol spekulativ nutzen möchte, um ihn symbolisch auszudeuten, dann liegt die Überlegung nahe, dass Warhol nicht zuletzt deshalb das Ziel von Solanas' Hass wurde, weil er diese ›weibliche‹ Freizeit enteignet und in Kunst-Arbeit und -Objekte überführt hat. In ihrem Manifest jedenfalls setzt Solanas gegen die männliche Kunst die Handlungen von »kooky, funky, females grooving on each other«.

Allerdings lässt sich Solanas' Ideal sonst kaum mit Begriffen beschreiben, die der Freizeitsphäre entstammen. Die Abneigung gegen die langweilige Arbeit führt sie nicht zu einem uneingeschränkten Lob der Muße, daran hindert sie der ultrafeministische Aktivismus. Dieser Aktivismus trägt wieder ausgesprochen ›männliche‹, aggressive Züge. Die »netten, passiven, entgegenkommenden, ›kultivierten‹, höflichen, würdigen, unterwürfigen, abhängigen, verschreckten, bewußtlosen, unsicheren, Anerkennung suchenden Daddy-Töchter« sind ihr zuwider. Im Umkehrschluss muss also Aktivität mit Unabhängigkeit, aber auch mit Schrecken zusammengedacht werden: »Daddy's Girls« hält Solanas ihr ganz und gar ›maskulines‹ Ideal der SCUM-Frauen entgegen – das Ideal »dominierender, sicherer, selbstvertrauender, widerlicher, gewalttätiger, eigensüchtiger, unabhängiger, stolzer, sensationshungriger, frei rotierender, arroganter Frauen, die sich imstande fühlen, das Universum zu regieren«.

Frauen haben die Kraft, Frauen haben die Macht, das ist Solanas' einfache Botschaft. Gefühlsstärke, Energie, Vitalität, Intensität sind für sie »weibliche Eigenschaften«. Das einzige Vermögen der eigentlichen schwachen Männer bestehe darin, den Frauen einzureden, sie seien passiv. Der überwältigende Erfolg dieser männlichen »Manipulation« – die große Zahl von »Daddy's Girls« – macht Solanas an ihrer Einschätzung nicht irre. Immerhin gibt es ja bereits einige SCUM-Frauen, Frauen, die »cool« sind, »relativ intellektuell«, an der Grenze zur Asexualität – oder, wie es Solanas an anderer Stelle mit mehr Mut zu polemischer Selbstbezichtigung ausdrückt: jene »überhaupt nicht netten«, »groben und schlichten Geschöpfe, die das Ficken aufs Ficken reduzieren, die zu kindisch sind für die Erwachsenenwelt aus Vorstädten, Hypotheken, Putzlappen und Babyscheiße, die zu selbstsüchtig sind, um Kinder und Ehemänner großzuziehen, zu unzivilisiert, um sich einen Dreck darum zu scheren, was andere über sie denken, zu arrogant, um Daddy, die ›Großen der Welt‹ oder die tiefe Weisheit der Alten zu respektieren; es sind Frauen, die nur ihren eigenen tierischen Gosseninstinkten vertrauen, die ›Kultur‹ mit Hühnchen [chicks] gleichsetzen, deren einzige Zerstreuung es ist, nach emotionalen Kitzeln und Sensationen zu jagen«.

So oder so, Coolness oder unablässige Suche nach »thrills« – SCUM-Frauen haben die Kraft, sich von der männlich verordneten Passivität zu befreien. Die Möglichkeiten liegen demnach in jedem Fall bei den Frauen, egal wie einengend und unterdrückend die Verhältnisse sein mögen. Tatsächlich sehen das die Models und Groupies, die für die männliche Aufmerksamkeit existieren, oftmals nicht anders. Ob Solanas sie nicht doch als »Daddy's Girls« bezeichnet hätte, muss offen bleiben; mit Solanas teilen sie zumindest das Bemühen, machtvoll zu erscheinen. Pat Hartley etwa, eine Frau aus dem Warhol-Umfeld, sieht die Groupies nicht als Austauschware für Rockmusiker an, sondern betont im Gegenteil die dominante Position der Groupies; sie seien es, die auswählten: »The whole groupie thing turned itself around. It used to be that the guys could pick and choose. Well, after the first three years it was us choosing, the guys had no choice. In the end, when the groups came to town, the girls would decide whether … I mean, after having Stevie Winwood, was it worth it to have anyone less? And for the groups, in a way it was part and parcel of selling the albums.« (Interview mit *Spare Rib*, 1974)

Der andere Versuch, eine zweifelhafte Lage umzudefinieren, besteht darin, den Zusammenhalt der Groupies herauszustellen (auch wenn gerade zuvor die Konkurrenz zwischen denen, die einen Star wie Stevie Winwood »hatten«, und den Anhängerinnen unbekannterer Musiker unterschwellig angesprochen wurde): »It's a society of a kind, the way it functions, it has its own strange rules. A lot of it is women dressing for women«, erinnert sich Hartley. Pamela Des Barres streicht in einem anderen Interview das gemeinsame Bemühen heraus, »irrsinnig hysterisch schön zu sein.« Ziel ihres »Glamour-Junk«-Stils sei weit mehr gewesen, als das Gefallen von Rockstars zu finden: »Ich wollte auffallen und daß alle sich nach mir umdrehten und staunten. Ich wollte sie zum Nachdenken bringen, sie aufrütteln und aus ihrem Trott herausreißen. So empfanden das alle Mädchen bei den ›GTO's‹. Wir hatten alle dasselbe Ideal.« (*Texte zur Kunst*, 1999)

Das Ideal verträgt sich allerdings sehr gut mit den Vorstellungen derjenigen, die da aus dem Trott herausgerissen werden sollen. Solange sie im äußerst eingeschränkten Bereich von modischer Attraktivität und Erotik verbleibt, wird eine große weibliche Anziehungskraft zumeist hingenommen, wenn auch der Mythos der gefährlichen Schönheit darauf hinweist, dass selbst diese weibliche Macht Männern zu groß erscheinen kann. Der attraktiven Frau kann das im Gegenzug dann tatsächlich als hinreichende Quelle erscheinen, Ziele erfolgreich anzustreben. Verführt von der Verführung, liegt die missliche Selbstbescheidung nahe, dass Frauen ausschließlich auf ihre erotische Anziehungskraft setzen. Somit feiern sie als ihre Machtdomäne und als ihr Reich das kleine Areal, das ihnen von männlicher Seite zugewiesen wurde. Die Populärkultur, deren weibliche Stars fast immer Bilder eindrucksvoller Schönheit abgeben, bestärkt diese Einstellung.

Mit Madonna hat das Bild der erotischen, starken Frau eine neue Qualität gewonnen. Ihre Anziehung rührt nicht allein von körperlichen Vorzügen und der ständigen sexuellen Selbststilisierung - Jungfrau, Schlampe, Domina - her; ihre Popularität liegt vor allem darin begründet, dass sie sich mit dieser hinlänglich bekannten *sexploitation* so lange halten kann. Sie beherrscht nicht nur die Gefühlsökonomie, sondern profitiert - als Chefin ihrer selbst - auch vollständig von ihrer kapitalistischen Vermarktung; erstmalig bleibt ein kleines Disco-Starlet nicht das austauschbare Objekt männlicher Manager und Impresarios. Camille Paglia erscheint Madonna darum gleich als »wahre Feministin«. Zu dieser Qualifikation reicht für Paglia aus, dass man - wie Madonna - den jungen Frauen beibringt, »wie man durch und durch weiblich und sexuell sein kann, ohne die Kontrolle über das eigene Leben zu verlieren.« Madonna zeige den »Mädchen«, dass sie zur gleichen Zeit »attraktiv, sinnlich, energisch, aggressiv« sein könnten. (*New York Times*, Dezember 1991)

Einer Feministin, die persönliche Selbstbestimmung und gesellschaftlichen Erfolg gerade von sexueller Festlegung trennen möchte, muss dieser ›wahre Feminismus‹ natürlich wie reiner Hohn vorkommen. Immerhin kann man aber festhalten, dass Madonna aus der satirischen Variante des *flapper* – der materialistischen Blondine Lorelei Lee – eine richtige Unternehmerin gemacht hat, die weit mehr als die Geschenke ihrer Liebhaber einsammelt. Madonna ist diese Figur nur, um deren Image postmodern auszuwerten. Wie Marilyn Monroe in der Verfilmung von *Gentlemen Prefer Blondes* steht sie in einem ihrer Musikvideos im schulterfreien roten Kleid auf der Showtreppe – außer dem Bild hat sich jedoch alles geändert. Im Unterschied zur depressiven Monroe, die nach (männlicher) künstlerischer Anerkennung strebt, sucht Madonna nichts außerhalb der Popkultur. Und im Unterschied zu Lorelei Lee glaubt das neue »Material Girl« nicht, dass Diamanten der beste Freund des Mädchens sind, sondern investierte Kapitalsummen.

Streicht man die Macht erfolgreichen Unternehmertums, bleibt von Madonna immer noch mehr als das jeweilige Abziehbild übrig, welches nun einmal zu modern-hedonistischen Disco-Produktionen und romantischen Pop-Balladen gehört. Das Attribut der Stärke – unabhängig von ökonomischer Verfügungsgewalt – reicht bereits aus, um einen (zugegebenermaßen vagen) feministischen Eindruck zu hinterlassen. Als Gegenstück zum modebegeisterten, in der Hinsicht ›oberflächlichen‹ Mann verwirrt die starke Frau die herkömmlichen Geschlechterstereotype. Nach alter Logik wird sie dadurch selbst zum Mann (wie umgekehrt der ›oberflächliche‹ Mann verweiblicht erscheint; sein ungewöhnliches Gebaren lässt gleich auf eine homosexuelle Identität schließen). Benutzt man diese Verhaltensstrategie in feministischer Absicht, muss man allerdings beachten, dass man als ›starke‹ Frau die männliche Definition von Stärke anerkennt, auch wenn man ihre Geschlechterzuordnung unterläuft.

So gibt es in der Welt der Popkultur, in Hollywoodfilmen und Fernsehserien, seit den neunziger Jahren nicht allein Supermodels, sondern ebenfalls vermehrt Superheldinnen, Frauen, die schlagen, und Frauen, die schießen. Bereits in den sechziger Jahren heißt es: »Rrroarr-Wummm … Pravda kommt! Pravda ist da! Pravda, die Übersinnliche, die Supervitale. Pravda, die Mannhafte. Pravda, der einsame Boß einer weiblichen Hell's Angels Bande. Pravda, la Surviveuse, die Überdrehte: Rrrummm – jault das schwere schwarzglänzende Maschinentier in der Zange ihrer Schenkel auf«. (*Twen*, Oktober 1968)

Die Entsprechung zur Comicfigur Pravda müssen in der Rockmusik Frauen sein, die elektrische Gitarren beherrschen. Lautstärke und Aggressivität der Musik sind dann ein Zeichen dafür, dass Frauen sich nicht auf angeblich weibliche, sanfte Eigenschaften festlegen lassen: »Ein Tritt in den Hintern patriarchalischer Vorstellung von Weiblichkeit!« (Brigitte Rohkohl, *Rockfrauen*, Rowohlt-Taschenbuch 1979). Oder wie Courtney Love sagt, nachdem Pamela Des Barres sie fragt, »Do you feel like you have power by being a rock star?« (und Love das Groupietum für eine »Verschwendung weiblicher Energie« hält): »Fuck, yeah, man! I'm a rock star girl!« (*Interview*, März 1994)

Es ist jedoch nicht zu übersehen, dass diese Macht-Manifestationen in hohem Maße sexuell aufgeladen sind, weshalb sie einem (mitunter angstvoll) faszinierten ›männlichen‹ Blick stark entgegenkommen. Nicht zuletzt deshalb haben es sich die Riot Grrrls (ursprünglich der Musikszene in Omaha und Washington erwachsen) Anfang der neunziger Jahre zur Aufgabe gemacht, Kraft mit einer Absage an die Macht untrennbar zu vermischen. Im Riot Grrrl-Manifest von Kathleen Hannah findet man darum neben der Überzeugung, »daß mädchen eine revolutionäre kraft haben, die die welt wirklich verändern kann«, den Aufruf, Wege zu finden, wie »wir antihierarchisch sein und musik machen, freundschaften und szenen entwickeln können, die auf kommunikation und verständnis basieren und nicht auf konkurrenz und kategorisierungen von gut und böse«. Zur selbstbewussten Aneignung männlicher Verkleinerungs- und Abwertungsformeln wie »girl«, »bitch«, »slut« tritt nicht nur freimütig ausgestellte Verletzlichkeit und Frustration, sondern auch offener Dilettantismus. Er soll verhindern, dass die Gesten der Girl-Power mit einem Anspruch auf sexuelle Macht und politische Herrschaft verwechselt werden.

Die Riot Grrrls müssen deshalb konsequent am Rand der Popkultur arbeiten, in einer Alternativ-Szene, die für sich bleiben will. Trotzdem entgehen sie der Aufmerksamkeit der großen Illustrierten und Nachrichtenmagazine nicht. Mädchen mit einem identifizierbaren Image – und seien es klobige Schuhe und Blümchenkleider vom Sperrmüll –, Mädchen, die etwas für ihr Geschlecht bislang erstaunlicherweise Ungewöhnliches tun – und sei es etwas Banales wie E-Gitarre spielen –, sind sofort eine Meldung wert. Um dem männlichen Blick, der aus dem revoltierenden Girl eine momentan reizvolle exotische Attraktion macht, zu entgehen, fertigen unzählige Riot Grrrls ihre eigenen kleinen Zeitschriften und Fanzines an. Mädchen müssten die »Produktionsmittel« übernehmen, heißt es in einem dieser Fanzines: »to create our own meanings« (*Bikini Kill*, No. 2); »tired of being written out – out of history, out of the ›scene‹, out of our bodies ... for this reason we have created our zine and scene« (*Riot Girl!*, No. 3); »to show that girls can write zines, play in bands, set up shows, live up to their own expectations instead of media's«. (*Hotskirt*, No. 1). Die grundlegende Botschaft ist klar: »a grrrl doesn't need a boy to be cool« (*Notta Babe!*); »anything that ever was/is exclusive to boystown has had all previous right removed. The world is yours, so do what you want«. (*Riot Girl!*, No. 7)

Die Ermächtigung der Mädchen, zu tun, was sie wollen, gilt aber natürlich nur rhetorisch angesichts des männlichen Widerparts. Eine Szene, die derart viel Wert auf Abgeschlossenheit legt wie die der Riot Grrrls, muss sogar besonders harte Einschränkungen und Standards setzen. Neben Anti-Sexismus, politischem Anarchismus, ökonomischem Anti-Kommerzialismus allgemein, fällt an den Musikstücken und Fanzines der Riot Grrrls vor allem deren forcierter Dilettantismus auf. Wie schon bei den Protagonistinnen der Punk-Bewegung gilt Dilettantismus gerade als Zeichen weiblicher Wider- und Eigenständigkeit, als seien es nicht überwiegend junge Mädchen, die eine strenge Musikausbildung auferlegt bekommen. Dilettantismus dürfte deshalb wohl nicht allein einer Antihaltung gegenüber traditionell männlichen Arbeitsidealen geschuldet sein; Dilettantismus markiert vielleicht genauso stark die Absage an ›weibliche‹ Glätte, selbst wenn der Perfektionswille sich auf Bereiche außerhalb von Haushalt und modischer Öffentlichkeit erstreckt.

Logisch genau umgekehrt müssen Frauen, die das ökonomische und politische Spiel mitspielen wollen, dem Charme des Dilettantischen widerstehen. In ihren Augen kann Dilettantismus nur ein negatives Urteil sein – schließlich hat man Frauen ja lange genug alle möglichen Fähigkeiten abgesprochen. Julie Burchill, die der *New Musical Express* bereits im Alter von siebzehn Jahren einstellt, um eine zeitgemäße Antwort auf den musikalischen Umsturz ab Ende 1976 zu finden, kanzelt deshalb im 1978 erschienenen »Nachruf auf den Rock 'n' Roll« bei ihrer Revue von Punkmusikerinnen (deren Zahl im Übrigen notorisch überschätzt wird) die Kritikerlieblinge The Slits kalt lächelnd ab: »band who couldn't carry a tune«.

Auf der anderen Seite ist Burchill natürlich Pop-Intellektuelle genug, um ein paar Jahre später – 1985 – Madonnas »Comiccharakter« zu schätzen. Auch die »Girl Power« der Spice Girls, noch einmal zehn Jahre danach, findet ihr Gefallen. Sie sieht darin eine Wiederkehr der Filmheldinnen der dreißiger und vierziger Jahre - Barbara Stanwyck, Ava Gardner, Lana Turner -, die »immer eine schlagfertige Antwort auf den rubinroten Lippen hatten, mit der sich Männer klein halten und Schwestern aufbauen ließen« (weiblichen Filmstars hatte Burchill ausführlich bereits 1986 gehuldigt: »We are encouraged to worship men in life, love, bed, war and politics but we are only encouraged to worship girls on film.«). Unter diesen Frauen, weiß Burchill in ihrer Autobiographie *I Knew I Was Right* (1998) zu berichten, habe stets die Annahme geherrscht, »daß die Welt sich zwar um einen bestimmten Typen drehen mag, die gesamte Brut aber doch eine rechte Plage darstellt, die die Beine der Frauen ins Visier nimmt, um ihnen den Teppich darunter wegzuziehen.«

Originellerweise findet Burchill den rechten Geist nicht allein bei weiblichen Pop- und Filmstars vor, sondern auch in den Büchern von Trivialschriftstellerinnen, besonders bei der Bestsellerautorin Jackie Collins. »She believes in REVENGE and HAPPY ENDINGS«, das schätzt Burchill an ihr (*NME*, November 1979). Sicherlich zur noch größeren Überraschung ihrer Kollegen, belässt es Burchill nicht bei dem provokanten Meinungsartikel, sondern schreibt einige Jahre später einen eigenen Kitschroman: *Ambition* (1989). Rache wird darin an den männlichen Konkurrenten genommen, zum glücklichen Ende erfüllen sich die Ambitionen zweier Journalistinnen, die zur Spitze von Redaktionen und Medienimperien aufsteigen.

Mit Dilettantismus oder Menschenfreundlichkeit hat deren Lebensstil denn auch rein gar nichts zu tun. Die Heldinnen von *Ambition* formulieren ihr Programm als Credo professioneller Härte. Ihre äußerst fragwürdigen Mittel werden durch den Zweck geheiligt, der nicht nur schlicht und einfach Erfolg heißen soll, sondern ebenfalls noch Gleichberechtigung: »Der Grund dafür, daß der Feminismus sich in den achtziger Jahren seinen Platz auf dem freien Markt erobert hat, ist die Tatsache, daß man sich als Frau heutzutage am besten behauptet, indem man so rücksichtslos, individualistisch und ehrgeizig wie möglich ist«, dekretiert die Heldin Zero Blondell. Die Überwindung der »alten Vorurteile von dem schwachen Geschlecht« schließt für sie sogar die traditionelle erotische Waffe wie selbstverständlich ein. Im kapitalistischen Krieg der Geschlechter ist der ehrgeizigen Frau alles erlaubt, auch die vorübergehende sexuelle Unterwerfung unter den Chef: Denn »wenn Männer eine Frau als unmoralisch bezeichnen, heißt das im Klartext: ›Sie ist reicher oder cleverer oder erfolgreicher als ich‹, so wie ›künstlich‹ nur bedeutet: ›Sie sieht besser aus als ich‹.« Beim besseren – künstlichen – Aussehen darf es aber keineswegs bleiben: Den Unterschied des extremen, neuen Pop-Feminismus zu uralten frauenfeindlichen Klischees muss (und kann nur) der Erfolg garantieren – der weibliche Erfolg in der bis dahin ausschließlich männlichen Konkurrenz.

Das postfeministische Girl

Am Ende des Romans *Ambition* schafft es eine der Heldinnen bis ganz an die Spitze. Nachdem sie ihren Chef in der erotischen und finanziellen Konkurrenz ausgepowert hat, ist ihr erster Satz: »Ich heiße Susan Street, und ich bin die jüngste weibliche Chefredakteurin der Welt.« Dass diese ›Konkurrenz‹ für sie vor allem darin bestand, sich sexuell ausbeuten zu lassen, schmälert in ihrer Sicht den Triumph nicht. Das Ganze – auch die taktische Geste der erotischen Unterwerfung – ist für sie ein Akt der Gleichberechtigung. Männer würden sich auch nicht anders verhalten, lautet die Rechtfertigung: »An jedem Arbeitsplatz im ganzen Land verbringen die meisten Männer ihre Zeit mit Buckeln und Speichellecken, und die paar, die da nicht mitmachen, werden früher oder später aussortiert und als angebliche Unruhestifter gefeuert. Ich hab' weiß Gott genug von diesen Kriechern gesehen, und niemand kann mir weismachen, daß sie sich nicht sogar vom Boß ficken lassen würden, wenn's drauf ankäme – nur, daß der Boß nicht schwul ist«.

Das antifeministischste Vorurteil darüber, wie Frauen jemals in höhere Stellungen gelangen könnten, soll in *Ambition* auf die Art und Weise zur Waffe in feministischer Absicht umdefiniert werden: »Wie alle Freiheitskämpfer müssen wir uns sämtlicher Mittel bedienen, die uns zur Verfügung stehen«, proklamiert erneut Zero Blondell. Wie Susan Street sieht sie sich als eine »Hau-Ruck-Feministin«, als »Ellbogenfeministin«. Die »Ellbogenfeministin« will bewusst nicht länger auf eine Veränderung der Männer hinarbeiten oder gar mit dem Feminismus weitere, menschenfreundliche, sozialistische, Ziele verknüpfen. Feminismus in der Version von Blondell und Street meint durchgesetzter kapitalistischer Egoismus und Sexismus auch unter Frauen.

Interessanter als die teilweise verquere Argumentation ist dabei der Umstand, dass für das ›ambitionierte‹ Ziel und Lebensprogramm überhaupt noch der feministische Titel bemüht wird. Zur »Power«, Aggressivität und Bekräftigung trägt der Titel also offensichtlich weiterhin viel bei. Gleichzeitig wird mit ihm zum Ausdruck gebracht, dass die gegebene männliche Vorherrschaft nur mit äußerster Kraft durchbrochen werden kann.

Es überrascht darum nicht, wenn die harmlosere Variante von »Girl Power« im Gegenzug gleich unter dem Zeichen des Postfeminismus antritt. Die ›maskuline‹ Attitüde wird dabei wieder gestrichen, weil dieser Mädchentyp der neunziger Jahre sich nicht mehr in einer männerbeherrschten Welt wähnt. Die Aufmerksamkeitserfolge, die das amüsant-freche und verspielt-anziehende Mädchen erzielt, reichen ihm bereits als Beleg für seine Gleichberechtigung, ja Überlegenheit aus. Erklärte Absicht des postfeministischen Girls ist es darum, durch den Ausdruck »Girl Power« das »schmutzige Wort« Feminismus abzulösen (so fordern es die Spice Girls 1997 auf dem Höhepunkt ihrer Popularität im gleichnamigen Buch *Girl Power*).

In seiner schlichtesten Variante bietet dieser Postfeminismus nichts als eine Wiederaufnahme der bekannten Aufforderung, Feministinnen sollten sich mehr um ihr Aussehen kümmern. In seiner ernstzunehmenderen Version steht das »Girlie« seit Beginn der neunziger Jahre für die These ein, dass Gleichberechtigung bereits erreicht ist. Die Vorgängergeneration hat ganze – feministische – Arbeit geleistet, von der die Nachgängerinnen nun ungezwungen profitieren können. Auf ein Bild gebracht von dem kroatischen Stooges-Fan Rujana Jeger: »Während ich nackt auf der Terrasse liege und im Schatten lese, höre ich das Rauschen des Meeres und die Zikaden. Ich lese eine feministische Analyse sexueller Aspekte des Terrorismus. Mein Freund Oleg spült das Geschirr, und Boris kommt gleich vom Einkaufen zurück. Das nennt man Emanzipation. Danke, Mama.«

Trifft das allgemein zu, sind Kampf und Aggression oberhalb einer persönlichen Ebene unnötig geworden. Erotische, modische Schönheit und das ganze Arsenal der Schminke gelten dem postfeministischen Girl gemäß dieser Logik nicht als taktische Mittel – und schon gar nicht als Zeichen für eine Anerkennung männlicher Stereotype –, sondern sollen einfach freudig für sich selbst stehen. »Girlie says« – sagen Jennifer Baumgardner und Amy Richards im Jahr 2000 in ihrem Buch *Manifesta* – »our desires aren't simply booby traps set by the patriarchy. Girlie encompasses the tabooed symbols of women's feminine enculturation – Barbie dolls, makeup, fashion magazines, high heels – and says using them isn't shorthand for ›we've been duped.‹ Using makeup isn't a sign of our sway to the marketplace and the male gaze; it can be sexy, campy, ironic, of simply decorating ourselves without the loaded issues.« »When young women wearing ›Girls Rule‹ T-shirts and carrying ›Hello Kitty‹ lunch boxes dust off the Le Sportsacs from juni-

or high and fill them with black lipstick and green nail polish, it is not a totem to an infantilized culture but a nod to our joyous youth.«

Wenn die Girlie-Anschauung sich also nicht allein – wie Mitte der neunziger Jahre in Deutschland – darauf beschränkt, in recht naiver Weise Mädchenspaß als gegeben zu feiern, muss sie sich in ein Verhältnis zum Feminismus setzen. Will sie nicht als zu leichtgewichtig diskreditiert werden – dass Mädchen Spaß haben, wenn sie sexy sind und amüsierwillig, hat man mittlerweile ja schon oft genug vernommen –, muss sie darauf dringen, Ausdruck einer postfeministischen Epoche zu sein, nicht etwa ein Rückfall in vorfeministische Zeiten. Denn nur wenn die Position der Mädchen gesichert genug ist und der alte sexistische Zusammenhang nicht mehr dominiert, kann ein »sexy« Zeichen auch ein »ironisches« Zeichen bedeuten und nicht länger zwangsläufig ein sexistisches Stigma.

Konsequent geführt, reduziert sich die Debatte auf die Frage, ob mehr als rechtliche Gleichheit bereits gegeben ist. Eine postfeministische Haltung erscheint nur dann sinnvoll, wenn die formale Gleichheit vor dem Gesetz nicht mit materieller Ungleichheit einhergeht. Die Probe aufs Exempel muss also darin bestehen, dass sich junge Frauen in großer Zahl auch in Ausbildungswegen außerhalb von Erzieherinnen- und Assistentinnenlaufbahnen behaupten können. Solange dies nicht der Fall ist, fällt es noch schwerer zu glauben, dass der Zugang zu finanziell lukrativen und einflussreichen Positionen durch Girlie-Attitüden erreicht werden kann. Für den hedonistischen, latent anarchistischen Pop-Anhänger mag zwar das Fun-Versprechen des Girlies eine attraktive Alternative zur herrschenden Arbeitsordnung darstellen, innerhalb dieser Ordnung jedoch verschafft einem die Orientierung an den Werten von Oberflächlichkeit und Amüsement höchstens Chancen auf hohe Positionen in ganz speziellen Bereichen des Mediensektors.

Zum Kern des Problems gehört seit jeher, dass die typisierten Girlies Heldinnen der Konsumtion sind, nicht der Produktion. Untersuchungen wie Anita Harris' *Young Women in the Twenty-First Century* aus dem Jahr 2004 zeigen, in welch hohem Maße sich das öffentliche Bild von der »Girl Power« des postfeministischen Mädchens aus der Annahme speist, dass dieses Girl eine selbstbewusste, wählerische, wiewohl entscheidungsfreudige Käuferin von Freizeit- und Modeprodukten ist. Dem modischen Girl wird dadurch immerhin zugebilligt, nicht bloß eine Marionette vorgegebener Trendsetzungen zu sein, mit der Kreation und Herstellung der (neuen) Produkte kommt es aber so weiterhin nicht in Berührung.

Doch dabei bleibt es nicht. Das Stereotyp der trendbewussten Konsumentin gewinnt unter den Bedingungen eines neugeordneten Arbeitsmarktes eine Kraft, die über traditionelle Rollenanforderungen endgültig hinausweist.
Die Auszeichnung des Girls als Mode-Individualistin lässt es zur geeigne-
ten Anwärterin auf Jobs in der neuen Dienstleistungsökonomie avancieren.
Die wahlfreudige Konsumentin geht im Bild der flexiblen Arbeitnehmerin
auf. Ihre vorausgesetzte Ungebundenheit löst sie endgültig aus der Tradition
mütterlicher Pflichten.

Die ökonomisch bekräftigte Ungebundenheit trägt allerdings nur teilweise zur Gleichberechtigung bei. Bindungslosigkeit bedeutet nämlich in
ökonomischer und beruflicher Hinsicht auch, selten eine feste Stelle auf einer höheren Hierarchieebene zu bekommen. Zum Kern des neuen Problems
gehört, dass die junge Frau als passendes Subjekt prekärer Beschäftigungsver-
hältnisse entdeckt wird. Die ihr innerhalb der Konsumsphäre zugestandene
Flexibilität und Individualität bedeutet für sie in der Welt der Arbeit, dass
sie für eine Vielzahl an Zumutungen bereit steht (bereit stehen muss), die
sie sich selbst als ›moderne Herausforderungen‹ übersetzen darf: »[T]hat the
person can easily change work locations unencumbered by family or other
commitments; is untroubled by flux such as downsizing, irregular hours,
or retraining; will negotiate individual rates of pay and conditions without union or award interventions; and will perform a variety of tasks not
limited to a traditional job description and duties list.«

Eine bedeutende Änderung im Bild des Girls der neunziger Jahre, das
auch aus klassisch feministischer Sicht ganz ohne missliche Einschränkungen auskommt, gibt es aber dennoch. Die Änderung findet zwar nicht in
der Arbeitswelt, aber immerhin in der Schule statt. In Blake Nelsons Roman *Girl* (1994) hat sie ihren prägnantesten Ausdruck gefunden. Wie stets
in ›realistischen‹ Romanen, dient das porträtierte Mädchen zur Illustration
und zugleich zur Formierung des neuen Trends. Im Geist der modernen
Zeit gebildet, zeigt sich die titelgebende Heldin, ein siebzehnjähriges Mädchen aus solider amerikanischer Mittelschichtsfamilie, fasziniert von einem
attraktiven, auf coole Weise verlorenen Grunge-Musiker. Er bietet ihr den
Ausblick auf ein ganz anderes Leben als ihre eigene High School-Existenz,
ist sich Andrea, die Ich-Erzählerin, blitzartig bewusst: »Todd Sparrow hatte
mir auf einen Schlag klargemacht, unter welchen Zwängen ich lebte und
was ich alles tun könnte, um aus meinem normalen Leben auszubrechen,
ohne mir ständig den Kopf darüber zu zerbrechen, was andere über mich
dachten.«

Zuerst modelt sie darum ihr Aussehen und ihren Geschmack um. Sie kauft sich ein »witziges, rotes Kleid mit Kühen drauf« und leiht sich eine Punk-Kassette. »Die Band hieß Girl Patrol und die Sängerin knurrte ihre Worte heraus und klang echt heavy. Ich fummelte an meiner Frisur rum und versuchte, auch so zu knurren, und dann übermalte ich meine geschminkten Lippen mit schwarzem Augenbrauenstift, und heraus kam so ein dunkles Rot, was irgendwie vampirhaft aussah wie die Deathrocker-Mädchen in der Metro Mall.« Tatsächlich wird der angebetete Musiker auf sie aufmerksam und Andrea schnell »eine Art Groupie«, wie sie sich selber eingestehen muss.

Bis hierhin klingt alles sehr vertraut, feministische Untertöne sind keine zu entdecken; aus Lampenfieber traut sich das Groupie Andrea nicht einmal selbst auf die Bühne. Das Eigentümliche - und Neue - an der Geschichte ist jedoch, dass die Heldin trotz ihres Eintritts in das intensive, ungeordnete Leben der Underground-Szene zu keiner Zeit droht, selbst verloren zu gehen. Ständig wartet man als Leser wenigstens auf krisenhafte Momente, aber der Autor lässt sie einfach ohne Unterbrechung eine gute High School-Absolventin bleiben, die - ohne besonders strebsam zu sein - am Ende auf ein gutes College gehen kann. Das Girl der neunziger Jahre darf selbst als Superfan den Status einer intelligenten Schülerin behalten. Es besteht kein Zweifel daran, dass es mit den männlichen Mitschülern mehr als nur mithalten kann. Zumindest in der zeitgemäßen High School synthetischer Rollenbilder sind dem postfeministischen Mädchen die guten Noten von nun an sicher.

Bravo Girl, Elle Girl

Im Roman *Girl* wird die Heldin Andrea Marr gegen Ende hin erneut von Zweifeln befallen. Der Anblick des Coverfotos der neuen CD ihres Grunge-Schwarms Todd Sparrow lässt sie ihre guten Bildungschancen jäh vergessen: »In letzter Zeit hatte ich mich richtig wie so eine bedeutende Abschlussklassenschülerin gefühlt, aber ein Blick auf Todd reichte, um mir klarzumachen, wie langweilig und leer mein Leben in Wirklichkeit war«, weiß Andrea plötzlich. Einige Seiten später ist diese Laune aber bereits wieder verflogen. Das postfeministische Mädchen ist feministisch genug, um jene Bildungsmöglichkeiten, die der Frauenbewegung erst knappe hundert Jahre zuvor zugestanden worden waren, auch zu schätzen. Die Aussicht, auf eine

angesehene Universität gehen zu können, weckt in diesem »Girl« andere
Bilder: »Ich ging in die Buchläden«, berichtet Andrea, »las die New York
Times, blätterte Bücher durch oder die Vogue und kam mir sehr erwachsen
und intelligent vor. Dann bummelte ich den Broadway entlang und schaute
in die Schaufenster und dachte über die vielen Möglichkeiten nach, die ich
jetzt hatte und wie aufregend das alles war.«

Die ›aufregende‹ mögliche Laufbahn steht so gegen die intensiven Momente, die dem »Girl« durch die sporadischen sexuellen Kontakte mit dem
Rockstar geboten werden. Gemeinsam ist beiden, dass sie einen zumindest
in der Phantasie von der schlechten ›leeren Wirklichkeit‹ befreien. Der Verweis auf Bücher, *New York Times* und *Vogue* zeigt allerdings, dass die Bil-
dungslaufbahn wesentlich stärker dem erwachsenen, erfolgreichen Bereich
eben dieser Wirklichkeit verhaftet ist als das Phantasma des Rockstars.

Offen bleibt damit noch, ob Mädchenzeitschriften mittlerweile ebenfalls
Teil jener Wirklichkeit sind – oder ob sie weiterhin mit ihren amüsanten,
oberflächlichen Mitteln versuchen, eine Welt der Popkultur zu behaupten,
in der Schule, Arbeit und unterschiedliche soziale Lagen keine Existenzbe-
rechtigung haben. Die Antwort darauf fällt sehr leicht. Bereits ein Blick in
eine klassische Mädchenzeitschrift – die sich an Leserinnen unter 16 Jahren
richtet – offenbart, dass man sich hier in einer vollkommen eigenen Kunstwelt befindet. Familie und Schule, die Bereiche, in denen sich das Mädchen
mindestens zwei Drittel des Tages bewegt, spielen in den Zeitschriftenseiten
keinerlei Rolle. Eltern und Lehrer, die das Recht haben, über das Leben des
jungen Mädchens zu entscheiden, bekommen nicht die kleinste Beachtung
geschenkt. Nicht einmal kritisiert oder abgelehnt werden sie – es gibt sie
einfach nicht.

Statt dessen gibt es Bikinis, Mascara, die Farben Gelb, Lila, Hellblau,
Filmstars, Poster von Sängern, Bodyglitter, Clogs, Street-Style, Küsse, Sex,
Arm-Candy, Kajal und Lipliner. Die Warenwelt ist bunt, Dinge und Körper
verhelfen einem zu Lust und angenehmen Gefühlen: »Hippiegirls lieben
sie, sporty Chicks können nicht mehr ohne sie leben und Designer wie
Bluegirl zelebrieren mit ihr den Ethno-Glam: die Tunika! Für Mutige: Glit-
zer und knallige Details, von Plusminus, 67 Euro, und orangefarbene mit
Ornamenten, edc, 35,95 Euro.« (*Sugar*, wie alle anderen hier vorgestellten
Mädchen-Magazine ein Heft aus dem Frühling 2005) Eine Version ohne
Preisangabe: »Auch dein Körper hilft beim Highfly-Gefühl kräftig mit. Er
schüttet nämlich wie wild das Glückshormon DHEA aus. Total faszinierend
ist auch, dass Küssen die Beziehung zu deinem Freund noch inniger ma-

chen kann als Sex. Vermutlich liegt das daran, dass so viele Nerven in den Lippen enden und du seine Berührungen extrem intensiv erlebst.« (*Bravo Girl!*, 10/2005)

Auch wenn das Wort »Pop« heutzutage als Oberbegriff manchmal vielerlei Dinge bezeichnen muss – ein Blick in eine Mädchenzeitschrift erinnert einen schnell an die engere Bedeutung des Begriffs, an die Synthese von Trivialität, starkem Reiz und bewusster Künstlichkeit. Die Kunstwelt des Pop präsentiert sich in der Mädchenzeitschrift auf derart vollkommene Weise, dass es leicht fällt, sie mit modernen Maßstäben zu schätzen. Liegt einem etwas an Aufwertungen, die populäre Dinge mit hochkulturellen Betrachtungsweisen verbinden, drängt sich der Verweis auf Baudelaires Schönheitsideal geradezu auf. Sein Ratschlag – aus der *Lobrede auf das Schminken* – ist längst zur Devise des Girls geworden, obwohl es ihn wegen seiner Jugend überhaupt nicht annehmen müsste: »Wer wollte der Kunst die unfruchtbare Aufgabe zuweisen, die Natur nachzuahmen? Die Schminke braucht sich nicht zu verstecken; es schadet nichts, wenn man sie errät.« Das Girl kommt so gesehen dem Ideal der schönen Künstlichkeit recht nahe, zumindest so weit, wie es die Bindung der Frau an die »Reize der Natur« vergessen machen kann.

An das Musterbild des Dandys (das Baudelaire wegen der von ihm unterstellten Naturgebundenheit der Frau als rein männliches Ideal entwirft) reicht das Girl aber nicht heran, dafür ist es viel zu ›demokratisch‹ und zu wenig originell. Auch wenn die modischen Anforderungen sich mit den Jahren wandeln, bestimmen sie doch immer – je zu ihrer Zeit – eine große Zahl von Leserinnen und Käuferinnen. Die massenhaft verbreitete – daher paradoxe – Aufforderung an das Pop-Mädchen lautet: »Tanz mal aus der Reihe!«, »Gib dir ein Markenzeichen«. Allen soll gezeigt werden, »was für ein fantastisches Mädchen in dir steckt«. Das Rezept dazu: aus der »Menge« hervorstechen; denn alles, »was irgendwie anders ist«, erregt »Aufmerksamkeit«. (*Bravo Girl!*)

Die formale Aufforderung – ›Abweichen!‹ – wird selbstverständlich durch die konkrete Ausgestaltung der Modetipps wieder zunichte gemacht: »Luftig, lässig, locker – bei diesen coolen Batik-Teilen, Jeans und Röcken kann die Freiluft-Saison kommen. So [und eben nicht ganz anders] stylst du den Look heiß!« (*Bravo Girl!*) Eine andere Mädchenzeitschrift, *Sugar* (5/2005), ähnlich bestimmend: »Schimmerndes Bronze oder Gold als Highlighter auf den Wangen soll's diesen Sommer sein …«

Bei wichtigen Lebensfragen gestaltet sich das Verhältnis von Norm, Durchschnitt und Abweichung noch einmal komplizierter: »Wusstest du«, fragt *Bravo Girl!*, »dass 62 % der Mädchen schon mal mit einem Jungen geflirtet haben, obwohl sie in einer festen Beziehung waren?« Die Antwort darauf soll sein: Wenn das so viele machen, ist es auch in Ordnung! Andererseits gibt es aber unabhängig von Mehrheitshaltungen feststehende Erkenntnisse – »Fürs weibliche Verwöhnprogramm kommt es sowieso nicht auf die Länge an …« (*Sugar*) – und unumstößliche Gesetze: »auf keinen Fall geht's beim Sex darum, dem anderen ein geiles Sexprogramm zu bieten. Es geht um Gefühle, Zärtlichkeit, dem anderen nah sein, Erregung«. (*Mädchen*, 10/2005) Abgesehen davon, dass die perfekten Körper der dominierenden Fotostrecken die humanistischen Ratschläge in ein zweifelhaftes Licht rücken, bleibt stets unklar, ab welchem Zeitpunkt eine zahlenmäßige Mehrheit eine Norm außer Kraft setzen kann.

Die Zeitschriften versuchen das Problem zu lösen, indem sie sich zumeist auf die Gefühle des einzelnen Mädchens berufen. Im Zentrum einer wohlmeinenden Reportage über »Lesbisch-sein« steht die Aussage: »Ich dachte, ich müsste einen Jungen lieben können. Doch beim Küssen fühlte ich nichts. Kein Herzklopfen …« (*Mädchen*) Die Mädchenzeitschriften übernehmen die Aufgabe, alle Normen so zu formulieren, als entsprächen sie einem Gefühl (das zumeist von vielen geteilt werde). »Liebe Ella«, heißt es darum in einer Standardantwort, »deine Reaktion ist ganz normal. Du bist eben schüchtern und verhüllst deinen Körper lieber als ihn zu entblättern. Na und?! Mach dir deshalb keine Sorgen! Die meisten Mädchen in deinem Alter sind so drauf. Woran das liegt? Momentan verändert sich dein Körper extrem. Du kriegst plötzlich runde, weiblichere Formen. Logo, dass du damit selbst erst mal klarkommen musst. Mit der Zeit wirst du aber ein sicheres Gefühl für deinen ›neuen‹ Body entwickeln.« (*Bravo Girl!*)

So widersprüchlich die Argumentationen auch sein mögen, ihr Ziel jedenfalls steht immer fest: Die Mädchen sollen bestärkt werden. Zwar werden die Jungen keineswegs als Feinde porträtiert, letztlich sind sie aber auch nur ein Mittel – wenn auch oft das schönste Mittel – zu dem, was sich die Redaktionen unter dem Wohlergehen der Mädchen vorstellen. Modische Imperative und sexuelle Liberalität sollen mit der Eigenständigkeit und dem guten Selbstgefühl des Mädchens in Einklang gebracht werden.

Was Angela McRobbie Ende der achtziger Jahre für die englischen Magazine *Jackie* und vor allem *Just Seventeen* herausgestellt hat (und was später ebenfalls für das amerikanische *Jump* gilt), zeigt sich also auch in den deutschen Mädchenzeitschriften: »dependency on boys and on romance has given way to a new, more confident, focus on the self.« Das Selbstvertrauen geht nun über die romantische Konkurrenz hinaus; die Zeitschriften für die jungen Mädchen haben sich die Gesten der »Girl Power« zu Eigen gemacht. Ex-Spice Girl Mel C darf noch einmal ihre weitgehend inhaltsleere Interpretation erläutern: »Girl Power« bedeute, ein »starker und individueller junger Mensch zu sein.« (*Sugar*) Die Redaktion ist da schon etwas mutiger und präsentiert im Mittelteil »coole Poster mit starken Front-Frauen«.

In den Zeitschriften für die älteren Mädchen (ab sechzehn) findet man zur gleichen Zeit noch mehr davon. Das amerikanische *Nylon* (4/2005) feiert die Bond-Heldin Pussy Galore, Hollywoods »Bad Girls«, »kick-ass women wrestlers« und stellt in der Titelgeschichte die Hauptdarstellerinnen des Films *Sin City* als »Lady Killers« vor; *Elle Girl* (5/2005) benennt als »Traum-Outfit für Power-Girls« Jane Fondas *Barbarella*-Kostüme und freut sich, wenn Shirley Manson auf die Frage »Schlaue Mädchen machen Rock, die dummen Pop?« antwortet: »Man muss nicht dumm sein, um Pop zu machen. Madonna ist das beste Gegenbeispiel. Aber leider sind nicht alle so überirdisch.« Der Artikel ist mit der Parole »Umdenken Jungs! Girls und Rock ist nicht nur etwas zum Anziehen« versehen. HipHop-Künstlerin M.I.A. kann im gleichen Heft auf solch nette Hinweise ganz verzichten; sie weiß, dass ein einziges Mädchen mit einer kleinen »505«-Groovebox »genau soviel bewirken kann wie eine 20-köpfige Männerband«. Die deutsche *Young Miss* (5/2005) schließlich »verfällt« der amerikanischen Serie *Desperate Housewives* und kritisiert gleichzeitig das Vorgängermodell für junge Frauen: »Bei *Sex and the City* war das Rezept fürs große Glück ganz einfach. Finde Mr. Right, und schon sind all deine Probleme gelöst. Die Vorort-Beautys Lynette, Susan, Bree und Gabrielle wissen es besser: Dann fängt der Ärger erst richtig an!«

An Filmen, Musikerinnen, Serienheldinnen können diese jungen Frauen feministische Kraft gewinnen. Wahrscheinlich haben die Verlage das neue Marktsegment zwischen hergebrachtem Mädchenmagazin und traditioneller Frauenzeitschrift in den letzten Jahren nicht zuletzt deshalb entdecken können, weil sich die Rhetorik der Riot Grrrls in abgeschwächter Form bei vielen weiblichen Jugendlichen bzw. ihren Wortführerinnen durchgesetzt hat: Die junge Frau der Mittelschicht zwischen 16 und 22 gewinnt erst dadurch als »Girl« eine recht einheitliche Kontur.

Zum Bild dieses Girls gehört aber auch, dass sich die feministischen Attitüden auf einen kleineren Bereich des Privaten und Kulturellen beschränken. Ökonomische, politische Fragen tauchen selten auf, und wenn überhaupt, dann als Frage der Interaktion, als zwischenmenschliches Problem. Dem »Ärger«, der die jungen Frauen in der öffentlichen Sphäre und in der Arbeitswelt erwartet, wird in den Zeitschriften deshalb konsequent eine persönliche Lösung aufgegeben. Probleme, die aus sozialen Abhängigkeiten und Gegensätzen entstehen, richten sich hier stets an den Einzelnen. Die meisten Schwierigkeiten erscheinen auf den Illustriertenseiten darum als psychische Nöte: »Zu viel Druck? Zeit, mal Dampf abzulassen«; »Test: Sind Sie beautysüchtig?« (*Elle Girl*) Vorschläge zur Lösung bestehen folglich fast immer in der Aufforderung, sich selbst zu verbessern und an der eigenen Psyche oder dem eigenen Auftreten herumzumodeln: »Jetzt überhört mich keiner! So bringt man Ideen überzeugend rüber«; »Was tun, wenn die Freundin einen Mistkerl liebt?« (*Young Miss*)

Angesichts solcher Schwierigkeiten versteht man sofort die Attraktivität, die im Bild des oberflächlichen, massenhaft amüsierwilligen Girls beschlossen liegt. Angesichts solcher Probleme und ihrer Lösungen kann man auch bereits wieder vollkommen zufrieden sein, dass ein Gutteil der Hefte aus Mode- und Kosmetikstrecken besteht – da gibt es wenigstens materielle Mittel, auf die man sich verlassen kann, selbst wenn sie in der schlechten Wirklichkeit ökonomisch erst einmal ungleich verteilt sind: »Fashion: Zwischen Art-Deco-Stoffen, Biba-Mustern und Pfauenfedern liegt das märchenhafte Retro-Land der 30er- und 70er-Jahre.« (*Elle Girl*)

Wenn aber an die Stelle der modischen Reize Handlungszusammenhänge treten, verblasst die Alternative, die einem die Popkultur gegenüber der Zumutung psychologischer Tiefe bietet, allerdings zumeist wieder stark. *Sugar* zählt fünfzehn typische Szenarien als Gründe auf, »weshalb wir gerne im Film leben würden«, vergisst aber hinzuzufügen, dass außer vielleicht beim letzten, fünfzehnten Grund kein »Girl« seit den zwanziger Jahren in dieses »wir« einstimmen dürfte. Der fünfte Grund lautet nämlich: »Während du in den Flieger nach Paris einsteigst, um dort dein Studium zu beginnen, stürmt dein Schwarm plötzlich rein und bittet dich zu bleiben, während alle Passagiere Beifall klatschen.« Grund fünfzehn: »Wenn du nach einer wilden Nacht neben ihm aufwachst, sitzt das Make-up noch perfekt und die Haare sind kein bisschen zerzaust.« Grund vier: »Dein Freund ist vielleicht Superheld oder Undercover-Agent – aber seine oberste Priorität wird weiterhin bleiben, dass er auch wirklich anruft wenn er es versprochen hat.«

Selbst wenn die altmodischen Drehbücher umgedreht werden – die Frage bleibt dann zuletzt, ob Popkultur dem Girl noch mehr zu bieten hat,

als dass es im Film selber als wilder, perfekter Superheld aufgerufen wird.
Mit dem Film *Legally Blond* hat Hollywood darauf eine zeitgemäße Antwort erteilt, die vorgibt, auch ohne jedes bildungsbürgerliche Kapital habe
ein modebegeistertes Teeniegirl die gleichen Chancen zum großen Aufstieg
– und das nicht etwa im Unterhaltungsgewerbe, sondern in Schule und
Universität. Die Blondine Elle (gespielt von Reese Witherspoon) kann sich
mit ihrem ganzen rosafarbenen Stil vollkommener Äußerlichkeit nicht nur
durch modische Einsichten und schlichte Herzlichkeit im Reich der erst
einmal kalten, stets grauen, blassen juristischen Macht durchsetzen, sondern an der »Elite-Universität« Harvard vor allem durch Fleiß und Leistung.
Auch wenn Professoren, Freunde und Vorgesetzte es ihr nicht zutrauen und
zuerst nicht wahrhaben wollen – die objektive punktuelle Leistungsmessung
und die guten Noten überzeugen sie eines Besseren; das sexuelle Angebot
eines Dozenten und Staranwalts, der in Elle doch nur körperliche Vorzü-
ge entdeckt, kann diesen vollkommen gerechten Eindruck letztlich nicht
trüben. Der Glaube an die funktionale, individuelle Leistung, die richtiger-
weise zur Spitze der Gesellschaft führt, sieht seinen größten Triumph mit
dem Aufstieg einer intelligenten, wenn auch vollkommen unintellektuellen
und an klassischer Bildung desinteressierten jungen Blondine bekräftigt. Alles hängt am Nachweis, dass selbst ein blondes Girlie es weit bringen kann,
wenn es nur die für alle gleichen Ansprüche erfüllt. Die Kritik am Lei-
stungsglauben, an der formalen Gleichheit und der tatsächlich bestehenden
materiellen Ungleichheit verliert darüber in sozialistischer Sicht natürlich
keineswegs ihren Stoff; der Pop-Feminismus allerdings ist dadurch zumindest in der modernen populären Kultur endgültig eingemeindet. Dass es
in der grauen Wirklichkeit ganz anders aussieht, steht sicher auf keinem
vollkommen anderen Blatt.

Auswahlbibliographie

ANKUM, KATHARINA VON (Hrsg.), Frauen in der Großstadt. Herausforderung der Moderne? [Women in the Metropolis, 1997], Dortmund 1999.

BALDAUF, ANETTE, und KATHARINA WEINGARTNER (Hrsg.), Lips, Tits, Hits, Power? Popkultur und Feminismus, Wien und Bozen 1998.

BALFOUR, VICTORIA, Rock Wives. The Hard Times of the Wives, Girlfriends, and Groupies of Rock and Roll, New York 1986.

BANGS, LESTER, Blondie, New York 1980.

BAUMGARDNER, JENNIFER, und AMY RICHARDS, Manifesta. Young Women, Feminism, and the Future, New York 2000.

BEDFORD, CAROL, Waiting for the Beatles. An Apple Scruff's Story, Poole und Dorset 1984.

BETROCK, ALAN, Girl Groups. The Story of a Sound, New York 1982.

BLACKMAN, SHANE J., The School: ›Poxy Cupid‹. An Ethnographic and Feminist Account of a Resistant Female Youth Culture. The New Wave Girls, in: Cool Places. Geographies of Youth Culture, herausgegeben von Tracey Skelton und Gill Valentine, New York und London 1998, 207-228.

BONN, GISELA, Unter Hippies, Düsseldorf und Wien 1968.

BURCHILL, JULIE, Love It or Shove It. The Best of Julie Burchill, London 1985.

BURCHILL, JULIE, Damaged Gods. Cults and Heroes Reappraised, London u. a. 1986.

BURCHILL, JULIE, Girls on Film, London 1986.

BURCHILL, JULIE, Über Prince/Pop/Elvis [...], herausgegeben von SPEX, Köln 1987.

BURCHILL, JULIE, Die Waffen der Susan Street [Ambition, 1989], München 1990.

BURCHILL, JULIE, Sex und andere Laster [Sex and Sensibility, 1992], München 1994.

BURCHILL, JULIE, I Knew I Was Right, London 1998 [dt. Übersetzung: Verdammt – Ich hatte recht! Eine Autobiographie, Reinbek bei Hamburg 1999].

BURCHILL, JULIE, und TONY PARSONS, The Boy Looked at Johnny. The Obituary of Rock and Roll, London 1978.

BURKS, JOHN, und JERRY HOPKINS, Groupies and Other Girls (A *Rolling Stone* Special Report), New York 1970.

CACTUS, FRANCOISE, Abenteuer einer Provinzblume, Reinbek bei Hamburg 1999.

CARLIP, HILLARY, Girl Power. Young Women Speak out, New York 1995.

CLINE, CHERYL, Essays from Bitch. The Women's Rock Newsletter with Bite, in: The Adoring Audience: Fan Culture and Popular Media, herausgegeben von Lisa A. Lewis, London und New York 1992, 69-76.

CHRISTIANE F., Wir Kinder vom Bahnhof Zoo [1978], nach Tonbandprotokollen aufgeschrieben von Kai Hermann und Horst Rieck, mit einem Vorwort von Horst E. Richter, 42. Auflage, Hamburg 1998.

CHRISTIANSEN, BRODER, Das Gesicht unserer Zeit, Buchenbach 1929.

DENFELD, RENE, The New Victorians. A Young Woman's Challenge to the Old Feminist Order, New York 1995.

DES BARRES, PAMELA, Light My Fire. Bekenntnisse eines Groupies [I'm with the Band, 1987], Frankfurt am Main und Berlin 1989.

DES BARRES, PAMELA, Pamela Des Barres - »Girls Together Outrageously« [Interview von Mike Kelley], in: Texte zur Kunst, Heft 35, 1999, 103-117.

DES BARRES, PAMELA, Take My Heart [Take Another Little Piece of My Heart, 1992], Frankfurt am Main und Berlin 1995.

DIDION, JOAN, Stunde der Bestie [1967], in: dies., Stunde der Bestie. Essays [Slouching towards Bethlehem, 1968], Reinbek bei Hamburg 1996, 83-120.

EHRENREICH, BARBARA, ELIZABETH HESS und GLORIA JACOBS, Beatlemania. Girls Just Want to Have Fun, in: The Adoring Audience. Fan Culture and Popular Media, herausgegeben von Lisa A. Lewis, London und New York 1992, 84-106.

EVANS, LIZ (Hrsg.), Girls Will Be Boys. Women Report on Rock, London 1997.

FABIAN, JENNY, und JOHNNY BYRNE, Groupie, London 1969 [dt. Übersetzung: Groupie, Frankfurt am Main 1970].

FRITH, SIMON, und ANGELA MCROBBIE, Rock and Sexuality [1978], in: On Record. Rock, Pop, and the Written Word, herausgegeben von Simon Frith und Andrew Goodwin, London 1990, 371-389.

GARRATT, SHERYL, und SUE STEWARD, Signed, Sealed and Delivered. True Life Stories of Women in Pop, London 1984.

GIESE, FRITZ, Girlkultur. Vergleich zwischen amerikanischem und europäischem Rhythmus und Lebensgefühl, München 1925.

GOTTLIEB, JOANNE, und GAYLE WALD, Smells Like Teen Spirit. Riot Grrrls und Frauen im Independent Rock, in: Die Beute 4/1994, 25-34.

GREIG, CHARLOTTE, Will You Still Love Me Tomorrow? Mädchenbands von den 50er Jahren bis heute [Will You Still Love Me Tomorrow? Girl Groups from the 50s on . . ., 1989], Reinbek bei Hamburg 1991.

HARRIS, ANITA, Future Girl. Young Women in the Twentieth First Century, New York und London 2004.

HARRIS, ANITA (Hrsg.), All about the Girl. Culture, Power, and Identity, New York und London 2004.

HECKEN, THOMAS, Gegenkultur und Avantgarde 1950-1970. Situationisten, Beatniks, 68er, Tübingen 2006.

HEINKEL, ROSEMARIE, Rosy Rosy, Berlin und Schlechtenwegen 1971.

HEYWOOD, LESLIE, und JENNIFER DRAKE (Hrsg.), Third Wave Agenda. Being Feminist, Doing Feminism, Minneapolis 1997.

HUYSSEN, ANDREAS, Mass Culture as Woman. Modernism's Other, in: Studies in Entertainment. Critical Approaches to Mass Culture, herausgegeben von Tania Modleski, Bloomington und Indianapolis 1986, 188-207.

JÄGER, CHRISTIAN, und ERHARD SCHÜTZ (Hrsg.), Glänzender Asphalt. Berlin im Feuilleton der Weimarer Republik, Berlin 1994.

JEGER, RUJANA, Darkroom [2001], aus dem Kroatischen von Brigitte Döbert, München 2004.

Junge Frauen – junge Männer. Daten zu Lebensführung und Chancengleichheit, Opladen 2002.

KEARNEY, MARY CELESTE, Producing Girls. Rethinking the Study of Female Youth Culture, in: Delinquents and Debutantes. Twentieth-Century American Girl's Cultures, herausgegeben von Sherrie A. Inness, New York und London 1998, 285-310.

KESSEMEIER, GESA, Sportlich, sachlich, männlich. Das Bild der ›Neuen Frau‹ in den zwanziger Jahren. Zur Konstruktion geschlechtsspezifischer Körperbilder in der Mode der Jahre 1920 bis 1929, Dortmund 2000.

KEUN, IRMGARD, Gilgi – eine von uns [1931], Düsseldorf 1979.

KEUN, IRMGARD, Das kunstseidene Mädchen [1932], Düsseldorf 1979.

KLEIN, MELISSA, Duality and Redefinition. Young Feminism and the Alternative Music Community, in: Third Wave Agenda. Being Feminist, Doing Feminism, herausgegeben von Leslie Heywood und Jennifer Drake, Minneapolis 1997, 207-225.

KRACAUER, SIEGFRIED, Mädchen im Beruf [in: Der Querschnitt 12 (1932)], in: Schriften, Band 3, herausgegeben von Inka Mülder-Bach, Frankfurt am Main 1990, 60–66.

KRACAUER, SIEGFRIED, Das Ornament der Masse: Essays, Frankfurt am Main 1963.

KULLMANN, KATJA, Generation Ally. Warum es heute so kompliziert ist, eine Frau zu sein, Frankfurt am Main 2002.

LOOS, ANITA, Gentlemen Prefer Blondes. The Illuminating Diary of a Professional Lady [1925], London 1926.

MCDONNELL, EVELYN, und ANN POWERS, Rock She Wrote. Women Write about Rock, Pop, and Rap, New York 1995.

MCROBBIE, ANGELA, und MICA NAVA (Hrsg.), Gender and Generation, Houndsmills u.a. 1984.

MCROBBIE, ANGELA, Feminism and Youth Culture. From Jackie to Just Seventeen, Houndmills u.a. 1991.

MODLESKI, TANIA, Femininity as Mas(s)querade. A Feminist Approach to Mass Culture, in: High Theory/Low Culture. Analysing Popular Television and Film, herausgegeben von Colin MacCabe, Manchester 1986, 37–52.

MOWRY, GEORGE E. (Hrsg.), The Twenties. Fords, Flappers & Fanatics, Englewood Cliffs (New York) 1963.

NASH, ILANA, Hysterical Scream or Rebel Yell? The Politics of Teen Idol Fandom, in: Disco Divas: Women and Popular Culture in the 1970s, herausgegeben von Sherrie A. Inness, Philadelphia 2003, 133–150.

NELSON, BLAKE, Girl, New York 1994 [dt. Übersetzung: Cool Girl, Weinheim und Basel 1997].

NOLAN, TOM, Groupies. A Story of Our Times [in: Cheetah], in: The Age of Rock. Sounds of the American Cultural Revolution, herausgegeben von Jonathan Eisen, New York 1969, 77–93.

O'BRIEN, LUCY, She Bop II. The Definitive History of Women in Rock, Pop and Soul, London und New York 2002.

OBERMAIER, USCHI, Das wilde Leben, aufgezeichnet von Claudius Seidl, Hamburg 1994.

PAGLIA, CAMILLE, Der Krieg der Geschlechter. Sex, Kunst und Medienkultur [Sex, Art, and Culture in America, 1992], Berlin 1993.

PALLADINO, GRACE, Teenager. An American History, New York 1995.

QUANT, MARY, Quant by Quant, London 1965.

RABBEN, MASCHA (MA HARI CHETANA), Begegnung mit niemand. Die Geschichte eines Weges nach Poona, Berlin 1981.

RAPHAEL, AMY, Never Mind the Bollocks. Women Rewrite Rock, London 1995.

REISFELD, RANDI, und DANNY FIELDS, Who's Your Fave Rave?, New York 1997.

RHEINSBERG, ANNA (Hrsg.), Bubikopf: Aufbruch in den Zwanzigern. Texte von Frauen, Darmstadt 1988.

REYNOLDS, SIMON, und JOY PRESS, The Sex Revolts. Gender, Rebellion and Rock 'n' Roll, London 1995.

SCHMIEDKE-RINDT, CARINA, »Express yourself – Madonna be with you«. Madonnafans und ihre Lebenswelt, Augsburg 1998.

SCHNEIDER, LOTHAR J., Girls. Beschreibung einer schwierigen Beschreibung, in: Die Macht und das Imaginäre. Eine kulturelle Verwandtschaft in der Literatur zwischen Früher Neuzeit und Moderne, herausgegeben von Rudolf Behrens und Jörn Steigerwald, Würzburg 2005, 217–233.

SCHWICHTENBERG, CATHY (Hrsg.), The Madonna Connection. Representational Politics, Subcultural Identities, and Cultural Theory, Boulder u. a. 1993.

SODEN, KRISTINE VON, und MARUTA SCHMIDT (Hrsg.), Neue Frauen. Die Zwanziger Jahre, Berlin 1988.

SOLANAS, VALERIE, SCUM Manifesto [1968], London and New York 2004 [dt. Übersetzung: Manifest der Gesellschaft zur Vernichtung der Männer, Schlechtenwegen 1968].

SONTAG, SUSAN, Anmerkungen zu ›Camp‹ [Notes on »Camp«, 1964], in: dies., Kunst und Antikunst, Frankfurt am Main 1982, 322–341.

SPUK, VERANDA, Mein Flirt mit einem ganz bestimmten Superstar oder Mein heiliger Pappkarton im Bettlaken, Frankfurt am Main 1982.

STEIN, JEAN, Edie. An American Biography, New York 1982.

SYKORA, KATHARINA, ANNETTE DORGERLOH, DORIS NOELL-RUMPELTES und ADA RAEV (Hrsg.), Die Neue Frau. Herausforderung für die Bildmedien der Zwanziger Jahre, Marburg 1993.

SZYMANSKI, SILVIA, Chemische Reinigung [1998], München 2002.

TERGIT, GABRIELE, Atem einer anderen Welt. Berliner Reportagen, herausgegeben von Jens Brüning, Frankfurt am Main 1994.

Testcard. Beiträge zur Popgeschichte, Heft 8: Gender – Geschlechterverhältnisse im Pop, März 2000.

THOMAS, WILLIAM I., The Unadjusted Girl. With Cases and Standpoint for Behavior Analysis [1923], New York 1967.

TIETJEN, SABINE, Girlies – eine lachende Revolte?, in: Mädchenmuster, Mustermädchen, herausgegeben von Elfriede Czurda, Tübingen 1996, 120–134.

TYLER, PARKER, Männer, Frauen und die übrigen Geschlechter oder Wie es euch gefällt, so könnt ihr es haben [What Sex Really Is, 1968], in: Acid. Neue amerikanische Szene [1969], herausgegeben von Rolf Dieter Brinkmann und Ralf-Rainer Rygulla, Reinbek bei Hamburg 1983, 250–265.

VERMOREL, JUDY, und FRED VERMOREL, Fandemonium! The Book of Fancults & Dance Crazes, London u. a. 1989.

WHITELEY, SHEILA (Hrsg.), Sexing the Groove. Popular Music and Gender, London und New York 1997.

WILKERSON, CATHY, Toward a Revolutionary Women's Militia [New Left Notes, July 8, 1969], in: Weatherman, herausgegeben von Harold Jacobs, o. O. 1970, 91–96.

WILLIAMSON, JUDITH, Consuming Passions. The Dynamics of Popular Culture, London und New York 1986.

WOLF, NAOMI, Fire with Fire. The New Female Power and How to Use It, New York 1993.

WOLFE, TOM, Das Girl des Jahres [The Girl of the Year, 1964], in: Das bonbonfarbene tangerinrot-gespritzte Stromlinienbaby [The Kandy-Kolored Tangerine-Flake Streamline Baby, 1965], Reinbek bei Hamburg 1968, 190–203.

Auswahldiskographie

CHRIS CONNOR, Out of this World, *Affinity*, 1984 [*Bethlehem*, 1954 und 1955].

BILLY HOLIDAY, Lady in Satin, *Columbia*, 1958.

BLOSSOM DEARIE, May I Come in?, *Capitol*, 1964.

ASTRUD GILBERTO, Look to the Rainbow, arranged by Gil Evans, *Verve*, 1966.

PATTY WATERS, Sings, *ESP*, 1966.

LAURA NYRO, Eli and the Thirteenth Confession, *Columbia*, 1968.

THE MOTHERS OF INVENTION, Cruising with Ruben and the Jets, *Verve*, 1968.

ARETHA FRANKLIN, Soul '69, *Atlantic*, 1969.

PAUL BLEY, ANNETTE PEACOCK, Improvisie, *America*, 1971.

THE SLITS, The Peel Sessions, *Strange Fruit*, 1988 [*BBC*, 1977-1978].

CHIC, C'est Chic, *Atlantic*, 1978.

THE SLITS, Cut, *Island*, 1979.

RAINCOATS, dto., *DGC*, 1979.

CRISTINA, dto., *ZE Records*, 1980.

LYDIA LUNCH, Queen of Siam, *ZE Records*, 1980.

DIV., A Young Persons Guide to Compact, *Compact*, 1983.

ANNETTE PEACOCK, Been in the Streets too Long, *Ironic Records*, 1983.

SHONEN KNIFE, dto., *Positive*, 1987 [1983-1985].

PUSSY GALORE, Groovy Hate Fuck, *Vinyl Drip*, 1987.

VAN DYKE PARKS, Tokyo Rose, *Warner Brothers*, 1989.

INNER CITY, Paradise, *Ten Records*, 1989.

DICKLESS, I'm a Man, *Sub Pop*, 1990 [Single].

ROYAL TRUX, Cats and Dogs, *Drag City*, 1993.

DANIELLE DeGRUTTOLA, HENRY KAISER, MIYA MASAOKA, The Seance, *Vexed*, 1996.

FEIST, Let It Die, *Arts and Crafts*, 2004.

CHARLOTTE HATHERLEY, Kim Wilde, *Double Dragon*, 2004 [Single].